公司金融

经营分析、财务决策与估值方法

郑登津◎著

CORPORATE FINANCE

人民邮电出版社

北 京

图书在版编目（CIP）数据

公司金融：经营分析、财务决策与估值方法 / 郑登
津著. -- 北京：人民邮电出版社，2022.3
ISBN 978-7-115-57745-0

Ⅰ．①公… Ⅱ．①郑… Ⅲ．①公司－金融学 Ⅳ．
①F276.6

中国版本图书馆CIP数据核字(2021)第217499号

内　容　提　要

　　美国著名的金融学教授、估值大师阿斯沃斯·达摩达兰（Aswath Damodaran）说："一个公司所做的任何事情都属于公司金融的范畴。"在资本市场中，公司金融就像空气和水一样与我们不能分离。本书围绕着公司金融的"灵魂三问"："钱从哪里来，如何钱生钱，赚钱怎么办"展开叙述。用大量的案例串联起全书知识，将案例、理论与实践相结合，深入浅出地阐述了公司金融学的核心知识，包含金融工具、公司环境分析方法、资本成本估计、公司盈利预测和估值分析等重要内容。为了便于读者理解书中的内容，针对本书的重难点，我们还附赠了120分钟的超值视频课讲解，读者扫描书中的二维码即可观看。

　　本书内容充实，将理论知识与实战相结合。适合想要学习公司金融、估值建模的读者学习和阅读。

◆ 著　　　　郑登津
　　责任编辑　刘晓莹
　　责任印制　彭志环

◆ 人民邮电出版社出版发行　　北京市丰台区成寿寺路 11 号
　　邮编　100164　　电子邮件　315@ptpress.com.cn
　　网址　https://www.ptpress.com.cn
　　北京虎彩文化传播有限公司印刷

◆ 开本：700×1000　1/16
　　印张：21.5　　　　　　　　　　　　2022 年 3 月第 1 版
　　字数：363 千字　　　　　　　　　2025 年 7 月北京第 4 次印刷

定价：88.00 元

读者服务热线：(010)81055296　印装质量热线：(010)81055316
反盗版热线：(010)81055315

公司金融（Corporate Finance），也称公司财务、公司理财或财务管理。经过近百年的发展，现代公司金融理论越来越完善，公司金融已成为逻辑高度一致性和超强实用性的现代学科。在资本市场中，公司金融就像空气和水一样与我们不能分离。那么，公司金融是一门研究什么问题的学科呢？

资源有限、环境复杂不确定性和人的有限理性是经济学和财务学领域共同的假设，如何在不确定性中对公司有限的资金进行最优配置以实现公司价值最大化便是公司金融中最核心的问题。随着国际政治、经济和文化环境的复杂多变，对于公司而言，该如何进行更优的决策以为资本提供者创造更高的回报呢？对于市场投资者而言，该如何对公司进行更准确的估值以选择出更好的投资标的呢？对这些问题的解答毋庸置疑是极为重要的，而公司金融的理论将有利于我们更好地理解和解决这些问题。

在我的公司金融的第一节课里，我会向学生重点阐述公司金融的"灵魂三问"："钱从哪里来？如何钱生钱？赚钱怎么办？"这三个问题涉及了公司金融四大核心活动：筹资活动（钱从哪里来）、投资活动和经营活动（如何钱生钱）、以及分配活动（赚钱怎么办），贯穿公司的"一生"。我想这应该就是美国著名的金融学教授、估值大师阿斯沃斯·达摩达兰（Aswath Damodaran）

说"一个公司所做的任何事情都属于公司金融的范畴"的主要原因吧。

公司金融的"灵魂三问"和四大活动是紧密相连的，最终都是朝着同一个目标前进：如何实现公司价值最大化。而公司价值的高低是由公司创造的自由现金流和资本成本率共同决定的。为此，本书将以公司估值为核心，全面梳理公司金融的核心理论和实务。理论介绍力争做到简明扼要且不缺精华，通俗易懂且不失深度，逻辑一致且不乱层次；实务应用力争做到案例典型且不失普遍，操作性强且不乏理论。整书共十二章，让读者（管理层、投资者和学生等）学会公司金融的经典理论，掌握公司金融的基础工具和技术的使用方法，理解公司如何制定融资、投资、经营和分配政策，最终学会如何估计公司的自由现金流和资本成本率，进而更加准确地进行公司估值，以实现公司价值的最大化。

希望本书能对你学习和应用公司金融理论上有所帮助。

本教材在出版时，得到人民邮电出版社的大力帮助，在此深表谢意。此外，本教材在编写过程中，也参考了一些经典的公司金融教材和学术论文，吸收了许多专家同仁的观点，但为了行文方便，不便一一注明，在此也深表感谢。最后，也感谢家人对我无私地支持，感谢我的学生张纪盛、祖萍、麦迪思、周畅之、李雨萌、王娅妮、张润婷为本书进行了认真的校对。

限于资料和编者能力有限，书中疏漏之处在所难免，敬请专家读者批评指正。

郑登津

2021 年 8 月 于中央财经大学

目录 CONTENTS

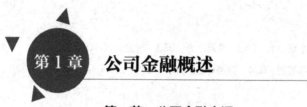

第1章　公司金融概述

第2章 公司金融工具

第3章 财务报表分析与使用

第4章 公司环境分析

第5章　资本结构理论

第6章　资本成本率估计

第7章　**公司盈利预测**

第8章 公司估值分析

第9章 公司融资工具

第10章　**公司股利政策**

第11章　**资本预算方法**

第12章　总结

第 1 章

公司金融概述

公司金融定义
公司金融活动   公司金融内涵   **公司金融概述**   公司金融框架   公司金融理论概述
公司金融目标   公司金融框架图

扫码即可观看
本章微视频课程

本章知识背景和学习目的

　　公司创造未来现金流量的能力和资本成本率（Cost of Capital Rate）共同决定了公司的内在价值，公司估值是公司金融投融资等活动的重要前提，专业且复杂。本书将围绕公司估值展开对公司金融相关理论、实务、工具和技术的学习。本章是本书的第 1 章，主要介绍了公司金融的内涵及框架。理解风险和货币的时间价值等概念可以更好地理解公司金融的各项活动和目标。在理解公司金融的内涵后，我们将学习公司金融的核心理论，了解本书的框架和安排，方便读者更好地了解通过本书将学习哪些知识、掌握哪些工具和方法，进而为公司的投融资决策和公司估值服务。

本章学习要点

1. 了解公司金融的定义和目标；
2. 理解公司金融活动和资产负债表之间的关系；
3. 了解公司金融的核心理论；
4. 了解本书的框架和内容安排。

第一节 公司金融内涵

（一）公司金融定义

1. 企业的类型

在理解公司金融的定义前，我们首先要明确公司的定义：公司是一种企业组织形式。企业的组织形式主要可以分为以下三类。

（1）个人独资企业。

个人独资企业是指由一个人拥有的企业，其主要特点有：①需要满足的申请手续少；②不支付企业所得税；③对债务负有无限责任；④存续期受制于业主生命；⑤权益资本限于个人财富。

（2）合伙制企业。

合伙制企业是指由两个或两个以上的人在一起创办的企业，具体可分为一般合伙制企业和有限合伙制企业两类。其主要特点包括：①一般合伙制企业，每个合伙人对企业债务负无限连带责任；有限合伙制企业，每个合伙人对企业债务所负责任限于出资额；②成立费用低；③存续期受制于业主生命，有限合伙人可以出售权益；④筹资困难；⑤按合伙人个人收入缴纳所得税（合伙人是法人的，缴纳企业所得税；合伙人是自然人的，缴纳个人所得税）；⑥管理控制权归属于普通合伙人。

（3）公司制企业。

公司制企业即企业以公司的形式存在，企业是一个独立的法人组织。公司制企业的特点包括：①公司由股东、董事会成员、公司高层管理者等组成；②股东选举董事会成员；③董事会成员选举高层管理人员；④高层管理人员以股东的利益为重，管理企业的日常经营活动；⑤所有权和管理权分离。公司为了节约市场中的交易成本而产生，由委托人（股东）聘请代理人（经理人）经营。委托人和代理人的信息不对称、代理人的机会主义行为倾向容易导致委托代理问题，且由于合约的不完备性，公司的剩余索取权由公司股东掌握，但代理人掌握大部分剩余控制权，所以公司制企业需要协调产权安排、减少委托代理问题、保护合约各方不受损害。

公司制企业的主要优点：①负有限责任；②产权易于转让；③无限存续；④易于筹集资金。公司制企业的主要缺点有两个：①双重征税（对同一所得先缴纳企业所得税再缴纳个人所得税）；②存在代理成本。

上述三种企业组织形式的优缺点，可以通过表1-1进行综合对比。

表1-1 三类企业组织形式对比

组织形式	法律特征	优缺点
个人独资企业	非法人实体	优点：创立容易、固定成本较低、没有企业所得税 缺点：无限责任、有限寿命、筹资困难
合伙制企业		优点：扩大了资金来源和信用能力；集合伙人之才智和经验，提高了企业的竞争能力；增加了企业发展和扩大的可能性 缺点：普通合伙人承担无限连带责任；所有权转让困难
公司制企业	法人实体	优点：无限存续、股权便于转让、有限责任 缺点：双重征税、组建成本高、存在代理成本

在表1-1中，有限责任、无限责任和无限连带责任的区别如下。

（1）有限责任：投资者以其出资额为限承担责任（公司兜底）。

（2）无限责任：投资人以个人全部财产承担责任（投资人兜底）。

（3）无限连带责任：所有合伙人对企业的债务都承担无限责任，一个合伙人不能清偿债务的，其他合伙人须承担帮其清偿的责任。但是，当某一合伙人偿还合伙制企业的债务超过自己应承担的数额时，有权向其他合伙人追偿（投资人兜底）。

2. 公司金融的定义

公司金融（Corporate Finance，也称公司财务等）指的是公司制企业的金融（资金）活动，它主要研究公司如何在不确定条件下，对资金进行跨时空最优配置。本书的主要研究对象是公司制企业。

在上述定义中，"不确定"意味着公司的各项金融活动需要考虑的第一个因素便是风险。外在环境的复杂性与不确定性是经济学和金融学共同的假设。由于外在环境的复杂性和不确定性，我们所掌握的信息是不完备和不对称的，即所掌握的信息不可能包含所有，且可能存在信息优势和信息劣势，而处于信息劣势的行动者则处于比较不利的地位；同时，由于人的理性有限，不可能通过所掌握的信息预见一切。因此，环境的复杂与不确定让决策变得艺术化。

而"跨时空"就告诉我们，公司的金融活动还需要考虑时间因素，货币具有时间价值。货币的时间价值是资源稀缺性的体现，一定时间与空间范围内资源总是有限的，相对不足的资源与绝对增长的需求之间的矛盾造成了资源的稀缺性。由于社会资源具有稀缺性特征，当前物品的效用要高于未来物品的效用。在货币经济条件下，货币是商品价值的体现，当前的货币用于支配当前的商品，将来的货币用于支配将来的商品。所以在相同的货币量情况下，当前货币的价值自然高于未来货币的价值。

只有将风险和时间的理念深入公司金融的各个活动，才能真正实现公司资金的最优配置，具体包括资金的筹集（股权融资、债务融资）和资金的使用（运营、投资、分配等）等，实现公司价值的最大化。

总之，一个公司所做的每一个决策都有其财务上的含义。从广义上讲，一个公司所做的任何事情都属于公司金融的范畴。公司金融所研究的内容是比较广泛的。一是公司金融所研究的内容不局限于公司内部。因为现代公司的生存和发展都离不开金融系统，所以必须注重研究公司与金融系统之间的关系，以综合运用各种形式的金融工具与方法进行风险管理和价值创造。这是现代公司金融学的一个突出特点。二是就公司内部而言，公司金融还涉及与公司融资、投资以及收益分配有关的公司治理结构方面的非财务性内容。比如，公司金融会利用信息经济学的理论来分析公司不同利益主体的决策行为，主要包括信号效应与代理成本理论；最优融资结构存在着股权代理成本和债权代理成本之间的权衡，适当的债务融资可以限制管理层滥用公司的自由现金流。

（二）公司金融活动

公司金融活动主要包括筹资活动、投资活动、经营活动和分配活动，这四大活动构成了公司金融的核心内容。我们通过图 1-1 来理解公司金融活动。

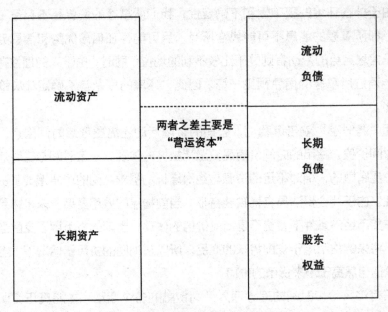

图1-1 公司金融活动资产负债表模式

图1-1中，资产负债表左边代表着一个公司的资产。这些资产可以划分为"长期资产"和"流动资产"。其中，长期资产是指那些存续时间较长的资产，长期资产是公司金融中投资活动的体现。公司的投资活动可以形成机器设备、办公楼等有形资产，也可以形成专利、商誉等无形资产。

图1-1中，资产负债表右边代表着一个公司资金的来源，是公司的负债和股东权益。公司一般通过发行债券、借贷或发行股票来筹集资金（筹资活动），形成负债和股东权益。正如资产有长期资产和流动资产之分一样，负债也可以分为"长期负债"和"流动负债"。长期负债是指那些不必在一年之内偿还的债务。股东权益等于公司的资产与其负债之差。在这一意义上，股东权益就是股东对公司资产的剩余索取权，当公司有剩余资金向股东进行分配时便形成另一个重要的公司金融活动——分配活动。需要注意的是，长期负债和股东权益的主要来源为公司的长期筹资活动，涉及公司的资本结构决策和股利分配决策。公司金融的筹资活动的价值在于有效地利用各种融资渠道，使公司获得最低成本的资金，并形成合适的资本结构。

图1-1中，左上方是流动资产，是指那些存续时间较短的资产，如存货、应收账款等；右上方是流动负债，是指那些在一年之内必须偿还的债务；二者

之差便是净流动资产（营运资本），代表着经营资产对公司资本的净占用。公司需要通过加强营运资本的管理，提高公司的现金、存货、应收账款和商业信用等的管理水平，进而降低长期筹资的需求和资本成本率。

因此，公司金融的四大活动可以很好地体现在资产负债表上，公司金融和会计学是紧密相连的。从整体上来说，公司金融活动可以简单地概括为以下六点：①从金融市场获得资本，如通过发行证券和债券获得现金；②公司将现金投资于公司的各项资产；③通过经营活动创造现金流，公司经营活动创造的现金流量必须超过从金融市场筹集的现金流量，这样才能真正创造增量价值；④向政府相关机构支付一定的税金，向债权人偿还债务；⑤将部分资金留存公司进行再投资和生产；⑥如果有分红能力，可以向股东支付股利。

（三）公司金融目标

1. 整体目标

公司金融的整体目标可以归结为以下四类。

（1）利润最大化目标。

利润代表了公司新创造的财富，利润越多则说明公司的财富增加越多。但利润最大化（Profit Maximization）目标存在以下缺点。①没有明确利润最大化中利润的概念，这给公司管理层提供了进行利润操纵的空间。②不符合货币时间价值的理财原则。它没有考虑利润的取得时间，不符合现代企业"时间就是价值"的理财理念。③不符合风险 - 报酬均衡的理财原则。它没有考虑利润和所承担风险的关系，增大了公司的经营风险和财务风险。④没有考虑利润取得与投入资本额的关系。该利润是绝对指标，不能真正衡量公司盈利能力。

（2）股东财富最大化目标。

股东财富最大化（Shareholder Wealth Maximization）是指通过财务上的合理经营为股东创造最多的财富，实现公司金融的目标。然而，该目标仍存在以下不足。①适用范围存在限制。该目标只适用于上市公司，不适用于非上市公司，因此不具有普遍的代表性。②不符合可控性原则。股票价格的高低受各种因素的影响，如国家政策的调整、国内外经济形势的变化、股民的心理等，这些因素对公司管理层而言是不可能完全加以控制的。③不符合证券市场的发展。证券市场既是股东筹资和投资的场所，也是债权人进行投资的重要场所，同时还是经理人市场形成的重要条件，股东财富最大化片面强调站在股东立场的资本市场的重要性，不利于证券市场的全面发展。④强调得更多的是股东利益，而不够重视其他相关者的利益。

（3）企业价值最大化目标。

企业价值最大化（Enterprise Value Maximization）是指采用最优的财务结构，充分考虑货币的时间价值以及风险与报酬的关系，使公司价值达到最大。该目标的一个显著特点就是全面地考虑了公司利益相关者和社会责任对公司财务管理目标的影响。

（4）相关者财富最大化目标。

相关者财富最大化（Stakeholder Wealth Maximization）认为现代公司是一个由多个利益相关者组成的集合体，财务管理是正确组织财务活动、妥善处理财务关系的一项经济管理工作，对于公司金融目标，应从更广泛、更长远的角度来找到一个更为合适的理财目标。

公司金融的目标从"利润最大化"到"股东财富最大化"，到"企业价值最大化"，再到"相关者财富最大化"，无疑是认知上的一大飞跃。

2. 具体目标

假设我们准备开设一家篮球俱乐部，为了更好地实现这个目标，我们需要雇佣职业经理人为我们管理公司。在这个过程中会涉及俱乐部篮球训练馆的租用或者建造、篮球等存货的购买，以及篮球运动员的招募等，这些都是资金的使用（投资）。我们可以以公司的名义发行股票，这就是股权融资；我们同时也可以通过银行贷款和发行公司债券等形式筹集资金，这就是债务融资。当我们的俱乐部开始运行时，便有了收入，俱乐部开始为我们创造价值。而公司金融的目标便是能够真正提高公司价值，增加股东财富。具体来说，公司金融的目标包括以下两方面。

（1）公司金融的直接目标和其四大活动相关，即做好投资决策、做好融资决策、做好经营决策以及做好公司现金流的管理。现金对于一个公司来说至关重要，现金是公司维系日常运作的生命之源，这就需要公司进行很好的日常经营管理。做好投资决策意味着公司金融要帮助决策者解决资金的投资配置问题。优秀的融资决策可以帮助公司确定融资方向，降低融资成本等。

（2）由于产品市场、资本市场和经理人市场的不完全性，如存在进入壁垒、成本优势、代理成本等问题，所以公司金融的存在十分必要。在不完全的市场中，公司金融的最终目标便是通过让公司做出更好的融资决策、投资决策和日常经营决策，实现公司价值在不确定的环境中最大化，促进股东、债权人、社会环境等之间的和谐发展，增加股东财富、保护债权人利益和降低社会成本。

第二节 公司金融框架

（一）公司金融理论概述

公司金融理论发生了翻天覆地的变化。从 1930 年欧文·费雪的贴现现金流量方法开始，现值的概念开始普及并广泛使用。哈里·马科维茨（于 1990 年获得诺贝尔经济学奖）提出投资组合理论（Portfolio Theory），该理论指出分散化投资可以在不降低预期收益的情况下降低风险，这也成了二十世纪五六十年代共同基金行业的运行基础。

进入二十世纪五十年代，公司金融开始从衡量收益逐步转向与公司融资、投资以及估价相关的技术问题，如融资产品定价、融资时机与方式选择、融资工具创新、风险管理等。内部收益率和净现值开始成为市场广泛使用的技术指标，现金流的概念深入人心，取代了收入的地位。

二十世纪六十年代是公司金融理论的重要发展时期。莫迪利安尼与米勒在二十世纪六十年代提出了资本结构理论（Capital Structure Theory），该理论第一次把严格的经济学理论逻辑运用于公司融资与投资的决策分析之中，研究公司筹资方式及结构与公司市场价值关系，奠定了现代公司金融理论研究的基础。该理论指出，在完善和有效率的金融市场中，公司的价值不受公司的资本结构和股利政策的影响；但若放宽所得税的假设，该理论认为公司的价值和资本结构是密切相关的。资本结构理论后来也被称为 MM 理论，米勒因提出 MM 理论于 1990 年获得诺贝尔经济学奖，莫迪利安尼于 1985 年获得诺贝尔经济学奖。

尤金·法玛也在二十世纪六十年代提出了有效市场假说（Efficient Market Hypothesis），并于 2013 年获得诺贝尔经济学奖。法玛认为有效市场会迅速接收信息并反映在价格里。二十世纪六十年代的又一重要理论是威廉·夏普等人提出的资本资产定价模型（Capital Asset Pricing Model，CAPM），CAPM 指出单项资产的风险收益率取决于无风险收益率、市场组合的风险收益率和该风险资产的风险，夏普于 1990 年获得诺贝尔经济学奖。CAPM 几乎彻底改变了我们对股票市场及投资业绩的衡量方式。

二十世纪七十年代，迈伦·舒尔斯、费雪·布莱克、罗伯特·莫顿等人因提出完善的期权定价理论（Option Pricing Theory）于 1997 年获得诺贝尔经济学奖。期权定价理论是有关期权（股票期权、外汇期权、股票指数期权、可转换债券、可转换优先股、认股权证等）的价值或理论价格确定的理论。资本资产定价模型、期权定价理论等金融估价的理论与技术的发展，对公司金融学的发展起到了强大的推动作用。1990 年以来期权交易已成为世界金融领域的主旋律。

随着公司金融理论的发展，公司金融学也逐步进化为内在逻辑一致性与预测能力相结合的一个现代学科。MM 理论在二十世纪八十年代被不断修正和拓展，公司金融学的大量文献集中于研究公司最佳资本结构是否存在以及如何决定的问题。其也包括大量的实证研究成果，如通过研究证券市场对不同类别的证券发行及信息发布的反应，来寻求公司融资决策的依据。公司金融理论也引入了信息不对称、代理成本和信号理论等要素。这些研究文献构成了现代公司金融学坚实的基础和丰富的内容。

总之，投资组合理论、资本结构理论、资本资产定价模型、有效资本市场理论、期权定价理论等构成了现代公司金融理论的核心。但不可忽视的是，行为金融学、垃圾债券市场和对冲基金等的兴起和发展对现有的金融理论和实务产生了巨大的冲击，公司金融理论将不断发展和完善。

（二）公司金融框架图

本书主要围绕公司金融理论，以公司估值为核心，让读者学会使用公司金融的基础工具和技术，理解公司如何制定财务政策、投资政策，进而最终学会对公司进行估值。具体来讲，本书共十二章内容，如图 1-2 所示。

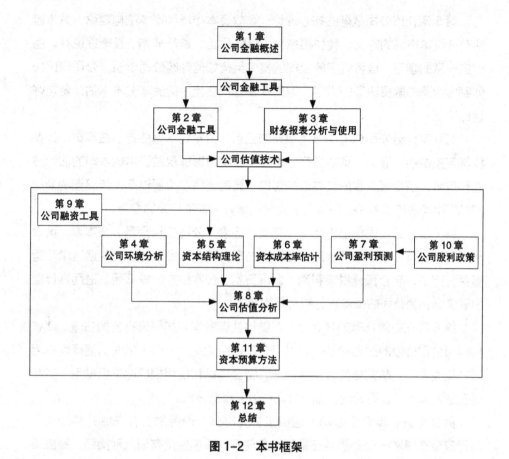

图 1-2 本书框架

第 1 章是本书的概述，这一章主要介绍公司金融的本质和目标，让读者了解现代公司金融理论的主要内容和本书的知识框架。

第 2 章介绍公司金融的基本工具，为读者介绍货币的时间价值、计算终值和现值的方法，以及一些简便的计算公式。

第 3 章介绍财务报表分析的技术。通过本章的学习，读者可理解三大财务报表的本质和钩稽关系，学会通过财务报表分析评估公司的财务状况和经营结果。利用财务比率分析和综合财务分析能够使得公司估值更加可靠。

第 4 章介绍对公司金融决策面临的内外部环境进行分析。通过本章的学习，读者可了解 SWOT 分析、PEST 分析、波特五力模型等，进而为公司所处的竞争环境做一个全面的分析，明确公司在行业中的定位，为公司估值做好环境分析。

第 5 章介绍公司金融的核心理论：有效资本市场和资本结构理论。具体包括有效资本市场的定义、类型和意义，MM 理论、破产成本、权衡理论等。通过这一章的学习，读者会了解公司的资本结构如何影响公司价值，公司应该如何制定合理的融资决策等内容，为第 6 章公司估值中的资本成本率估计奠定好理论基础。

第 6 章介绍公司估值中一个重要的因素：资本成本率估计。在本章，读者将学习投资组合理论、资本资产定价模型，学习理解权益资本成本率的估计方式和应用。结合第 5 章的资本结构理论，读者还将学习通过 5 个步骤预测公司的加权平均资本成本率，进而为公司估值做好折现率计算的准备。

第 7 章介绍公司估值中另一个重要的因素：公司盈利预测。在本章，读者将学习什么是公司自由现金流、公司自由现金流的计算公式。主要通过学习销售百分比法，学会预计税前利润、营运资本、资本性支出等项目，进而预计自由现金流，为公司估值做好盈利预测的准备。

第 8 章在前面几章的基础上，系统地让读者学习如何进行公司估值。读者将学习公司估值的过程和原则，学习公司估值的两大方法（绝对估值模型和相对估值模型），掌握估值模型的原理，学会选择和使用相应的估值模型。本章第三节将以小米公司为例，进行公司估值的案例分析。

第 9 章进一步介绍公司的融资工具有哪些，债务融资存在哪几种形式，公司应该选择发行公司债券还是可转换债券，股票融资有哪几种类型，是应该发行优先股还是普通股，以及商业信用、资产证券化等其他融资方式是什么样的，各自有什么优缺点。读者通过对本章的学习将了解实务中公司为何会采取某种融资决策。

第 10 章介绍公司股利政策。在本章中，读者将学习股利类型和股利理论，以及在股利实证研究领域，股利政策的影响因素和股利政策的经济后果。读者通过对本章的学习将了解实务中公司为何会采取某种股利政策。

第 11 章在公司估值的基础上，补充介绍资本预算的基本方法，包括净现值法、内部收益率法、经济增加值法等，使读者了解公司如何制定合理的投资决策，学习探讨评价投资项目的工具和技术。通过最后的案例，读者将学会在资本预算实务中，现金流和折现率的确定及项目价值的评估方法。

第 12 章是对本书的总结。

● 本章小结

    通过本章，我们了解了公司金融的定义，学习了四大公司金融活动与资产负债表之间的关系，了解了公司金融的整体目标和具体目标。现代公司金融理论为公司金融的实务奠定了基础，公司金融实务又反过来不断促进公司金融理论的发展。了解公司金融核心理论的发展和变化，明确本书的逻辑框架，能够帮助读者更好地学习和理解本书的内容。

● 关键术语

公司金融（Corporate Finance）

利润最大化（Profit Maximization）

股东财富最大化（Shareholder Wealth Maximization）

企业价值最大化（Enterprise Value Maximization）

相关者财富最大化（Stakeholder Wealth Maximization）

投资组合理论（Portfolio Theory）

资本结构理论（Capital Structure Theory）

有效市场假说（Efficient Market Hypothesis）

资本资产定价模型（Capital Asset Pricing Model）

期权定价理论（Option Pricing Theory）

● 自测题

1. 下列不属于个人独资企业优点的是（　）。

A. 不必重复纳税

B. 创立方便

C. 设立成本低

D. 企业需要承担有限责任

正确答案：D。个人独资企业需承担无限责任。

2. 选择股东财富最大化作为公司金融目标的优点是（ ）。

A. 非上市公司很难应用

B. 可能导致股东与公司其他利益相关者的矛盾和冲突

C. 充分考虑了货币的时间价值和风险因素

D. 股价高低不能完全反映股东财富的多寡

正确答案：C。股东财富最大化目标充分考虑了货币的时间价值和风险因素。

3. 公司金融的主要活动不包括（ ）。

A. 股利分配活动

B. 生产经营活动

C. 投资活动

D. 筹资活动

正确答案：B。公司金融的主要活动包括筹资活动、投资活动、经营活动和分配活动。

4. 以下表示现金流出企业的是（ ）。

（1）证券发行

（2）支付股利

（3）新的贷款融资

（4）支付税款

A.（2）和（4）

B.（1）和（4）

C.（1）（2）和（4）

D.（1）和（3）

正确答案：A。（1）和（3）表示现金流入，（2）和（4）表示现金流出。

5. 请逐个回答下列问题：

（1）有 A、B 两个企业，其利润都是 100 万元，哪一个企业的理财目标实现得更好？

（2）如果 A、B 企业今年都赚取了 100 万元，但 A 企业赚的 100 万元全部收回了现金，而 B 企业全部是应收账款，哪个企业经营更好？

（3）如果 A、B 企业同时赚取的 100 万元都收回了现金，但 A 企业是投资 100 万元获得的，而 B 企业是投资 500 万元获得的，哪个企业经营更好？

参考答案：

（1）不能判断。

（2）A 企业经营更好。因为货币具有时间价值，已收到的 100 万元现金的价值一般大于未收到的 100 万元现金的价值。

（3）A 企业经营更好。因为资金是有成本的，A 企业的初始成本是 100 万元，而 B 企业的初始成本是 500 万元，显然 A 企业的净收益大于 B 企业。

● 案例讨论及分析

某照明科技有限公司是一家专业照明电器与电气装置制造商，该公司凭借优异的产品质量、卓越的服务精神，赢得了客户的广泛认可与赞誉。该公司在国内商业照明领域一直保持行业领先地位，其旗下品牌成为国内照明行业主要品牌之一。该公司于 2006 年成为当年行业营业收入最高的企业。

公司创建于 1998 年，由三位原始人股东，即总经理 A、董事长 B 和董事 C 共同出资 100 万元发起设立。三人平分股权。公司是靠贴牌起步的，与早已进入并开始全面布局我国市场的飞利浦、松下、欧司朗等国际照明企业争夺市场。三个股东明确了各自的分工，开始大展拳脚，公司也迅速做大，营业收入与利润逐年上涨。

然而，随着利润的不断快速增长，三位创始人股东开始在收益分配上产生了意见分歧并发生了股权之争。2005 年，公司的股权结构发生了重大变更，由原本的三位创始人股东变更为只保留一位创始人股东。公司三位创始人股东中出任总经理的 A 坚持认为应将公司取得的利益用于扩大再生产，以提高公司的持续发展能力，实现长远利益的最大化。而另两位股东却认为应按持股比例分红，使股东实现当前利益。由此产生激烈争执，并导致 A 被迫离职，并不得不出让其持有的 1/3 股份。

在听说 A 离职并转让股权的消息之后，该公司在各地的约 200 家供应商与分销商立即赶赴总部，力主 A 重新出任总经理一职。他们对 A 的支援迫使其他创始人股东不得不重新协商。供应商与分销商支持 A 的根本原因是 A 所奉行的公司持续增长理念，他们确信该公司的持续增长将能为作为利益相关者的他们带来更多的机会。正如 A 所说："做照明品牌的分销商都发达了，身家过亿的大有人在。"

思考（1）：这个案例中重要利益相关者对公司控制权存在什么样的影响？

参考答案：

该公司的三位控制性大股东形成两派意见，按照股权比例，总经理 A 处于少数地位，另外两位股东联合起来形成了最终控制权。此时，大量供应商与分销商介入，形成了对 A 的有力支持，才使事情有了转机。虽然供应商与分销商并没有公司的所有权，但他们与该照明公司的关系在很大程度上影响了公司对资源的支配能力，从而决定了公司的发展能力，能够对该照明公司产生重要影响。反过来，A 的持股比例虽然只占 1/3，但在获得了供应商与分销商的大力支持后，事实上对企业资源的支配与控制能力超过了另外两位创始人股东。

思考（2）：如何确定公司的财务目标？

参考答案：

从表面上看，创始人股东之间产生冲突的直接原因是收益分配政策上的分歧，但从本质上看，这种分歧其实反映了三位创始人股东对公司财务管理目标的不同理解。双方的分歧在于究竟是以股东当期现实利益最大化为目标，还是以公司长远价值最大化为目标。从供应商和分销商对 A 是否留任公司总经理的关注程度上看，他们关注公司能否持续稳定发展并与他们保持稳定的业务关系。可以说，公司长期价值对包括供应商与分销商在内的利益相关者的长远价值至关重要。

从总经理 A 对公司收益分配的思路上看，其倾向于对公司加大投资，这会减少并延缓创始人股东所获得的现实收益。从当时该公司的股权结构以及上述股权转让风波来看，总经理 A 坚持对公司生产能力的投入以及对供应商与分销商关系的处理只能被视为个人自发行为。从该公司本身的所有权结构看，能否把企业价值最大化作为长期的财务目标还缺乏比较明确的制度性条件。

该公司股权变更风波这样一个简单的故事反映了我国民营企业目前存在的财务管理问题。

第 2 章

公司金融工具

终值与复利
现值与贴现　货币的时间价值　**公司金融工具**　名义利率与实际利率　单期情况
简化公式　　　　　　　　　　　　　　　　　　　　　　　　　　　多期情况

扫码即可观看
本章微视频课程

本章知识背景和学习目的

　　公司金融的各项活动都是在特定的时空下进行的，因此理解货币的时间价值是进行公司金融决策的基础。在货币的时间价值里，理解终值与复利、现值与贴现可以更好地理解资金在不同时点上的换算关系。在理解了终值与复利、现值与贴现后，我们将学习终值和现值计算的简化公式。学习实际利率和名义利率之间的关系有利于我们避免折现率及折现期数的错配问题，以正确地评估决策。

本章学习要点

1. 了解终值与复利、现值与贴现的概念；
2. 理解多期终值和现值的公式；
3. 掌握永续年金和普通年金的公式和应用；
4. 掌握实际利率与名义利率之间的转化公式。

货币的时间价值

货币的时间价值（Time Value of Money）是公司金融最基础且最重要的一个概念。来看下面这个例子：某公司正考虑是否投资 200 万元，该项投资在以后的 5 年中每年产生 50 万元的收益。你认为该公司是否投资这一项目呢？如果仅仅看 5 年后的绝对额，该公司可能就会投资这一项目。但是我们必须知道的是，投资的这 200 万元是当下支出的，而未来 5 年中每年的 50 万元是逐年实现的，带有不确定性，如遇项目破产和货币贬值等。因此，我们必须了解当期的 200 万元和未来 5 年中每年 50 万元之间的关系，这一关系便体现了货币的时间价值。

（一）终值与复利

ValueGo 公司正考虑出售一个闲置仓库，目前市场上有两名非常有诚意和有支付能力的购买者，一位购买者将在现在在支付 1 000 万元购买该仓库，另一位购买者将在明年这个时候支付 1 100 万元购买该仓库，如图 2-1 所示。那么，ValueGo 公司应该选择哪位购买者呢？

图 2-1　ValueGo 公司出售仓库时两位购买者的购买情况

ValueGo 公司的财务总监发现，如果接受第一位购买者的报价，则可以将 1 000 万元以 13% 的年利率存入银行，一年后，ValueGo 公司可以获得 1 130 万元，公式如下。

$$1\ 000 \times (1 + 13\%) = 1\ 130\ （元）$$

显然，第一位购买者的报价在一年后获得的本金与利息之和大于第二位购买者在一年后的报价，所以应选择第一位购买者的报价。在财务总监为

ValueGo 公司做决策的过程中，就涉及终值（Future Value，FV）和复利（Compounding）的概念。

终值指的是当前的一笔资金在一个时期或多个时期以后的价值。在单期投资的情形下，终值的计算公式如下。

$$FV = C_0 \times (1 + r)$$

其中，C_0 是当天（时间 0）的现金流量，r 是适用的利率。图 2-2 所示为 ValueGo 公司上述决策的单期终值。

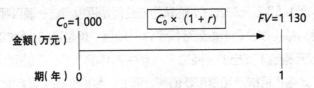

图 2-2　单期终值

在多期复利投资的情形下，终值的一般计算公式如下。

$$FV_t = C_0 \times (1 + r)^t$$

其中，C_0 是当天（时间 0）的现金流量，r 是适用的利率，t 是期数。比如，ValueGo 公司把上述 1 000 万元按 13% 的年利率存放在银行 3 年，3 年后 ValueGo 公司共可获得 1 443 万元，如图 2-3 所示。如果资金按复利计算，利息将被进行再投资；而在单利情况下，利息没有进行再投资。这可以由简单的数学公式来体现：$1 \times (1 + r)^2 = 1 + 2r + r^2 > 1 + 2r$，投资金额越大、期限越长，复利就越多。

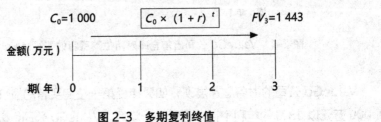

图 2-3　多期复利终值

（二）现值与贴现

现值（Present Value，PV）则是终值的一个对应概念。ValueGo 公司的财务总监也可以将第二位购买者在一年后支付的 1 100 万元转变为当下的价值，也就是计算一年后的 1 100 万元在现在值多少钱。将未来的资金按利率转换为当前的价值的过程就叫作贴现（Discounting），它是复利计息的相反过程。假设 1 000 万元现在的价值为 PV，那么 PV 和一年后的 1 100 万元之间存在这样的关系：

$$PV \times (1 + 13\%) = 1\ 100$$

求解可得 $PV=973$ 万元，也就是说一年后的 1 100 万元按照 13% 的年利率贴现到当前的价值仅为 973 万元，显然低于第一位购买者的报价 1 000 万元。因此从现值的角度也应选择第一位购买者。

现值指的是未来的一笔资金在当前的价值，由终值求现值也称为折现或贴现，折现时使用的利息率叫作折现率（Discount Rate）。在单期投资的情形下，现值的计算公式如下。

$$PV = C_1 \div (1 + r)$$

其中，C_1 是一期后的现金流量，r 是适用的利率。图 2-4 所示为 ValueGo 公司上述决策的单期现值。

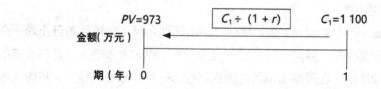

图 2-4　单期现值

同样地，在多期现值的情形下，现值的一般计算公式如下。

$$PV = C_t \div (1 + r)^t$$

其中，C_t 是 t 期后的现金流量，r 是适用的利率，t 是期数。比如，ValueGo 公司上述 1 100 万元在 3 年后才收到，若按 13% 的年利率计算当下的价值，3 年后 ValueGo 公司获得的 1 100 万元在当下的价值为 762 万元，如图 2-5 所示。

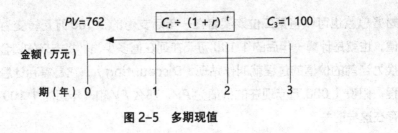

图 2-5　多期现值

（三）简化公式

前面我们已经讨论了现值与贴现、终值与复利的概念。在实际生活和工作中，对时间价值的计算可能更为烦琐，那有没有简化的公式呢？比如说，一个银行的会计要计算一笔 30 年期的每月付款的抵押贷款的现值。由于这笔抵押贷款有 360（30×12）个付款期，所以计算量比较大。进一步延伸，我们可能遇到需要考虑未来 N 期的现金流的情况，因此这些简化的公式是公司金融问题处理中便捷的工具。

1. 永续年金

永续年金（Perpetuity）是一系列无期限的现金流。永续年金并不是不存在的，如英国就存在一种没有到期日的金边债券（也叫永续债），金边债券的利息便是永续年金。在股票市场里，优先股作为一种"像股的债"，持股人收取固定的股利，因此优先股股利也可以视为永续年金。那么，我们如何确定金边债券这类具有永续现金流的产品的价值呢？

我们假定有一种金边债券，计算将无期限的每年支付的 C 元折现成现在的价值，如图 2-6 所示。根据多期现值的计算公式就可得以下公式。

$$PV = \frac{C}{(1+r)} + \frac{C}{(1+r)^2} + \frac{C}{(1+r)^3} + \cdots$$

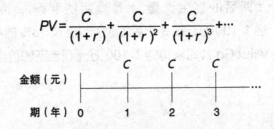

图 2-6　永续年金现金流

上式经过数学上的化简，可得到永续年金现值的简化公式，如下。

$$PV = \frac{C}{r}$$

式中，C 是从现在开始一期以后收到的现金流，r 是折现率。

举个例子：一张英国永续债承诺每年支付 15 英镑直到永远，目前市场利率是 10%，请问它的现在价值是多少？

$$PV = \frac{15}{10\%} = 150（英镑）$$

若现在市场利率降低至 8%，那么这笔永续现金流的现值则变为 187.5 英镑，如下。

$$PV = \frac{15}{8\%} = 187.5（英镑）$$

这也就是说，永续年金的价值会随着利率的下调而增加；相反地，它的价值也会随利率的升高而下降。因为利息可以理解为一种机会成本，如果不投资永续债，便可以将资金存入银行获取按利率计息的收益。

2. 永续增长年金

如果你现在不投资永续债，而是投资一家非常优秀和稳定的上市公司，这家公司承诺投资后一年可以每股分红 5 元，且之后每个年度分红都以 5% 的水平增长。现在的市场利率是 10%，请问你现在愿意出价多少来买这家公司的股票呢？

我们可以把这家公司未来给投资者的现金流（C）描绘出来，如图 2-7 所示，这种增长趋势会永远持续下去，这种现金流序列就被称作永续增长年金（Growing Perpetuity）。

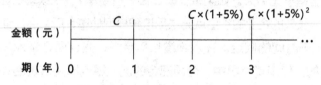

图 2-7　永续增长年金现金流

根据多期现值的计算公式可得以下公式。

$$PV = \frac{C}{(1+r)} + \frac{C \times (1+g)}{(1+r)^2} + \frac{C \times (1+g)^2}{(1+r)^3} + \cdots$$

上式经过数学上的化简，可得到永续增长年金现值的简化公式，如下。

$$PV = \frac{C}{r-g}$$

式中，C 是现在开始一期以后收到的现金流，g 是增长率，r 是折现率。

可以看到，永续增长年金的简化公式和永续年金的简化公式的区别在于分母，前者在折现率基础上扣除了增长率，可以理解为增长率使机会成本降低。那么，根据永续增长年金的简化公式，我们便可以计算出这家公司现在的每股价格，如下。

$$PV = \frac{5}{10\% - 5\%} = 100 \, (元)$$

若公司的股利增长率提高至 9%，那么这家公司现在的每股价格的计算公式如下。

$$PV = \frac{5}{10\% - 9\%} = 500 \, (元)$$

可见，在折现率不变的情况下，一旦公司的股利增长速度高且可持续，公司的股价会有明显的提升。但是，关于永续增长年金的简化公式有三点需要注意。

（1）关于分子。永续增长年金的分子是现在起一期后的现金流，而不是现在的现金流。

（2）关于折现率和增长率。折现率 r 一定要高于增长率 g，这样永续增长年金公式才会有意义。如果增长率与折现率十分接近，分母就会趋于无穷小，以至于现值就会趋于无穷大。如果增长率 g 高于折现率 r，永续增长年金是没有意义的，如高成长型的企业的价值就无法用这种模型估算，后文会详细介绍。

（3）关于时间的假定。在永续增长年金中，假定现金流入或流出是有规律的和确定的。但现实世界中，公司现金的流入或流出是随机的，我们要注意到这一点。

3. 普通年金

上述永续年金是指无期限的现金流，但是在我们的生活中更为常见的是有期限的现金流。普通年金（Ordinary Annuity）就是指一系列稳定、有规律、在一段时期内持续的现金流。普通年金是比永续年金更为常见的金融工具，如退休金、银行贷款的偿还等。

图 2-8 所示为有限的 t 期内每年获得 C 元的现金流，根据多期现值的计算公式就可得以下公式。

$$PV = \frac{C}{(1+r)} + \frac{C}{(1+r)^2} + \cdots + \frac{C}{(1+r)^t}$$

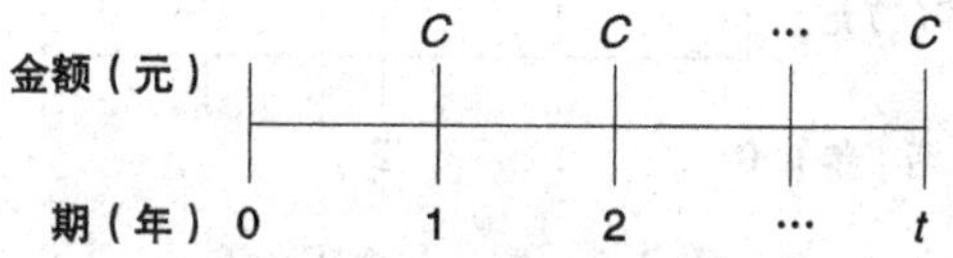

图 2-8　普通年金现金流

上式经过数学上的化简，可得到普通年金现值的简化公式，如下。

$$PV = \frac{C}{r} - \left[\frac{C}{r(1+r)^t} \right] = \frac{C}{r} \left[1 - \frac{1}{(1+r)^t} \right]$$

式中，C 是现在开始一期以后收到的现金流，r 是折现率，t 是有限的期数，$\frac{1}{r}\left[1 - \frac{1}{(1+r)^t} \right]$ 是年金现值系数。我们可以从普通年金的简化公式里看到，普通年金其实是一个从 1 期开始的永续年金的现值（$PV = \frac{C}{r}$）和从 $t+1$ 期开始的永续年金现值（$PV = \frac{C}{r(1+r)^t}$）的差额。

举个例子：如果你可以负担每月 400 元的汽车分期付款，36 个月的贷款的月利率是 0.58%，你买得起多少价格的汽车？根据普通年金的计算公式可得：

$$\frac{400}{0.58\%} \left[1 - \frac{1}{(1+0.58\%)^{36}} \right] = 12\,962.26 \text{（元）}$$

4. 增长年金

和永续年金一样，普通年金也有增长年金（Growing Annuity），因为伴随企业的实际增长或通货膨胀，企业的现金流也会增长。增长年金是一种在有限时期内增长的现金流。

图 2-9 所示为有限的 t 期内以 g 为增长率的增长年金的现金流，根据多期现值的计算公式就可得以下公式。

$$PV = \frac{C}{(1+r)} + \frac{C \times (1+g)}{(1+r)^2} + \cdots + \frac{C \times (1+g)^{t-1}}{(1+r)^t}$$

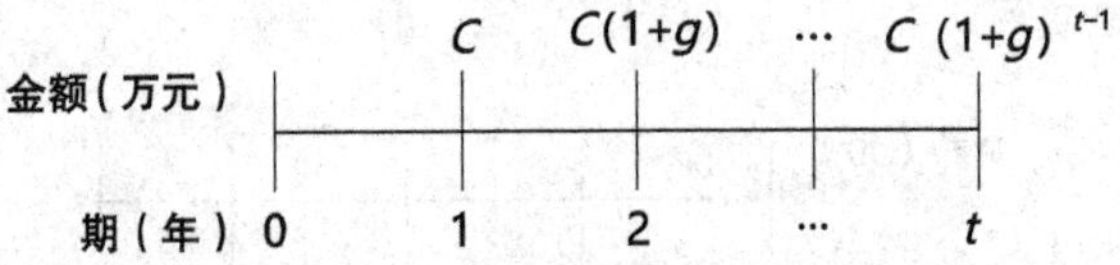

金额（万元）

C $C(1+g)$ $\cdots$ $C\,(1+g)^{t-1}$

期（年）　0　　　1　　　2　　　$\cdots$　　　t

图 2-9　增长年金现金流

上式经过数学上的化简，可得到增长年金现值的简化公式，如下。

$$PV = \frac{C}{r-g}\left[1-\left(\frac{1+g}{1+r}\right)^t\right]$$

式中，C 是现在开始一期以后收到的现金流，r 是折现率，g 是每期的增长率，t 是有限的期数，$\dfrac{1}{r-g}\left[1-\left(\dfrac{1+g}{1+r}\right)^t\right]$ 是增长年金现值系数。

举个例子：一项 40 年期的定额给付养老金计划第一年支付 20 000 元，以后每年增长 3%。如果年利率是 10%，该养老金计划的现值是多少？根据增长年金的计算公式可得以下公式。

$$PV = \frac{20\,000}{10\%-3\%}\left[1-\left(\frac{1+3\%}{1+10\%}\right)^{40}\right] = 265\,121.57\,(元)$$

5. 几种特殊的年金

（1）递延年金。如果投资者并没有在第 1 期收到现金流，而在之后的期间（如第 3 期）才开始收到，那么这种年金就是递延年金。

举个例子，图 2-10 中，如果你现在投资一个项目，但在未来的第 3 年和第 4 年才可以每年获得 400 元收益，市场利率为 10%，那么这笔投资的价值是多少？

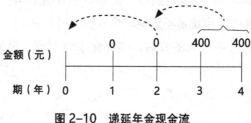

图 2-10　递延年金现金流

计算该投资的价值需要分为两步。

第一步，计算以第 2 期为起点的年金现值。

$$\frac{400}{10\%}\left[1-\frac{1}{(1+10\%)^2}\right]=694.21（元）$$

第二步，将第 2 期的现值折现到第 0 期。

$$\frac{694.21}{(1+10\%)^2}=573.73（元）$$

（2）先付年金。如果第一次收到现金流不是在第 1 期而是在第 0 期，那么这类年金便是先付年金。举个例子：图 2-11 中，这个项目为了吸引你投资，除了在未来 4 年每年给你 200 元的收益，还在当下先给你支付 100 元的收益，市场利率为 10%，此时这笔投资的价值是多少？

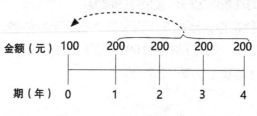

图 2-11　先付年金现金流

此时，不仅要计算未来 4 年的现金流的现值，还要加上无须折现的第 0 期收到的现金 100 元，因此，该项目的价值的计算公式如下。

$$\frac{200}{10\%}\left[1-\frac{1}{(1+10\%)^4}\right]+100=733.97（元）$$

（3）不定期年金。如果收到年金的频率并不是每年一次，而是每 N 年（N>1）一次，这种年金就是不定期年金。图 2-12 中，你投资的这个项目未来每隔两年给你支付 400 元的收益，市场利率为 10%，此时这笔投资的价值是多少？

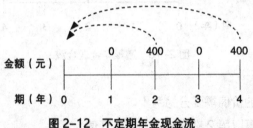

图 2-12　不定期年金现金流

此时，支付期数变成两年，计算这笔投资的价值的关键在于要同时调整市场利率，即调整为两年的实际利率，两年期的实际利率等于名义利率复利两次之后的数值，等于（1+10%）^{2}−1 = 21%（将在下一节具体讲解实际利率）。因此，实际上该项目的现金流是一个期数为两期，实际利率为 21% 的普通年金现金流，其价值计算公式如下。

$$\frac{400}{21\%}\left[1-\frac{1}{(1+21\%)^2}\right]=603.78（元）$$

（4）我们经常会做这样一个决策：为了在若干年后买上房子、汽车或者支付学费，现在就开始每年储蓄一些资金。这种投资决策便是使每年的现金流入的现值与未来的现金流出的现值相等的情形。

举个例子：假设你计划在 5 年后买车，在 5 年后你将分 3 期购买一辆汽车，每期支付 4 万元，市场利率为 10%，如图 2-13 所示，那么从明年开始每年储蓄多少资金才能买上这辆汽车？

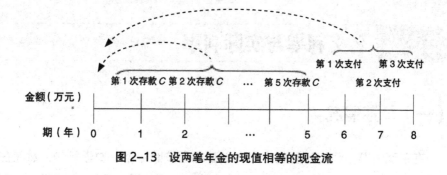

图2-13　设两笔年金的现值相等的现金流

计算需要分为三步。

第一步，计算3次分别支付4万元的年金在第5年的现值，公式如下。

$$\frac{4}{10\%}\left[1-\frac{1}{(1+10\%)^3}\right]=9.95（万元）$$

第二步，把上述3次支付的年金在第5年的现值折现到第0年。公式如下。

$$\frac{9.95}{(1+10\%)^5}=6.18（万元）$$

第三步，从第1年开始连续储蓄5年的等额年金的现值应恰好等于6.18万元，公式如下。

$$\frac{C}{10\%}\left[1-\frac{1}{(1+10\%)^5}\right]=6.18（万元）$$

因此每年的储蓄金额就为：

$$C=\frac{6.18}{\frac{1}{10\%}\left[1-\frac{1}{(1+10\%)^5}\right]}=1.63（万元）$$

这样，在未来的5年里每年按10%的利率存入1.63万元，便可以在5年后分3期、每期支付4万元购买该车。

（一）单期情况

在前面一节，我们对复利计息和贴现都是按照每年一次进行的，然而在现实里，往往一年计息的次数不止一次。比如，你从银行贷款 10 万元，年利率为 12%，但是合同里写的是按季度复利计息，每个季度的利率为 3%。贷款 10 万元在第一季度末变成 10 万元 × （1+3%）=10.3 万元，第二季度末就变成 10.3 万元 × （1+3%）≈ 10.61 万元，第三季度末就变成 10.61 万元 × （1+3%）≈ 10.93 万元，第四季度末就变成 10.93 万元 × （1+3%）≈ 11.26 万元，这就意味着一年后共欠银行的本息为 11.26 万元。而如果合同规定按年度复利计息，那么一年后共欠银行的本息为 10 万元 × （1+12%）=11.20 万元。很明显，按季度复利计息最后需要偿还的本息要大于按年度复利计息的金额。因此，复利不仅和利率有关，还和计息次数有关。当不是以年为单位计息时，就会涉及名义利率（Nominal Interest Rate）和实际利率（Effective Interest Rate）的转化问题。

以上述贷款 10 万元为例，我们先来计算按季度计息的年实际利率（即有效年利率 Effective Annual Rate，EAR）。根据终值的计算公式，可得以下公式。

$$FV =11.26= C_0 \times （1 + R）=10 \times （1 + EAR）$$

可以得出其实际利率为 12.6%，且恰好等于 $（1 + 12\% \div 4）^4 - 1$。这就是说，实际利率和名义利率之间存在以下关系。

$$EAR = \left(1 + \frac{r}{m}\right)^m - 1$$

进一步，我们也可以计算单期按复利计息 m 次的期末终值，公式如下。

$$FV = C_0 \times \left(1 + \frac{r}{m}\right)^m$$

由于是复利计息，所以实际利率要高于名义利率。如果仅给出名义利率为 10%，但是没有给出计息间隔期，就不能计算终值。相反，实际利率本身就有很明确的意义，它不需要给出复利计息的间隔期。

另外，由于通货膨胀的影响，我们可能也需要将名义利率按照通货膨胀率（Inflation Rate，IR）调整，计算出实际利率。比如，一年期存款的名义利率为 10%，我们现在存入 10 万元并按年计息一次，但是由于通货膨胀率为 3%，所以一年后的实际终值是 10 万元 ×（1+10%）÷（1+3%）= 10.68 万元，实际利率为 6.8%。因此我们也可以得到以下等式。

1+ 名义利率 =（1+ 实际利率）×（1+ 通货膨胀率）

一般简化为：名义利率 = 实际利率 + 通货膨胀率，这就是著名的费雪等式（Fisher Equation）。

（二）多期情况

前面讨论单期情况下的实际利率和名义利率之间的关系，而在多期的情况下，每年 m 次复利计息 t 年后的终值公式如下。

$$FV = C_0 \times \left(1 + \frac{r}{m}\right)^{m \times t}$$

例如，初始投资额为 50 万元，年利率为 12%，每半年复利计息，3 年后的终值计算公式如下。

$$FV = 50 \times \left(1 + \frac{12\%}{2}\right)^{2 \times 3} = 50 \times (1.06)^6 = 70.93 \text{（万元）}$$

那么，多期情况下实际利率是多少呢？实际利率是以 50 万元为初始投资额 3 年后将给我们相同的投资财富的年利率。计算公式如下。

$$50 \times (1 + EAR)^3 = 70.93$$

$$EAR = \left(\frac{70.93}{50}\right)^{1/3} - 1 = 12.36\%$$

这也对应了前文关于实际利率和名义利率的关系等式，如下。

$$EAR = \left(1 + \frac{r}{m}\right)^m - 1 = \left(1 + \frac{12\%}{2}\right)^2 - 1 = 12.36\%$$

最后，如果我们把复利的计息时间继续缩短，以每天、每小时、每分钟复利计息，甚至以每秒进行复利计息，极限情况是按照无穷短的时间间隔进行复利计息，也就是所谓的连续复利（Continuous Compounding）计息。"高利贷"则经常用连续复利计息方式，这也正是我们要学习它的原因，避免陷入"高利贷"的危机。那么连续复利计息下的终值是多少呢？其实计算公式很简单，相当于变成一个指数函数，如下。

$$FV = C_0 \times e^{r \times t}$$

C_0 是第 0 期的现金流，r 是名义年利率，t 是投资的期数，e 是一个自然常数，也是一个超越数（Transcendental Number），大约等于 2.718。

● 本章小结

通过本章的学习，我们了解了几个基本概念——终值与复利、现值与贴现，学习了普通年金及永续年金的简化公式，理解了名义利率和实际利率之间的关系。这些金融工具有助于我们理解货币的时间价值，是公司金融及财务决策的基础。

● 关键术语

货币的时间价值（Time Value of Money）

终值（Future Value）

复利（Compounding）

现值（Present Value）

折现率（Discount Rate）

永续年金（Perpetuity）

永续增长年金（Growing Perpetuity）

普通年金（Ordinary Annuity）

增长年金（Growing Annuity）

名义利率（Nominal Interest Rate）

实际利率（Effective Interest Rate）

通货膨胀率（Inflation Rate）

费雪等式（Fisher Equation）

● 重要公式

永续年金现值： $PV = \dfrac{C}{r}$

永续增长年金现值： $PV = \dfrac{C}{r-g}$

普通年金现值： $PV = \dfrac{C}{r} - \left[\dfrac{C}{r(1+r)^t} \right] = \dfrac{C}{r} \left[1 - \dfrac{1}{(1+r)^t} \right]$

增长年金现值：$PV = \dfrac{C}{r-g}\left[1-\left(\dfrac{1+g}{1+r}\right)^t\right]$

实际利率和名义利率之间的关系：$EAR = \left(1+\dfrac{r}{m}\right)^m - 1$

每年 m 次复利计息 t 年后的终值：$FV = C_0 \times \left(1+\dfrac{r}{m}\right)^{m \times t}$

费雪等式：1+ 名义利率 =（1+ 实际利率）×（1+ 通货膨胀率）

● 自测题

1. 本金为 1 000 元，年利率为 10% 的 3 年期复利定期存款，3 年后一次还本付息，则期末本息累计可以收回（ ）元。

A.1 300

B.1 200

C.1 331

D.1 000

正确答案：C。根据终值公式，可得：$FV_3 = 1\ 000 \times (1+10\%)^3 = 1\ 331$（元）。

2. 一项每年提供 1 000 元现金流量的永续年金投资，贴现率为 5% 时的价值为（ ）元。

A.20 000

B.1 000

C.10 000

D.952.38

正确答案：A。根据永续年金现值公式，可得：$PV = \dfrac{C}{r} = \dfrac{1\ 000}{5\%} = 20\ 000$（元）。

3. 下列关于等额本息还款的说法，正确的是（ ）。

A. 等额本息还款下，每月的还款本金固定，而利息越来越少

B. 等额本息还款是借款人每月按相等的金额偿还贷款本息，其中每月贷款利息按月初剩余贷款本金计算并逐月结清

C. 等额本息还款是在还款期内把贷款总额等分，每月偿还同等数额的本金和剩余贷款在该月所产生的利息

D. 等额本息还款下，贷款人期初还款压力较大

正确答案：B。等额本息还款下，每月偿还同等数额的本息，期初利息占比较大，随后逐步递减。

4. 货币的时间价值作为评价公司理财活动的重要标准，对公司进行投资决策、筹资决策和股利分配决策具有重要意义。（ ）

A. √

B. X

正确答案：A。货币时间价值是公司金融的基础。

5. 你在对两个项目进行评定，其现金流如表 2-1 所示。

表 2-1 项目 X 和项目 Y 的现金流情况（单位：万元）

期（年）	项目 X	项目 Y
1	9 000	7 000
2	8 000	7 500
3	7 500	8 000
4	7 000	9 000

以下各相关的选项中，正确的是（ ）。

（1）在正收益率的条件下，两个项目有相同的终值

（2）在 0 收益率的条件下，两个项目有相同的终值

（3）在正收益率的条件下，项目 X 的现值比项目 Y 的现值高

（4）在正收益率的条件下，项目 Y 的现值比项目 X 的现值高

A.（2）和（3）

B.（1）和（3）

C.（1）、（2）和（4）

D.（2）

正确答案：A。通过现值的公式，我们可以把两项目未来每期的现金流折现。

在正收益率条件下，由于项目 X 的资金回流前期大后期小，而项目 Y 的资金回流前期小后期大，因此项目 X 受时间（折现率）的影响小，其现值会大于项目 Y；当收益率为 0 时，两个项目的总现金流一样，两个项目的终值相等。

● 案例讨论及分析

盛大计算机软件开发公司 2019 年 12 月准备与华雄公司签订一项专利权转让合同，将其拥有的某项专利权转让给对方，转让费为 50 万元，合同规定于当年内支付全部款项。盛大计算机软件开发公司为微利企业，2018 年盈利 200 万元；如果没有该转让收入，2019 年盈利约为 300 万元。该公司采用按季预缴（按上年应纳税所得额的四分之一分季预缴）、年终汇算清缴方式缴纳企业所得税。银行贷款的年利率为 5%，投资回报率为 10%。

如果该公司现在签订此项专利权转让合同，应将收款和开票时间定在 2020 年 1 月初，理由如下。

（1）如果将此笔转让收入计入 2019 年，则公司无法享受财政部和国家税务总局规定的"对年应纳税所得额超过 100 万元低于 300 万元（含 300 万元）的小型微利企业，其所得减按 50% 计入应纳税所得额，按 20% 的税率缴纳企业所得税"的税收优惠政策。

（2）若在 2019 年签订合同并收款，则该笔转让费应作为 2019 年的收益计算纳税，于 2019 年年底或 2020 年年初计算缴纳企业所得税；若将签订合同和收款的日期改为 2020 年 1 月，则意味着该笔收入应作为 2020 年的收益，在 2020 年计算纳税。由于该公司采用按上年应纳税所得额的四分之一分季预缴、年终汇算清缴企业所得税的方式，这就意味着该笔转让费收入的企业所得税缴纳时间实际上由 2019 年年底或 2020 年年初推迟到 2020 年年底或 2021 年年初，从而实现了相对节税。

思考（1）：从货币时间价值的角度，思考将一笔 10 万元应当在今年缴纳的税款推迟到明年或者后年缴纳对企业会有什么影响（不考虑税收优惠的影响）。

参考答案：

如果不考虑货币的时间价值，推迟缴纳税款并不会减少实际缴纳税款的金额。因为无论是今年缴纳还是明年或者后年缴纳，实际缴纳的税款都是 10 万元。但是如果考虑货币的时间价值，那么推迟缴纳税款意味着为企业节省了一笔费用或者增加了一笔收入，因而它也属于节税的范畴。比如，如果不进行税收筹划，则该笔 10 万元税款于今年缴纳，而企业由于资金周转困难，只能通过银行贷款缴纳该笔税款，银行贷款的年利率为 5%，则一年后企业需要偿还利息 5 000 元。假如企业通过税收筹划将该笔税款推迟到明年或者后年同一时间缴纳，则企业无须贷款，可节省利息 5 000 元。

或者，企业不存在资金周转问题，推迟缴纳税款，将该笔资金用于投资，投资回报率为 10%，则一年后企业可获得投资收益 10 000 元，这意味着企业通过税收筹划取得了一笔 10 000 元的收入。

思考（2）：该案例带给你带来哪些启示？

参考答案：

税款的缴纳也要考虑货币的时间价值，否则会对企业的资金流转造成影响，严重者会使企业资金链断裂，甚至导致企业破产。

推迟缴纳税款是税收筹划的基本方法之一。推迟缴纳税款不是偷税漏税，而是在税法允许的范围内合理地进行税收筹划。

第 **3** 章

财务报表分析与使用

资产负债表
利润表　　三大财务报表及其钩稽关系　　**财务报表分析与使用**　　透过财务报表看公司经营
现金流量表

财务比率分析　　偿债能力分析
营运能力分析
盈利能力分析
盈利质量分析
市场价值分析
综合财务分析　　杜邦分析法
PE、PB、ROE

扫码即可观看
本章微视频课程

本章知识背景和学习目的

　　财务数据是公司估值的基础，因此理解三大财务报表是公司估值的重点之一。三大财务报表包括资产负债表、利润表和现金流量表，理解三大财务报表的本质和钩稽关系可以更好地评估公司的财务状况、经营成果和现金流情况。在理解了三大财务报表的编制及其钩稽关系后，我们将学习如何运用财务比率来分析公司为股东创造价值的安全性和质量，学习如何运用综合财务分析法来分析公司为股东创造价值的驱动因素及其差异，以把握公司资产、负债、权益和现金变动的某些规律与趋势，理解公司的商业模式和经营状况，进而为估值等投资决策服务。

本章学习要点

1. 了解资产负债表、利润表和现金流量表的结构和内容；
2. 理解资产负债表、利润表和现金流量表的钩稽关系；
3. 理解经营活动产生的现金流量的计算和应用；
4. 掌握各项财务比率公式和应用；
5. 熟练掌握基于杜邦分析法的综合财务分析方法及其应用。

（一）资产负债表

1. 认识资产负债表

资产负债表（Balance Sheet）反映了某一特定日期企业的财务情况。资产负债表就像照相机一样，在资产负债表日（12 月 31 日等）拍下这一时点企业的财务状况。资产负债表的左边是"资产"，表明企业拥有什么样的资源，或者资金被什么东西占用；右边是资金的来源，即企业的"资本"构成，包括来自债权人的"负债"和来自股东的"股东权益"。资产负债表体现了会计的一个静态恒等式，如下。

$$资产 = 负债 + 股东权益$$

表 3-1 是 ValueGo 公司 2020 年的资产负债表（简表）。资产负债表左边的资产按照资产的流动性进行排列，分为流动资产和长期资产。流动资产是指企业可以在一年或者超过一年的一个营业周期内变现或者运用的资产，流动资产大多是企业日常经营决策经常触及的资产，包括库存现金、应收账款和存货等资产。库存现金被认为是最可靠的资产，一元就代表一元。一般来说，存货少，说明企业的产品卖得好，若存货多，则可能存在损坏和贬值的风险。对于大多数企业而言，赊销已成为企业的一种竞争手段，应收账款往往占营业收入的一定比例，应收账款少未必是好事，多也未必是坏事，这就需要结合企业的经营情况进行综合分析。长期资产是指不能在一年或者超过一年的一个营业周期内变现或者耗用的资产，包括固定资产和无形资产等。

资产负债表的右边反映了企业资金的来源，即负债和股东权益，反映了企业的资本结构。流动负债是指企业将在一年或超过一年的一个营业周期内偿还的债务，如和企业日常经营相关的应付账款、应付票据和应付职工薪酬等。有的企业可能存在巨额的短期借款，这些短期借款对企业来说是在一年内必须偿还的贷款，短期借款越多的企业越可能在短期内面临债务偿还的问题。长期负债是指偿还期在一年以上的负债，主要项目有长期债务等，长期借款难以筹借，业绩不好的企业一般没有长期债务。

股东权益是指企业资产中扣除负债所余下的部分，也称为净资产。股东权益是一个很重要的指标，它反映了企业的自有资本。其中，实收资本指企业实际收到的投资人投入的资本，资本公积是指企业在经营过程中由于接受捐赠、股本溢价以及法定财产重估增值等所形成的公积金，而留存收益（包括盈余公积和未分配利润）是企业经营过程中赚的资金。

为使读者理解财务报表在公司金融中的运用，表 3-1 中的项目对会计准则要求的资产负债表项目进行了合并。如"现金及现金等价物"项目为"货币资金"和"交易性金融资产"项目之和；"长期债务"项目为"长期借款"和"应付债券"项目之和；"留存收益"项目为"未分配利润"和"盈余公积"项目之和；"固定资产"和"无形资产"项目列示了其原值。

表 3-1　ValueGo 公司资产负债表（简表）

单位：百万元

项目	2020 年	2019 年	项目	2020 年	2019 年
流动资产：			流动负债：		
现金及现金等价物	140	107	应付账款	213	197
应收账款	294	270	应付票据	50	53
存货	269	280	应付薪酬	223	205
其他流动资产	58	50			
流动资产合计	761	707	流动负债合计	486	455
长期资产：			长期负债：		
固定资产	1 423	1 274	递延税款	117	104
无形资产	245	221	长期债务	471	458
折旧和摊销	-550	-460			
			长期负债合计	588	562
			股东权益：		
			实收资本	94	71
			资本公积	347	327
			留存收益	390	347
			库存股	-26	-20
长期资产合计	1 118	1 035	股东权益合计	805	725
资产总计	1 879	1 742	负债和股东权益总计	1 879	1 742

2. 理解资产负债表

正确理解资产负债表的关键在于以下三点。

第一，资产负债表本质上是反映一个企业拥有的经济资源以及对这些经济资源的终极索取权的财务报表。就现代企业来看，债权人享有优先的固定索取权（固定的利息），股东享有剩余索取权（不固定的盈余）。在有限责任制度安排下，企业所有权和经营权正常情形下由股东与经营者享有，而一旦企业出现债务危机，危机就会转移至债权人，资产负债表涉及的恒等式可以转化为：股东权益 = 资产 − 负债。资产负债表能够通过揭示企业的资产、负债与股东权益及其结构来反映企业的债务清偿能力和股利分配能力。

第二，资产负债表反映了企业的流动性问题。流动性指的是企业易变现的流动资产和流动负债之间的差额。在流动资产中，一般来说现金及现金等价物的流动性最强，其次是应收账款和存货。企业较多地投入流动资产，虽然可以抵御流动负债带来的财务困境，但也表明企业放弃了其他有利的长期投资的机会。所以，并不是说企业在流动资产上的储备越多越好，要结合企业的行业特质和经营情况进行综合评判。

第三，资产负债表仅反映企业依据《企业会计准则》计量的账面价值。资产负债表是基于历史成本并按照《企业会计准则》（稳健性）的要求编制的财务报表，这也就是说，资产负债表在多数情况下并没有反映企业的市场价值（除了个别按公允价值计量的资产和负债），那些表外的资产和负债，以及反映企业核心竞争力的"无形资产"都是无法进入资产负债表的。所以对于资产负债表，不能进行过度解读，不同的投资者对资产负债表的关注点也是有所不同的。

（二）利润表

1. 认识利润表

利润表（Income Statement）反映了某一特定时期企业的会计业绩。利润表就像摄像机一样，记录一个会计期间（1月1日—12月31日等）内企业的会计业绩。利润表通常由几个部分组成，经营部分报告了企业主营业务和其他业务的收入和费用，非经营部分报告了包括利息费用在内的企业所有财务费用等，另外，再用一个独立的部分报告企业缴纳的所得税。利润表中有净利润项目，企业实现的净利润。一部分以股利的形式分给股东，一部分结转到资产负债表的留存收益中。表 3-2 所示为 ValueGo 公司 2020 年的利润表（简表）。利润表运用了会计的一个动态恒等式，如下。

$$利润 = 收入 - 费用$$

表 3-2　ValueGo 公司利润表（简表）

单位：百万元

项目	2020 年
营业收入	2 262
营业成本	-1 655
销售费用、一般费用及管理费用	-327
折旧和摊销	-90
营业利润	190
其他利润	29
息税前利润	219
利息费用	-49
税前利润	170
所得税	-84
当期税款	-71
递延税款	-13
净利润	86
留存收益	43
现金股利	43

　　为使得读者理解报表在公司金融中的运用，表 3-2 中的项目对会计准则要求的利润表项目进行了顺序调整和补充说明。如将折旧和摊销从管理费用中分离出来，单独列出，便于后续分析；将利息费用（财务费用的重要组成部分）单独列出，以便读者理解息税前利润的计算，且便于后续分析；将所得税进行拆分，以便后续分析；将净利润的组成部分留存收益和现金股利分项列示，以便读者理解利润表和资产负债表之间的钩稽关系。

　　利润表和资产负债表之间存在明显的钩稽关系。从本质上看，利润表披露的是影响两资产负债表日（期初与期末）净资产变动的非资本性交易因素及其金额，以便信息使用者更好地评估企业净资产的变动、预测企业净资产的变动、把握企业的债务清偿能力与股利分配能力等，做出相应决策。在没有资本性权益（如新增的权益融资、回购股票等）变动的情况下，把会计的静态恒等式和动态恒等式结合起来就可以得到反映资产负债表和利润表之间钩稽关系的会计恒等式，如下。

$$期末资产 = 期末负债 + 期初权益 + 权益的变动$$
$$= 期末负债 + 期初权益 + 转入留存收益的利润$$

2. 理解利润表

正确理解利润表的关键在于以下三点。

第一，利润表是基于权责发生制编制的财务报表。权责发生制亦称应计基础、应计制。权责发生制下，以权利和责任的发生来决定收入和费用归属期，即以实质收到现金的权利或支付现金的责任的发生为标志来确认收入和费用及债权和债务的归属期。具体来讲，收入按现金收入及未来现金收入——债权的发生来确认，费用按现金支出及未来现金支出——债务的发生进行确认。按照权责发生制原则，凡是本期已经实现的收入和已经发生或应当负担的费用，不论其款项是否收付，都应作为本期的收入和费用处理；凡是不属于本期的收入和费用，即使款项在本期收付，都不应作为本期的收入和费用。因此，权责发生制属于会计要素确认与计量方面的要求，它解决了收入和费用何时确认及确认多少的问题。收付实现制又称现金制或实收实付制，以收到或支付现金为标准来记录收入的实现和费用的发生，收入和费用的归属期与现金收支行为紧密地联系在一起。收付实现制下，将发生的现金收支全部记作发生当期的收入和费用，而不考虑与现金收支行为相关联的经济业务实质上是否发生。

权责发生制和收付实现制在处理收入和费用时遵循的原则是不同的，所以同一会计事项按不同的会计处理基础进行处理，其结果可能是相同的，也可能是不同的。例如，本期销售价值 1 000 元的一批产品，货款已收存银行，这项经济业务不管是采用权责发生制还是采用收付实现制，1 000 元货款均应作为本期收入，这时就表现为两者的一致性。但在一些情况下两者是不一致的。例如，本期收到上月销售产品的货款，存入银行。在这种情况下，如果采用收付实现制，这笔货款应当作为本期的收入，因为货款是本期收到的；如果采用权责发生制，则此项收入不能作为本期收入，因为它不是本期获得的。

正是因为利润表是基于权责发生制编制的，所以利润表中费用计算最重要的是遵循配比原则，即根据与收入的匹配关系计算当期的费用。配比原则有两条：一是根据收入与费用之间的因果关系进行直接配比；二是根据收入与费用之间存在的时间上的一致关系进行间接配比。例如，直接材料、直接人工，与收入有直接因果关系，直接计入营业成本；而销售费用、一般费用及管理费用等，虽然与收入没有直接因果关系，但是为销售产品等公司的主营业务服务的，所以与收入有间接的因果关系，应进行配比后计入当期费用。但是，购买固定资产，虽然也是为生产产品服务的，但相关支出在时间上并不跟当期的收入相匹配，所以不能直接计入费用，而是要将固定资产当期折旧的部分计入当期费用（根据时间上的一致关系）。

第二，利润表通过反映企业的经营业绩来揭示企业净资产变化的重要秘密。收入与费用体现了净资产的某些变动，即资产与（或）负债的某些变动。因此，这些变动是可以直接记录为资产与（或）负债以及净资产的变动的。正因如此，收入与费用本身与是选择历史成本还是选择公允价值等计量属性无关，其由相应资产与（或）负债变动的计量决定。因此，利润表要素及其逻辑关联其实是为资产负债表要素及其逻辑关联所决定的。在排除资本性交易所引起的净资产变动后，利润表就能解释期初与期末净资产变动的全部原因，资产负债表与利润表因此而形成直接钩稽关系。

第三，避免对净利润的过度解读。净利润只是利益相关方达成共识的一个数字，净利润高不代表企业一定是一个好企业，净利润低也未必意味着其没有发展前景。一般而言，我们要当心净利润被调高的风险，企业可能通过虚增收入、虚降费用或使用不合理的匹配虚增利润。如 ValueGo 公司可能一边向公司A出售商品，一边又从公司A购入价格相当的资产，从而相互虚增收入；又如改变会计政策，高估固定资产使用寿命，减少当期折旧费用；又如未严格遵循《企业会计准则》的规定，将研发支出全部确认为费用，有时会低估真实净利润；又如将所有利息支出都资本化计入资产负债表的固定资产，而不计入利润表，虚增净利润。

（三）现金流量表

1. 认识现金流量表

现金流量表（Cash Flow Statement）是法定财务报表之一，也是理解三大财务报表的难点，它反映了企业某一特定时期的现金和现金等价物流入和流出情况。如利润表一样，现金流量表是动态报表，反映的是某一会计期间的情况；其与利润表不同的地方在于，现金流量表是基于收付实现制编制的，用于解释企业经营、投资和筹资活动现金流量的变动以及企业现金的总变动。"现金为王"的观念是现代企业财务管理的基本原则，理解现金流量表对全面理解企业的财务状况和三大财务报表之间的钩稽关系是十分有用的。

从表 3-1 的资产负债表中可以看出，ValueGo 公司的现金及现金等价物从 2019 年的 1.07 亿元增加到 2020 年的 1.4 亿元，2020 年企业现金及现金等价物的总变动为 0.33 亿元。我们也可以通过现金流量表里的经营、投资和筹资这三大活动倒推出资产负债表中的现金及现金等价物变动金额。现金流量表由三个部分组成：经营活动产生的现金流量、投资活动产生的现金流量和筹资活动产生的现金流量 [①]，三项净现金流量之和即现金及现金等价物的变动。ValueGo 公司现金流量表（简表）如表 3-3 所示。由于在公司金融实务中，特别对于外部投资者而言，很难获取企业每一笔业务的实际数据，因此很难使用直接法（直接区分每一笔业务的属性和是否涉及现金流）来编制现金流量表，为此本书采用间接法的方式，通过利润表和资产负债表与现金流量表之间的逻辑关系，来倒推企业的现金流量表，以便后续的估值等分析使用。

---

① 企业虽然靠经营活动赚取经营利润，但投资活动和筹资活动也是企业创造价值的重要源泉。经营活动："我养活所有人"。投资活动："没有我大家就没有未来"。筹资活动："我让企业更快地发展"。三者相辅相成。

表 3-3　ValueGo 公司现金流量表（简表）

单位：百万元

项目	2020 年
经营活动产生的现金流量：	
净利润	86
折旧和摊销（＋）	90
递延税款（＋）	13
经营相关的资产负债项目的变动	
应收账款的变动（增加则 －，减少则 ＋）	−24
存货的变动（增加则 －，减少则 ＋）	11
其他流动资产的变动（增加则 －，减少则 ＋）	−8
应付账款的变动（增加则 ＋，减少则 －）	16
应计费用的变动（增加则 ＋，减少则 －）	18
应付票据的变动（增加则 ＋，减少则 －）	−3
利息支出的变动（增加则 ＋，减少则 －）	49
经营活动产生的现金净流量	248
投资活动产生的现金流量：	
资本性支出（增加则 －，减少则 ＋）	−173
长期资产的出售（收益则 ＋，亏损则 －）	0
投资活动产生的现金净流量	−173
筹资活动产生的现金流量：	
给债权人支付的利息支出	−49
偿还的到期债务的本金	−73
新发行的长期债务	86
支付的现金股利	−43
从股东处回购的股票金额	−6
新发行的股票融资	43
筹资活动产生的现金净流量	−42
现金及现金等价物的变动	33

2. 理解现金流量表

对现金流量表的编制和理解可以分为以下三步。

第一步，计算经营活动产生的现金流量。经营活动产生的现金流量是指由于企业生产和销售产品及提供劳务等正常的经营活动所带来的现金流量。计算经营活动产生的现金流量可以从净利润开始[1]，以本期净利润为起点，调整不涉及现金的收入、费用、营业外收支以及与经营相关的应收应付等项目的增减变动，再调整不属于经营活动的现金收支项目。从表3-2可以看到，2020年ValueGo公司净利润是8 600万元，在此基础上，首先加上减少利润但是不影响现金流的费用（折旧和摊销9 000万元、递延税款1 300万元）；再根据流动资产和流动负债中和经营相关的项目（不包括现金及现金等价物）的变动进行调整，这些项目的变动有的影响利润但是不影响现金流，有的不影响利润但影响现金流。例如，应收账款的增加会增加利润但不增加现金流（应减去应收账款增加的2 400万元），存货的增加会减少现金流但不减少利润（应加上存货减少的1 100万元），其他流动资产的增加会减少现金流但不减少利润（应减去其他流动资产增加的800万元），应付账款的增加会增加现金流但不影响利润（应加上应付账款增加的1 600万元），应计费用的增加会减少利润但不减少现金流（应加上应计费用增加的1 800万元），应付票据的增加会增加现金流但不影响利润（应减去应付票据减少的300万元）；最后，再调整不属于经营活动的现金收支项目，如利息支出（属于筹资活动）减少利润但不属于经营活动（应加上利息支出增加的4 900万元）。上述之和即是本期经营活动产生的现金净流量，等于24 800万元。

第二步，根据投资活动引起的现金流量变动对经营活动产生的现金流量进行调整。投资活动产生的现金流量指资本性支出发生的净变化（即净资本性支出）。2020年ValueGo公司增加了17 300万元的资本性支出（固定资产的投资增加14 900万元，无形资产的投资增加2 400万元），无任何资产出售，即本期投资活动产生的现金净流量为−17 300万元。

第三步，根据筹资活动引起的现金流量变动对经营活动产生的现金流量进行调整。筹资活动引起的现金流量变动是指对债权人和股东的净支出。2020

---

[1] 经营活动产生的现金流量是现金流量表中的概念，企业报告期内按照权责发生制计算的净利润经过对有关项目的调整，可以转换为按照收付实现制计算的企业当期经营活动产生的现金净流量。具体步骤如下：第一步，以权责发生制下的净利润（利润表中的净利润）为起点，剔除非经营活动所产生的利润，将"净利润"调整为经营活动产生的净利润（权责发生制）；第二步，通过对经营活动中与利润有关但与现金无关的项目进行调整，将权责发生制下经营活动的净利润调整为收付实现制下的净利润；第三步，通过对经营活动中与利润无关但与现金有关的项目进行调整，将收付实现制下的净利润调整为经营活动所产生的现金净流量。

年给债权人支付的利息为 4 900 万元，偿还的到期债务的本金为 7 300 万元，向债权人新发行的长期债务为 8 600 元（8 600 – 7 300，正好等于资产负债表长期债务增加的 1 300 万元），因此 2020 年对债权人的净支出为 3 600 万元。2020 年给股东支付的现金股利为 4 300 万元，从股东处回购的股票金额为 600 万元（正好等于资产负债表库存股增加的 600 万元），向股东新发行的股票融资为 4 300 万元（正好等于资产负债表实收资本增加的 2 300 万元和资本公积增加的 2 000 万元之和），因此本期对股东的净支出为 600 万元。2020 年对债权人和股东的净支出为 4 200 万元，筹资活动产生的现金净流量为净流出，等于 4 200 万元。

从上述三个步骤中，我们不仅可以看到现金流量表和资产负债表以及利润表之间密切的钩稽关系，也可以看出现金流量表里的经营、投资和筹资这三大活动产生的现金净流量之和（3 300 万元）正好等于资产负债表里现金及现金等价物的变动金额 3 300 万元，这也反映了资产负债表和现金流量表之间钩稽关系的会计恒等式，如下。

现金及现金等价物的变动 = 经营活动产生的现金净流量 + 投资活动产生的现金净流量 + 筹资活动产生的现金净流量

总之，资产负债表和利润表这两张表，一静一动，分别反映财务状况和经营成果。现金流量表可以看作资产负债表和利润表的补充。一方面补充说明资产负债表中的货币资金变动的情况。现金流量表体现了资产负债表的变动，是以现金为编制基础的资产负债表。另一方面补充说明利润表中的利润情况。在传统财务会计模式中，利润表由于采取权责发生制来确认收入与费用，所以其提供的信息与企业现金的真实流动可能会有时间上的差异，故现金流量表的信息可补充利润表的信息，如考察企业经营利润的含金量时，两者可以说明有多少利润是来自现金流，有多少是来自非现金项目。在公司金融里，现金流量表的作用是不可忽视的，现金流量表反映了影响企业期初与期末现金变动的具体因素及其影响数量。投资者可以评估以前的预测，把握企业现金变动的某些规律与趋势，更好地预测企业未来偿债能力和未来的自由现金流量，进而做出决策。

透过财务报表看公司经营

（一）财务比率分析

深入了解一个公司的三大财务报表是公司估值的基础，这三张报表从不同角度反映了公司的财务情况。资产负债表中的资产、负债、所有者权益是利润的源泉，体现了公司的商业模式，反映了公司的发展能力；利润表里的利润可能只是"纸上富贵"，现金流量表里的现金流才是"真金白银"，利润的质量十分重要。在公司估值中，或者作为一个价值投资者，更应该"轻利润、重现金""轻当期、重长期"，而这就需要学会透过财务报表看公司的经营。要判别一家公司是否是优质的公司，可以看它能否持续地赚取利润，能否安全且高质量地实现价值增长。为此，我们首先从以下五个方面了解财务比率分析。

1. 偿债能力分析

（1）短期偿债能力。

短期偿债能力是指承担经常性财务负担（即偿还流动负债）的能力。企业若有足够的现金流量就不会造成债务违约，可避免陷入财务困境。会计流动性反映了企业的短期偿债能力，衡量会计流动性时常用的指标是流动比率（Current Ratio）、速动比率（Quick Ratio）、现金比率和现金流量比率。以 ValueGo 公司为例，2020 年这些比率的公式和计算如下。

流动比率 = 流动资产 ÷ 流动负债

$$= 761 ÷ 486 = 1.57$$

速动比率 = 速动资产 ÷ 流动负债 =（流动资产 – 存货）÷ 流动负债

$$= 492 ÷ 486 = 1.01$$

现金比率 = 现金及现金等价物 ÷ 流动负债

$$= 140 ÷ 486 = 0.29$$

现金流量比率 = 经营活动产生的现金净流量 ÷ 流动负债

$$= 248 ÷ 486 = 0.51$$

企业如果出现财务上的困难，可能无法按时支付货款（应付账款），或需要向银行申请贷款展期，结果造成流动负债的增加速度比流动资产的增加速度快，流动比率等短期偿债比率下降。因此，短期偿债比率下降可能是企业财务困难的一个信号。企业一方面要计算历年的短期偿债比率，以便于发现变化趋势；另一方面还要将本企业的短期偿债比率与从事类似经营活动的其他企业的短期偿债比率进行比较，以了解企业在行业中所处的水平。

（2）长期偿债能力。

长期偿债能力是指偿还债务本金和利息的能力，长期偿债能力是企业债权人、投资者、经营者等十分关注的重要方面。长期偿债能力是反映企业财务安全和稳定程度的重要标志，衡量了企业整体的财务杠杆程度。影响企业长期偿债能力的因素有企业的资本结构和企业的获利能力两个方面。财务杠杆可以作为一种工具来衡量企业在债务合同上违约的可能性，企业的债务越多，其不能履行债务责任的可能性越大。换句话说，过多的债务很可能导致企业丧失清偿能力，陷入财务困境。从好的方面来看，债务又是一种重要的筹资方式，并因其利息可从税前扣减而具有节税的好处。企业运用债务融资可能会造成债权人与权益投资者之间的矛盾，债权人希望企业投资于风险较低的项目，而权益投资者则偏好更加冒险的投资行为。衡量长期偿债能力常用的指标有资产负债率（Asset-Liability Ratio）、权益乘数（Equity Multiplier）、利息保障倍数（Interest Coverage Ratio）、现金流量利息保障倍数和经营现金流量债务比。以 ValueGo 公司为例，2020 年这些比率的公式和计算如下。

资产负债率 = 总负债 ÷ 总资产 ×100%

= 1 074 ÷ 1 879×100% = 57.16%

权益乘数 = 平均总资产 ÷ 平均股东权益

= [(1 879 + 1 742) ÷2] ÷ [(805+ 725)÷2] = 2.367

资产负债率越低，企业偿债越有保证，贷款越安全；权益乘数反映了企业的资金杠杆程度，权益乘数越低，企业偿债越有保证，贷款越安全。资产负债率反映了债权人权益的受保护程度，以及企业为将来有利的投资机会取得新资金的能力。但是，资产负债表上的负债仅仅是未偿付的金额，没有根据当前的利率（有可能高于或低于债券发行时的初始利率）和风险水平加以调整。因此，负债的会计价值可能与其市场价值不同。此外，还有一些债务可能根本就不会出现在资产负债表上，如养老金负债。

利息保障倍数 = 息税前利润 ÷ 利息费用

$$= 219 ÷ 49 = 4.47$$

现金流量利息保障倍数 = 经营活动产生的现金净流量 ÷ 利息费用

$$= 248 ÷ 49 = 5.06$$

经营现金流量债务比 = 经营活动产生的现金净流量 ÷ 总负债

$$= 248 ÷ 1\ 074 = 0.23$$

确保利息费用的支付是企业避免破产而必须做到的，利息保障倍数直接反映了企业支付利息的能力，利息保障倍数越大，利息支付越有保障；现金流量利息保障倍数越大，利息支付越有保障；只有当企业的资金不足以承受债务负担时，大量的负债才成为问题，因此经营现金流量债务比越高，偿还债务总额的能力越强。

2. 营运能力分析

营运能力分析主要用于衡量企业对资产的管理是否有效。企业在资产上的投资水平取决于诸多因素。比如儿童玩具公司在儿童节前后可以有大量的库存，而七月份仍保持同样的库存就不合时宜了。那么，如何衡量企业在资产上的投资水平是否合适呢？解决这个问题的逻辑起点就是将资产与全年的营业收入相比得出周转率，以便了解企业运用资产创造营业收入的有效程度。衡量营运能力常用的指标有总资产周转率（Total Assets Turnover Rate）、应收账款周转率（Receivable Turnover Rate）和存货周转率（Inventory Turnover Rate）[①]。以 ValueGo 公司为例，2020 年这些比率的公式和计算如下。

总资产周转率 = 营业收入 ÷ 平均总资产

$$= 2\ 262 ÷ [(1\ 879 + 1\ 742) ÷ 2] = 1.25$$

这一比率用来表示企业对总资产的运用是否有效。若总资产周转率高，说明企业能有效地运用资产创造收入；若总资产周转率低，则说明企业没有充分利用资产的效能，因而必须提高销售额或削减部分资产。在运用这一比率说明资产的使用效果时存在两个问题：一个问题是，旧资产的会计价值低于新资产

---

① 需要注意的是，在计算周转率时，资产数据使用的是资产的平均余额，有些财务分析人员在计算中用期末余额替代。

的会计价值，总资产周转率可能因为旧资产的使用而偏大；另一个问题是，固定资产投资较少的企业（如零售和批发企业）的总资产周转率较固定资产投资较多的企业（如制造企业）的总资产周转率高。

$$应收账款周转率 = 营业收入 \div 平均应收账款$$
$$= 2\ 262 \div [(294 + 270) \div 2] = 8.02$$
$$应收账款周转天数（平均收账期）= 365 \div 应收账款周转率$$
$$= 365 \div 8.02 = 45.51（天）$$

应收账款周转率和应收账款周转天数提供了有关企业应收账款管理方面的信息。这两个比率的实际意义在于它们反映了企业的信用政策，如果企业的信用政策较宽松，其应收账款就会较多。在判断企业应收账款的账龄是否过长时，财务分析人员常用的一条经验是应收账款的平均收账期减企业信用条件所允许的付款期应不超过 10 天。

$$存货周转率 = 营业成本 \div 平均存货$$
$$= 1\ 655 \div [(269 + 280) \div 2] = 6.03$$
$$存货周转天数（库存周期）= 365 \div 存货周转率$$
$$= 365 \div 6.03 = 60.53（天）$$

存货周转率等于产品营业成本除以平均存货。因为存货是按历史成本记录的，所以根据产品的销售成本而不是销售收入（销售收入中含有销售毛利，与存货不相匹配）来计算存货周转率。一年的天数除以存货周转率可得到存货周转天数，存货周转天数是指从存货的购买到销售所用的天数，在零售与批发商业企业，它被称作"库存周期"。存货周转率衡量了存货生产及销售的速度，它主要受产品制造技术的影响，如生产一个汽油涡轮机比生产一片面包要花更多的时间。存货周转天数大幅度增加可能表明企业存在大量未销的产成品，或企业的产品组合中生产周期较长的产品变得更多。存货的估价方法对存货周转率的计算有实质性影响，财务分析人员应关注不同的存货估价方法以及这些方法是如何影响存货周转率的。

3. 盈利能力分析

企业的盈利能力很难被定义和衡量，没有一种方法能明确地告诉我们企业是否具有较好的盈利性。一般说来，会计利润反映了收入与成本之差，会计利润描绘了企业的账面盈利能力，衡量盈利能力常用的指标有销售净利率

（Net Profit Margin on Sales）、总资产净利率（Return on Total Assets，ROA）、净资产收益率（Return on Equity，ROE）、股利支付率和留存比率。以 ValueGo 公司为例，2020 年这些比率的公式和计算如下。

销售净利率 = 净利润 ÷ 营业收入 ×100%

= 86 ÷ 2 262×100% = 3.8%

销售净利率等于净利润除以营业收入，即将净利润表示为营业收入的百分比形式。一般来说，销售净利率反映了企业以较低的成本或较高的价格提供产品和劳务的能力。由于销售净利率是基于营业收入而不是基于企业或权益投资者所投资的资产而计算的利润率，因此不能直接衡量企业的盈利能力。比如，商业企业销售净利率较低，而服务性企业的销售净利率较高，但这并不能直接说明二者盈利能力的高下。

总资产净利率 = 净利润 ÷ 平均总资产 ×100%

= 86 ÷ 1 810.5×100% = 4.75%

总资产报酬率 = 息税前利润 ÷ 平均总资产 ×100%

= 219 ÷ 1 810.5×100% = 12.10%

衡量企业管理绩效的一个常见指标是净利润与总资产的比率，包括税前的和税后的。非常有意思的是，总资产净利率可以通过几个财务比率联系在一起来计算，可以将总资产净利率分解成销售净利率和总资产周转率这两个指标，其计算公式如下。

总资产净利率 =（净利润 ÷ 营业收入）×（营业收入 ÷ 平均总资产）

= 销售净利率 × 总资产周转率

= 3.8% ×1.25 = 4.75%

企业可以通过提高销售净利率或总资产周转率来提高总资产净利率。然而，由于竞争的存在，企业很难同时做到这两点，只能在二者中择一。以零售企业为例，一般商超的销售净利率低而总资产周转率高，而高级珠宝商店则是销售净利率高而总资产周转率低。将总资产净利率分解成销售净利率和总资产周转率有助于分析企业的财务策略。假定一个销售气体力学设备的企业打算向客户提供更加宽松的信用条件，为此，其总资产周转率可能要降低（因为应收账款比营业收入增长得快），在这种情况下，为了使总资产净利率不至于下降，企业就得提高销售净利率。

净资产收益率 = 净利润 ÷ 平均股东权益 ×100%

= 86 ÷ 765 ×100% = 11.24%

净资产收益率被定义为净利润除以净资产（股东权益），其与总资产净利率之间最重要的区别在于财务杠杆，下一节将对此做详细分析。净资产收益率的高低取决于净利润（分子）和净资产（分母）的计量。不同行业盈利能力和商业模式不同，净资产收益率水平差异很大。净资产收益率水平比较高的行业有食品饮料、家用电器行业，比较差的有通信、军工行业。

股利支付率 = 现金股利 ÷ 净利润 ×100%

= 43 ÷ 86×100% = 50%

留存比率 = 留存收益 ÷ 净利润 ×100%

=（86-43）÷ 86×100% = 50%

股利支付率是指现金股利占净利润的比例，留存比率是指留存收益占净利润的比例，二者之和等于 1。

需要注意的是，财务分析人员至多能衡量当前或历史的会计利润，然而，许多商业机会都是以牺牲当前利润来换取未来利润的。例如，部分新产品有很高的初始费用，因此有较低的初始利润，在这种情况下，当前利润就不足以反映未来的盈利能力。以会计为基础来衡量企业盈利能力还存在一个问题——忽视了风险。当两家企业的风险显著不同时，仅依据二者的当期利润相同而得出两者的盈利性也相同的结论是错误的。用会计方法衡量企业盈利能力存在的一个问题是没能给出一个用于比较的标准。从经济意义上来看，只有当企业的盈利大于投资者自己能够从资本市场赚取的盈利，才能说企业具有较强的盈利能力，而使用会计衡量方法无法进行这种比较。

4. 盈利质量分析

前文是基于利润表的企业盈利能力分析，但是利润表无法反映企业的盈利质量，为此，我们采用资产现金回收率、盈利现金比率和可持续增长率等指标从现金流量表的角度来衡量企业的盈利质量。以 ValueGo 公司为例，2020 年这些比率的公式和计算如下。

资产现金回收率 = 经营活动产生的现金净流量 ÷ 平均总资产 ×100%

= 248 ÷ 1 810.5×100% = 13.70%

$$盈利现金比率 = 经营活动产生的现金净流量 \div 净利润$$
$$= 248 \div 86 = 2.88$$

这两个比率越大，表明企业资产创造现金流的能力越强，企业盈利质量越高。

$$可持续增长率 = 净资产收益率 \times 留存比率$$
$$= 11.24\% \times 50\% = 5.62\%$$

财务分析中一个非常重要的比率是可持续增长率，这是企业在不提高财务杠杆的情况下，仅利用内部权益能达到的最高增长率，反映了企业内在的长期盈利增长质量。上述计算表明，在没有外部权益融资和不提高财务杠杆的情况下，ValueGo 公司每年最多能够按 5.62% 的比率增长。

5. 市场价值分析

仔细地阅读资产负债表和利润表，可以得到很多信息，但是企业的一个至关重要的特征——市场价值，我们却无法从中得到。市场价格是普通股股票的每股市场价格，是买卖双方在股票交易时确定的。企业普通股权益的市场价值等于普通股每股市场价格乘以发行在外的股数。有时我们用"公平市场价值"一词来指市场价格。"公平市场价值"是指在有意愿的买者和有意愿的卖者都掌握相关信息的情况下，双方的交易金额，因此市场价格是企业资产真实价值的估计值。在一个有效的市场中，市场价格反映了企业的全部相关信息，这时市场价格就揭示了企业资产的真实价值。

市盈率（Price Earnings Ratio，PE）的计算方法是用每股市价除以每股收益。市盈率反映普通股股东愿意为每 1 元净利润支付的价格，代表投资者对企业未来前景的预期（市盈率的关键驱动因素是企业的增长潜力），相当于每股收益的资本化。从理论上说，股票价格代表着股票未来收益的现值。在每股收益一定的条件下，市盈率高，说明股价高，意味着投资者对企业未来前景看好，即企业在未来可获得较丰厚的投资报酬（未来股权现金流量）或具有较低的风险（必要收益率）。当然，在现实的股票市场中，市盈率过高可能也意味着存在较大的"泡沫"，对企业的估值过于乐观。需要注意的是，当一个企业的利润为亏损状态时，市盈率指标则失去了意义。

市净率（Price-to-Book Ratio，PB）的计算方法是用每股市价除以每股净资产。从会计角度分析，每股净资产作为企业股份的账面价值，是股东投入和利润的累积。对多数企业来说，这个账面价值比较接近企业的内在价值。市净率的意义就在于，如果企业的主业做得很好，为股东创造财富的能力很强，那么市场对它的估值将会更高。理论上，市净率小于1表明企业目前的股价处于被低估的状态。需要注意的是，当一个企业的净资产为负时，市净率指标则失去了意义。

市销率（Price-to-Sales Ratio，PS）的计算方法是用每股市价除以每股销售额。收入分析是评估企业经营前景至关重要的一步，主要用于评估创业板的企业或高科技企业（可能目前的利润处于亏损状态）。一般来说，一个企业的销售额不会是负数，当无法分析市盈率和市净率时，市销率就是一个比较好的估值指标。比如在美国纳斯达克市场上市和我国科创板上市的公司不要求有盈利业绩，因此我们可能无法用市盈率对股票投资的价值或风险进行判断，但可以用市销率指标进行评判。此外，在国内证券市场运用这一指标来选股可以剔除市盈率很低且主营业务没有核心竞争力的、主要依靠非经营性损益而增加利润的股票（上市公司）。因此该项指标既有助于考察企业收益基础的稳定性和可靠性，又能帮助我们有效把握企业收益的质量。

企业价值乘数等于企业价值除以息税折旧摊销前利润。其中，企业价值（Enterprise Value，EV）等于企业权益的市场价值加上负债的市场价值减去现金及现金等价物，息税折旧摊销前利润（Earnings Before Interest Tax Depreciation and Amortization，EBITDA）指未扣除利息、税收、折旧和摊销前的利润。①这个比值其实比我们常用的市盈率更有价值。同一行业不同企业的杠杆率（负债和股东权益之比）不同，杠杆率将增加股东权益的风险，影响折现率；同一行业的企业是可比的，因为杠杆率不同，所以市盈率不同。因为企业价值包括了负债和股东权益，所以资本结构、利息支出和资本性支出等对该乘数的影响会比较小。②市盈率的分子是每股价格，分母是每股收益，每股收益在计算前已经减去了利息，因此分母对利息支付十分敏感。企业价值乘数分子包括负债和股东权益，分母用EBITDA，是因为使用利息被扣除之前的收益将避免利息支出对乘数的影响。③企业价值乘数的分子减去了现金，是因为很多企业会持有超量现金以备不时之需，如有些企业账上有几百亿元现金，企业价值比率反映的是经营性资产的收益能力，现金应当在计算比率前被扣除。市盈率仅限于权益的比率，而实务中，往往使用同时涉及负债和股东权益的比率，而企业价值乘数考虑了负债的影响，所以一定程度上企业价值乘数会比市盈率更好。④企业价值乘数适用于受折旧摊销影响比较大的企业，如重资产企业。

（二）综合财务分析

前文曾提到 ROA 与 ROE 之间最重要的区别在于财务杠杆，如果只能选择一个指标分析企业的盈利能力，ROE 无疑是更好的选择，因为它代表了股东每投入 1 元赚取的利润。巴菲特曾经说过："如果非要我用一个指标进行选股，我会选择 ROE。ROE 能持续稳定在 20% 以上的公司都是好公司，投资者应当考虑买入。"下面将从两个角度对 ROE 进行综合分析。

1. 基于杜邦分析法的综合财务分析

（1）理解杜邦分析法。

杜邦分析法（Dupont Analysis）最早由美国杜邦公司使用，故名杜邦分析法。杜邦分析法将 ROE 分解为销售净利率、资产周转率和权益乘数的乘积，分别代表企业的盈利能力、营运能力和偿债能力。以 ValueGo 公司为例，2020 年 ROE 在杜邦分析法下的第一层分解如下。

净资产收益率 =（净利润 ÷ 营业收入）×（营业收入 ÷ 平均总资产）×（平均总资产 ÷ 平均股东权益）

= 销售净利率 × 总资产周转率 × 权益乘数

= 3.8% × 1.25 × 2.367

= 总资产净利率 × 权益乘数

= 4.75% × 2.367

= 11.24%

对于杜邦分析体系（见图 3-1），我们可以从以下三点进行理解。

第一，公司的钱从哪里来？一个公司的资产由债权人和股东的投入组成。虽同样是资产提供者，但债权人享有的只是固定的利息收益，而股东享有的是公司的剩余利润，这就意味着如果公司总资产中的债务比例越高，股东的投入越少，股东的投入产出比越高，公司更多地占有债权人的资金。这就是权益乘数指标所反映的内容，它说明股东投入更少的资本，却享受了更多的净利润。

第二，有了钱或者资产，公司需要思考的便是如何使资产增值，这又涉及两个步骤。第一个步骤是将资产转化为收入。如一个空调公司的资产是空调，将空调卖出去，要经过原材料、在产品和产成品等环节，最后销售获得收入。资产转化为收入的速度越快，就意味着资产的周转的效率越高。总资产周转率就衡量了资产转化为收入的速度。资产只转化为收入还不行，因为可能公司获得收入是付出了很多的成本和费用的，那么第二个步骤就是看收入多大程度上能够转化为最终的利润。销售净利率就衡量了销售收入转化为利润的程度。

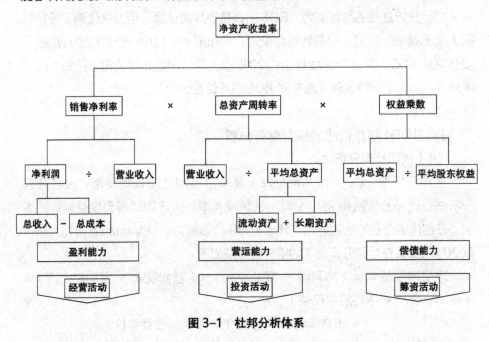

图 3-1　杜邦分析体系

第三，杜邦分析法是以净资产收益率为核心的，把重要的财务指标进行分解和综合，从而对公司进行系统性分析。杜邦分析法其实衡量的是公司资产中股东投了多少、资产转化为收入的速度有多快，以及收入多大程度转化为利润。经过杜邦分析法的拆解，我们会发现驱动 ROE 的"三驾马车"，分别是销售净利率、总资产周转率和权益乘数。其中，销售净利率代表的是公司的盈利能力，总资产周转率代表的是公司的营运能力，权益乘数代表的是公司的偿债能力，而这三种能力又分别对应了公司的三大活动：经营活动、投资活动和筹资活动。杜邦分析法的魅力就在于把公司获利能力层层分解，逐步覆盖公司活动的每个环节。根据图 3-1 可以进一步加以细分，比如：①将销售净利率中的净利润进一步拆解为总收入和总成本，分析销售净利率的影响因素；②将总资产周转率的总资产进一步拆解为固定资产、应收账款、存货等项目，将总资产周转率分解为固定资产周转率、应收账款周转率、存货周转率等项目；③将权益乘数中的负债进一步拆解为经营性负债和金融性负债，进一步分析杠杆的来源。这些因素的逐层分解，有利于找出公司获利的初始活动，有利于透过净资产收益率的表象，看公司的经营本质。

（2）杜邦分析法的应用。

为了能够更好地理解杜邦分析法，这里以海尔和格力为例，对杜邦分析法进行说明。从图 3-2 中我们可以看出格力的净资产收益率要高于海尔，这种差异是怎么形成的呢？首先来看权益乘数。根据测算，海尔通过 79% 的债务比例产生了 4.83 倍的权益乘数，要大于格力 68% 的债务比例带来的 3.33倍权益乘数，海尔利用财务杠杆的能力较强。其次，从总资产周转率来看，海尔的总资产周转率略大于格力。但是，格力近 15% 的销售净利率要远远高于海尔的 4.35%，原因在于格力空调的市场占比更高，空调的销售毛利率高于一般电器。从 ROE 这个指标来看，格力要比海尔优秀。

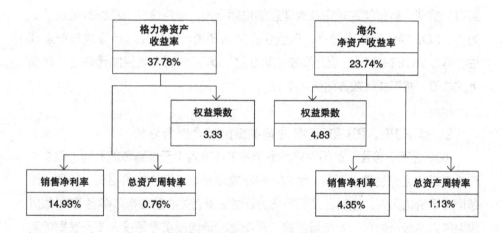

图 3-2　格力电器和青岛海尔 2017 年杜邦分析

进一步，哪个公司的股东回报持续性更强呢？应该是格力，因为通过财务杠杆带来的股东利润会增加财务风险，海尔的债务风险更高。而销售净利率的驱动因素体现的是格力对家电产品的定价权和市场竞争力，这也反映在两个公司的股价走势上。格力的市场表现优于海尔。

（3）杜邦分析法和 ROE 总结。

我们基于杜邦分析法对 ROE 这个指标进行总结。同样的 ROE 有不同的"含金量"：若高 ROE 来自高盈利能力和营运能力，自然是好事；但如果是来自高的财务杠杆率，则风险与机会并存，投资者要保持谨慎的态度。比如，茅台的毛利率高达 90%，但是茅台酒的酿制周期为 5 年，基本没有杠杆，茅台是一个高销售净利润、低资产周转率、无权益乘数的公司；而大型商超就不同了，薄利多销，资产周转极快，靠销量高、周转快取胜，依靠规模发货形成供应链优势；而银行的总资产收益率很低，资产周转也不快，主要依靠财务杠杆获得收益，虽然银行的 ROE 还不错，但是一旦经济不景气，资产质量恶化，可能还要亏本。这就是公司具有同样的 ROE，市场给予其不同估值的原因。

ROE 虽好，但也不是完美的，ROE 主要有三大局限。第一，ROE 的分子是净利润，净利润是基于权责发生制和历史成本计量的，存在操纵的可能。ROE 反映的是企业过去的经营业绩，用于衡量工业时代的企业能够满足要求，但在信息时代，顾客、供应商、雇员、技术创新等因素对企业经营业绩的影响越来越大，而 ROE 对这些方面是无法反映的。ROE 可能使企业对短期财务结果过分重视，有可能助长企业管理层的短期行为，忽略企业长期的价值创造。第二，ROE 的分母是净资产，有些企业的重要资产可能无法计量或被严重低估，导致 ROE 在不同行业之间缺乏可比性。第三，ROE 高只能代表企业账面上的数值，并不能代表其估值水平。

2. 基于 PE、PB 和 ROE 之间关系的综合财务分析

ROE 之所以重要，是因为它度量了股东每投入 1 元能赚取的利润。但是，作为二级市场的普通投资者，我们一般不能以每股净资产的价格买入股票，而是以市场价格买入。这时，二级市场的普通投资者关心的指标可能是 EP（每股收益除以每股市价），它衡量的是二级市场的普通投资者每投入 1 元赚取的利润，EP 的倒数就是市盈率（PE）。

市盈率（PE）、市净率（PB）和净资产收益率（ROE）的关系如下。

ROE = PB ÷ PE

PB = PE × ROE

PE = PB ÷ ROE

从理论上讲，ROE 越高，则 PB 越高，如果一家企业的 ROE 能够保持在

比银行利率、企业自身资本成本率高的水准，且能够持续，PB 就应超过 1。如果企业的 ROE 为正常水平，即 ROE 等于资本成本率，则其应该有正常的 PB 水平，即 PB 等于 1；如果企业的 ROE 水平高于其资本成本率，则其应该有 PB 的溢价，即 PB>1。

比如，白酒企业的 ROE 能达到 30%，假设现在市场上的银行利率为 6%，白酒企业的 ROE 要比银行利率高许多，那么白酒企业的 PB 必然会高。这样，买入该企业股票的投资者的收益率除非降到银行利率的水平，否则人们会蜂拥购买该企业股票。又如，某钢铁企业的净资产收益率只有 5%，比 6% 的银行利率都低，那么钢铁企业的 PB 必然会低，可能是银行利率的 80%。这样，买入该企业股票的投资者的收益率除非能上升到银行利率水平，否则该企业无法吸引资金。

进一步，通信和计算机行业有较低的 ROE 和较高的 PB，而银行、房地产行业有较高的 ROE 和较低的 PB。这是不是意味着，通信和计算机行业的企业的价值是被高估的，而银行和地产行业的企业的价值是被低估的？不是。以银行股为例，为什么银行股有 15% 的 ROE，但 PB 只有 1 左右？照理其应有更高的 PB。这是因为，银行 15% 的 ROE 是使用很高的财务杠杆取得的（银行的资金来源有很多是负债），如农业银行的财务杠杆（权益乘数）就差不多是 15 倍左右，这就是银行股的风险所在。

● 本章小结

本章我们了解了三大财务报表的基本结构和项目，理解了三大财务报表的钩稽关系，学习了五类财务比率的计算公式，学习了综合财务分析法及对其的理解和使用。财务报表反映了公司的财务状况、盈利情况和现金流状况，学会分析和使用财务报表将为我们理解公司的财务状况和估值打下扎实的基础。

● 关键术语

资产负债表（Balance Sheet）

利润表（Income Statement）

现金流量表（Cash Flow Statement）

流动比率（Current Ratio）

速动比率（Quick Ratio）

资产负债率（Asset-Liability Ratio）

权益乘数（Equity Multiplier）

利息保障倍数（Interest Coverage Ratio）

总资产周转率（Total Assets Turnover Rate）

应收账款周转率（Receivable Turnover Rate）

存货周转率（Inventory Turnover Rate）

销售净利率（Net Profit Margin on Sales）

总资产净利率（Return on Total Assets）

净资产收益率（Return on Equity）

市盈率（Price Earnings Ratio）

市净率（Price-to-Book Ratio）

杜邦分析法（DuPont Analysis）

● 重要公式

资产 = 负债 + 股东权益

利润 = 收入 − 费用

现金及现金等价物的变动 = 经营活动产生的现金净流量 + 投资活动产生的现金净流量 + 筹资活动产生的现金净流量

流动比率 = 流动资产 ÷ 流动负债

速动比率 = 速动资产 ÷ 流动负债 =（流动资产 − 存货）÷ 流动负债

资产负债率 = 总负债 ÷ 总资产 ×100%

权益乘数 = 平均总资产 ÷ 平均股东权益

总资产周转率 = 营业收入 ÷ 平均总资产

应收账款周转率 = 营业收入 ÷ 平均应收账款

存货周转率 = 营业成本 ÷ 平均存货

销售净利率 = 净利润 ÷ 营业收入 ×100%

总资产净利率 = 净利润 ÷ 平均总资产 ×100% = 销售净利率 × 总资产周转率

总资产报酬率 = 息税前利润 ÷ 平均总资产 ×100%

净资产收益率 = 净利润 ÷ 平均股东权益 = 销售净利率 × 总资产周转率 × 权益乘数

盈利现金比率 = 经营活动产生的现金净流量 ÷ 净利润

可持续增长率 = 净资产收益率 × 留存比率

市盈率 = 每股市价 ÷ 每股收益

市净率 = 每股市价 ÷ 每股净资产

● 自测题

1. 下列指标中，可用于衡量企业短期偿债能力的是（　　）。

A. 流动比率

B. 利息保障倍数

C. 资产负债率

D. 权益乘数

正确答案：A。流动比率是衡量短期偿债能力的重要指标，其他 3 个则是衡量长期偿债能力的指标。

2. 某公司年初负债总额为 800 万元（流动负债为 220 万元，长期负债为 580 万元），年末负债总额为 1 060 万元（流动负债为 300 元，长期负债为 760 万元）。年初资产总额为 1 680 万元，年末资产总额为 2 000 万元。则权益乘数为（　　）。

A.1.909

B.2.128

C.2.022

D.2.100

正确答案: C。权益乘数 = 平均总资产 ÷ 平均股东权益 = 1 840 ÷ 910 = 2.022。

3. BGL 企业提高了运营效率，使成本降低，而销售额保持不变。因此，在给定所有其他常量不变的情况下，则（　　）。

A. 净资产收益率将上升

B. 销售净利率将下降

C. 权益乘数将减少

D. 总资产净利率将下降

正确答案：A。销售额不变，成本降低，销售净利率提高，总资产净利润提高，净资产收益率也提高，但权益乘数的变化不一定。

4. 应收账款周转率提高意味着（　　）。

A. 收账费用减少

B. 短期偿债能力增强

C. 销售成本降低

D. 收账迅速，账龄较短

正确答案：A、B、D。应收账款周转率提高表明回收欠款的速度提高，可以降低收账的费用，现金回流提高短期偿债能力，但对于销售成本没有影响。

5. A 公司 2020 年实现销售收入 6 000 万元，2021 年的销售收入比 2020 年销售收入增长 20%；2018 年该公司资产总额为 2 500 万元，以后每年资产总额比前一年增加 500 万元，该公司资产由流动资产和固定资产组成，固定资产连续 4 年未发生变化，均为 2 000 万元，假设该公司无投资收益和营业外收支，所得税税率保持不变。其他有关数据和财务比率如表 3-4 所示。

表 3-4　A 公司财务数据及财务比率情况

指标	2020 年	2021 年
资产负债率	45%	50%
流动负债 ÷ 所有者权益	0.6	0.55
速动比率	0.65	0.8
销售毛利率	18%	20%
应收账款周转天数	72 天	45 天
净利润	600 万元	800 万元

要求:（1）分析总资产、总负债变化的原因;（2）分析流动比率变化的原因;（3）分析总资产净利率变化的原因;（4）运用杜邦分析法分析净资产收益率变化的原因。（注：本题所有指标均使用期末数计算）

参考答案:

（1）2021 年资产总额比 2020 年增加 500（2 000–1 500）万元，主要是流动资产增加所致;2021 年负债总额比 2020 年增加 425 万元，其原因是长期负债增加 480 万元，流动负债减少 55 万元，两者相抵后负债净增加 425 万元。A 公司资产、负债情况如表 3-5 所示。

表 3-5　A 公司资产、负债情况

单位：万元

指标	2020 年	2021 年
资产总额	2 500+500+500=3 500	3 500+500=4 000
流动资产	3 500–2 000=1 500	4 000–2 000=2 000
负债总额	3 500×45%=1 575	4 000×50%=2 000
流动负债	1 925×0.6=1 155	2 000×0.55=1 100
长期负债	1 575–1 155=420	2 000–1 100=900

（2）2021 年流动比率比 2020 年增加 0.52，其原因是：存货周转率减少 13.94 次，应收账款周转率增加 3.04 次，应收账款周转率提高的幅度小于存货周转率降低的幅度。具体如表 3-6 所示。

表 3-6 A 公司部分财务比率情况（1）

金额单位：万元

指标	2020 年	2021 年
流动比率	1 500÷1 155=1.30	2 000÷1 100=1.82
存货	（1 500-1 155）×0.65=224.25	（2 000-1 100）×0.8=720
存货周转率（次）	4 920÷224.25=21.94 （6 000×82%=4 920）	5 760÷720=8 （7 200×80%=5 760）
应收账款周转率（次）	365÷72=5.07	365÷45=8.11

（3）2021 年总资产净利率比 2020 年提高 2.7 个百分点，其原因是：2021 年销售净利率比 2020 年提高 1 个百分点，2021 年总资产周转率比 2020 年增加 0.09次。具体如表 3-7 所示。

表 3-7 A 公司部分财务比率情况（2）

指标	2020 年	2021 年
总资产周转率(次)	6 000÷3 500=1.71	7 200÷4 000=1.8
销售净利率	600÷6 000=10%	800÷7 200=11%
总资产净利率	1.71×10%=17.1%	11%×1.8=19.8%

（4）2021 年净资产收益率比 2020 年增加 8.48 个百分点，其原因是：销售净利率增加 1 个百分点，总资产周转率增加 0.09 次，权益乘数扩大 0.18。具体数据如下。

净资产收益率=销售净利率 × 总资产周转率 × 权益乘数

2020 年权益乘数 = 1÷（1-45%）= 1.82

2021 年权益乘数 = 1÷（1-50%）= 2

2020 年净资产收益率 = 10%×1.71×1.82=31.12%

2021 年净资产收益率 = 11%×1.8×2=39.6%

● **案例讨论及分析**

案例一：A 传媒公司

A 传媒公司成立于 1998 年，现已成为我国较大的民营传媒娱乐集团。A 传媒公司也是我国最大的电影和电视剧公司之一。A（控股）由北京A传媒股份有限公司（以下简称"A传媒"）、北京A影业有限公司（以下简称"A影业"）两个独立运营的公司组成。

公司的主营业务是电视节目和影视剧的投资制作和发行业务。电视节目包括常规电视栏目和在电视台播出的演艺活动。演艺活动一般在电视台播出，属于特殊类型的电视节目。电视栏目、演艺活动和影视剧是公司的三大传媒内容产品。电视栏目和演艺活动是自主制作发行，通过节目版权销售或广告营销的方式实现收入；影视剧主要是投资和发行，少量参与制作，其中，又以电影的投资发行为主，收入主要包括电影票房分账收入、电视剧播映权收入、音像版权等非影院渠道收入和衍生产品（贴片广告等）收入。

表3-8至表3-11是A传媒2018年、2019年相关财务指标。

表3-8 公司营运能力指标

指标	2019年	2018年	差异
存货周转率（%）	0.185 9	0.613 3	−0.427 4
固定资产周转率（%）	1.447	5.690 9	−4.243 9
流动资产周转率（%）	0.113	0.314	−0.201
总资产周转率（%）	0.087 1	0.241 9	−0.154 8
股东权益周转率（%）	0.138 6	0.306 6	−0.168

表3-9 公司偿债能力指标

指标	2019年	2018年	差异
流动比率（%）	1.876 9	3.988	−2.111 1
速动比率（%）	1.374	2.703	−1.329
产权比率（%）	0.710 6	0.221 7	0.488 9
资产负债率（%）	0.412 8	0.179 8	0.233

表 3-10　公司发展能力指标

指标	2019 年	2018 年	差异
营业收入增长率（%）	40.916 7	−10.737 4	51.654 1
营业利润增长率（%）	−19.405 7	26.537	−45.942 7
总资产增长率（%）	49.058 1	6.645 8	42.412 3
固定资产增长率（%）	156.215 6	94.092 2	62.123 4
股东权益增长率（%）	8.012 3	6.642 4	1.369 9
净利润增长率（%）	−29.437 3	21.594	−51.031 3

表 3-11　公司现金流指标

金额单位：万元

指标	2019 年第一季度	2018 年第三季度	增减额	增减度
经营现金流入小计	20 749.27	78 753.69	−58 004.42	−0.736 53
经营现金流出小计	34 798.67	97 358.02	−62 559.35	−0.642 57
经营现金流量净额	−14 049.4	−18 604.33	4 554.93	−0.244 83
投资现金流入小计	0.06	0.07	−0.01	−0.142 86
投资现金流出小计	7 078.36	26 585.38	−19 507.02	−0.733 75
投资现金流量净额	−7 078.3	−26 585.31	19 507.01	−0.733 75
筹资现金流入小计	44 236		44，236	
筹资现金流出小计	134.53	6 720	−6 585.47	−0.979 98
筹资现金流量净额	44 101.47	−6 720	50 821.47	−7.562 72
现金及现金等价物净增加额	22 973.77	−51 909.64	74 883.41	−1.442 57

思考（1）：请查阅资料，并根据 A 传媒的财务数据分析 A 传媒的相关经营情况。

参考答案：

由表 3-8 可知，A 传媒总资产周转率下降，主要原因是固定资产周转速度下降。流动资产周转率下降，是由流动资产周转速度下降和成本收入率下降导致的。固定资产周转率下降，主要是产销率提高的原因。分析公司的营运能力有利于评价公司资产的流动性、利用价值和潜力。

由表 3-9 可知，从短期来看，A 传媒 2019 年的流动比率 <2，公司的偿债能力低，公司所面临的流动性风险大，安全程度低。2019 年的 1.876 9 与 2018 年的 3.988 相比下降 2.111 1，下降非常明显，公司应注意。速动比率的一般标准是 1，2018 年的速动比率是 2.703，2019 年是 1.374，相比较 2018 年较好。从长期来

看，资产负债率越大，说明公司的债务负担越重。2019年资产负债率为0.412 8，比2018年增加0.233，公司的偿债能力下降了，但未超过1，表明公司还未达到资产警戒线。2019年产权比率为0.710 6，较2018年高0.488 9。总之，以上各种指标都说明公司的偿债能力下降，值得公司注意。

由表3–10可知，A传媒股东权益增长率有所增加，说明公司净资产规模在增长，而且其增长幅度在加大。公司营业利润增长率和净利润增长率都为负数，但是固定资产增长率明显偏高，可见，公司2019年主要加强基础设施建设，投资较大。

由表3–11可知，2019年第一季度经营活动产生的现金流量净额为现金流出14 049.4万元，比半年前下降24.48%。究其原因，主要是本季度公司收到的电影片的分账款较半年前减少；公司2019年业务计划对影视剧投入增加；支付的各项税费、销售费用、管理费用增加；投入运营的影院数量增加。

筹资活动产生的现金净流量净额：2019年第一季度公司筹资活动产生的现金流量净额为44 101.47万元，比半年前下降756.27%，主要是因为公司报告期内新增贷款14 356万元，发行2019年第一期短期融资券30 000万元，支付贷款利息。

思考（2）：请查阅资料分析A传媒为解决2019年现金流量问题应采取的具体举措。

参考答案：

为解决2019年现金流量问题，A传媒要加强影视剧及艺人经纪服务业务的开发和管理，扩展业务领域，持续巩固并提升公司核心竞争力。具体举措主要如下。

①通过提高优秀影视剧作品产量和增加知名签约艺人数量来巩固和提升公司在影视剧业务和艺人经纪业务上的优势。

②充分发挥电影、电视和艺人经纪之间的业务协同效应，以资本运作为支撑，加快多层次、跨媒体、跨地区方向的扩张。

③凭借雄厚的品牌优势、管理优势和资源整合能力，积极延伸产业价值链，拓展影院放映业务、影院广告业务、品牌授权业务等影视娱乐相关业务。

④通过外部引进和内部培养相结合的方式，提高员工素质、改善人才结构，组建一支与公司发展战略相适应的梯队人才队伍。

案例二：格力电器

珠海格力电器股份有限公司（以下简称"格力电器"）成立于 1991 年，于 1996 年 11 月在深交所挂牌上市。公司成立初期，主要业务为组装生产家用空调，现已发展成为一家多元化、科技型的全球工业集团，旗下拥有格力、大松（TOSOT）、晶弘三大品牌，产业覆盖空调、生活电器、高端装备、通信设备等四大领域，包括以家用空调、商用空调、冷冻冷藏设备、核电空调、轨道交通空调、光伏空调等为主的空调领域；以智能装备、数控机床、工业机器人、精密模具、精密铸造设备等为主的高端装备领域；以厨房电器、健康家电、环境家电、洗衣机、冰箱等为主的生活电器领域；以物联网设备、手机、芯片、大数据等为主的通信设备领域。格力电器产品远销 160 多个国家或地区，为全球超过 4 亿用户提供满意的产品和服务，致力创造美好生活。2019 年，格力电器上榜《财富》世界 500 强，排在榜单第 414 位。在上榜的 129 家中国企业中，格力电器的净资产收益率（ROE）位列第一。根据《暖通空调资讯》发布的数据，格力中央空调以 14.7% 的市场占有率稳居行业第一，实现国内市场"八连冠"；根据奥维云网市场数据，2019 年度格力电器在中国家用空调线下市场中所拥有的份额名列第一，零售额占比为 36.83%；线下市场零售额前 20 个家用空调机型中，格力电器产品有 12 个，占比达 60%。根据全球知名经济类媒体日本经济新闻社 2019 年发布的数据，格力电器以 20.6% 的全球市场占有率位列家用空调领域榜首。表 3-12 是格力电器 2016—2018 年的主要财务指标。

表 3-12　格力电器 2016—2018 年主要财务指标

类别	具体指标	2018 年	2017 年	2016 年
短期偿债能力	流动比率	1.27	1.16	1.13
	速动比率	1.02	0.96	1.03
	现金流量比率	71.71	67.54	75.36
长期偿债能力	资产负债率	63.1%	68.91%	69.88%
	权益乘数	2.71	3.22	3.32
	经营现金流量债务比	0.17	0.11	0.12
盈利能力	销售净利率	63%	69%	70%
	总资产净利率	11.32%	11.33%	9.02%
	净资产收益率	28.69%	34.15%	28.63%

类别	具体指标	2018 年	2017 年	2016 年
营运能力	应收账款周转率（次）	29.32	33.8	37.09
	存货周转率（次）	7.56	7.78	7.78
	流动资产周转率（次）	1.07	0.94	0.82
	总资产周转率（次）	0.85	0.75	0.63

思考：结合格力电器近几年的财务报告，对格力电器的偿债能力、盈利能力和营运能力进行分析。

参考答案：

（1）短期偿债能力分析。

整体来看，格力电器的短期偿债能力指标都处于相对稳定的状态。流动比率虽然从 2016 年至 2018 年在不断提高，但是提高速度很缓慢。并且，制造业流动比率的合理水平是 2，格力电器的流动比率远低于这个水平，因此格力电器的短期偿债能力还需要稳步加强。而格力电器速动比率一直在 1 附近，这是一个比较理想的状态，这显示格力电器存货比重相对较小，流动资产流动性较强。另外，现金流量比率是现金及现金等价物与流动负债的比值，现金流量比率越高，说明公司的现金流动性就越强，短期偿债能力就越强。经过计算分析，发现格力电器的流动负债中，预收账款占流动负债的比率达到 10.79%，预收款项的偿还只需要将商品交付下游客户即可，同时是按照商品成本而不是双方交易价格进行偿付。这种流动负债结构恰恰说明公司对流动负债并没有太大的偿付压力，短期债务偿还压力在可控范围内。

格力电器和主要竞争对手美的集团 2016—2018 年的短期偿债能力指标如表 3-13 所示。格力电器流动比率较低，但逐年上升，其中，2017—2018 年上升幅度较大。分析可知，公司 2018 年流动资产增长了 16.4%，流动负债增长了 6.9%，流动资产增长幅度大于流动负债，因此流动比率上升，而流动资产增加是流动比率上升的主要原因，流动资产中应收账款增幅最大。

表 3-13 格力电器和美的集团短期偿债能力对比情况

名称	指标	2018 年	2017 年	2016 年
格力电器	流动比率	1.27	1.16	1.13
	速动比率	1.02	0.96	1.03
	现金流量比率	71.17	67.54	75.36
美的集团	流动比率	1.4	1.43	1.35
	速动比率	1.18	1.18	1.18
	现金流量比率	21.41	40.54	20.11

虽然格力电器流动比率较低，但综合分析公司的速动比率可知，公司的变现能力较差的存货所占的比重较小，该公司的流动资产的变现能力比较强，由此可以看出，该公司的短期偿债能力是较强的。

通过分析现金流量比率可知，格力电器的现金流量比率较高，有足够偿还流动负债的能力。通过与美的集团对比可知，格力电器的流动比率和速动比率与美的集团相差不大，而格力电器的现金流量比率大大高于美的集团，说明与同行业先进水平相比，格力电器有更强的支付能力，但公司拥有过多流动性强的资产会使公司的收益降低，一定程度上会损害股东的利益。

（2）长期偿债能力分析。

从表 3-12 可以看出，格力电器的资产负债率、权益乘数、经营现金流量债务比在 2016—2018 年变化程度很小。其中，资产负债率和权益乘数这两个指标反映了该公司的资本结构，显然它们呈现下降的趋势。正常情况下，资产负债率的合理水平是保持在 40%~60%，而格力电器的这一指标超过合理水平，说明负债在资产中所占比重偏高，财务杠杆高，容易出现财务风险。因此，格力电器必须高度关注公司的财务杠杆问题，及时加强对财务风险的管控。但从表 3-12 中也可以看出公司的资产负债率是在不断下降的，这说明了公司已经认识到了财务风险问题，并在积极调整公司的资本结构，降低长期负债在公司筹资中的比重。总体来说，格力电器的资产负债率仍然处在一个较高的水平，仍需要继续实施降低财务杠杆的财务政策，提高公司的长期偿债能力。总体而言，格力电器的负债水平高于平均水平，公司需要时刻关注债务结构，防范债务危机和财务风险。

格力电器和主要竞争对手美的集团 2016—2018 年的长期偿债能力指标如表 3-14 所示。格力电器 2016—2018 年的资产负债率一直高于 60%，处于较高水平，但逐年下降，与行业水平相差不大，这说明家电行业负债水平整体较高，而格力电器一直处于行业领先地位，因此该数据不会对公司的长期偿债能力产生影响，同时，资产负债率较高，该公司的股东可以通过举债经营的方式获得杠杆利益。

表 3-14　格力电器和美的集团长期偿债能力对比情况

名称	指标	2018 年	2017 年	2016 年
格力电器	利息保障倍数 (%)	−3 198.19	6 271.6	−282.44
	资产负债率 (%)	63.1	68.91	69.88
	股东权益比率 (%)	36.9	31.09	30.12
美的集团	利息保障倍数 (%)	−1 313.74	2 778.45	−1 780.22
	资产负债率 (%)	64.94	66.58	59.57
	股东权益比率 (%)	35.06	33.42	40.43

格力电器的股东权益比率逐年上升，于 2018 年超越美的集团，说明该公司的资本结构中股东权益的比重上升，对负债的依赖程度降低，偿债能力有所提高。格力电器 2016 年和 2018 年的财务费用为负数，说明格力电器没有贷款，长期负债金额小，这种情况下利息支付倍数越小，反而是偿债能力越强的表现。格力电器这三年的偿债能力不断增强，与行业先进水平相比处于优势，有足够的资金来偿还负债。

（3）盈利能力分析。

格力电器 2016—2018 年销售净利率、总资产净利率和净资产收益率都在一个比较稳定的水平，但是销售净利率有下降的趋势，这与世界经济增长乏力这一背景有关，受到了经济下行的影响。但是面对外部的不良环境，格力电器仍能够保持 60% 左右的销售净利率，可见其盈利能力较强，在费用方面控制得也比较好。格力电器 2016—2018 年的总资产净利率维持在 11% 左右，说明公司资产盈利能力不够强劲，产品附加值不够高。2016—2018 年的净资产收益率在 35% 左右，高于行业均值，说明公司投资眼光准，也体现了自有资本获得净收益的能力较强。格力电器和主要竞争对手美的集团 2016—2018 年的盈利能力指标如表 3-15 所示。

表 3-15 格力电器和美的集团盈利能力对比情况

名称	指标	2018 年	2017 年	2016 年
格力电器	总资产净利率 (%)	11.32	11.33	9.02
	销售毛利率 (%)	30.23	32.86	32.7
	基本每股收益（元）	4.36	3.72	2.56
	净资产收益率 (%)	28.69	34.15	28.63
美的集团	总资产净利率 (%)	8.21	7.5	9.3
	销售毛利率 (%)	27.54	25.03	27.31
	基本每股收益（元）	3.08	2.66	2.29
	净资产收益率 (%)	24.35	23.44	24.02

由表 3-15 可知，格力电器基本每股收益逐年增加，其余各项指标均呈现 2017 年上升、2018 年回落的趋势，原因是 2017 年净利润增长 45%，销售收入增长 36%。格力电器在 2017 年实现了转型的突破，这一年格力电器大力推动转型升级发展，不断提升品牌价值，以供给侧结构性改革为重点，大力推进中高端市场发展，不断提升产品价值，以客户需求为中心，因此业绩显著提升。由于家电行业已经结束了高速增长阶段，因此 2018 年该公司的营业收入和净利润增长率下降，导致各项盈利指标下降。公司今后应注重开拓农村及海外市场，继续革新销售策略，加大创新力度，拓展多元化业务，提高盈利能力。

通过对比可知，格力电器除 2016 年的总资产净利率外，各项盈利能力指标一直高于美的集团。格力电器销售毛利率的高增长是因为对生产过程的严格控制，有质量缺陷的产品不会进入市场，这降低了产品退货率和退货成本；而且，格力电器凭借其较高的市场占有率和优质的售后服务，在销售渠道方面有很强的话语权；再者，格力电器一直注重科技创新，拥有多项发明专利和有高附加价值的产品。除此之外，格力电器采用"销售返利""淡季销售"等措施，使得该公司在市场竞争中处于主动地位。这也使得公司出现了销售毛利率高于其他公司的情况。格力电器具有比较强的盈利能力以及较好的销售状况，且在同行业处于领先水平，该公司有良好的发展前景。

（4）营运能力分析。

格力电器与主要竞争对手美的集团 2016—2018 年的营运能力指标如表 3-16 所示。由表 3-16 可知以下情况。

表 3-16　格力电器和美的集团营运能力对比情况

名称	指标	2018 年	2017 年	2016 年
格力电器	应收账款周转率（次）	29.32	33.8	37.09
	存货周转率（次）	7.56	7.78	7.88
	固定资产周转率（次）	11.04	8.43	6.53
	总资产周转率（次）	0.85	0.75	0.63
	流动资产周转率（次）	1.07	0.94	0.82
美的集团	应收账款周转率（次）	14.07	15.54	13.35
	存货周转率（次）	6.37	8.01	8.87
	固定资产周转率（次）	11.52	11.02	7.99
	总资产周转率（次）	1.01	1.15	1.06
	流动资产周转率（次）	1.47	1.66	1.49

格力电器应收账款周转率虽然呈现逐年下降的趋势，但始终大幅高于行业先进水平，说明公司回收应收账款的速度较快，资产的流动性较强，一定程度上弥补了流动比率较低的不利影响。这一现象的主要原因可能是公司奉行比较严格的信用政策，这可以说明格力电器的产品竞争力强、销路广。

存货周转率虽然呈现一定程度的下降，但是三年基本一致且总体水平较高，处在行业平均水平并保持稳定情况，这表明存货积压较少，产品的销路好。格力电器所处家电行业，这决定了其存货周转率比其他行业高，这意味着格力电器拥有比较合理的存货结构。

格力电器的流动资产周转率不断上升，说明公司流动资产的周转速度加快，资产使用效率提高，存货和应收账款不占据大量资金，存货结构较为合理。总资产周转率持续上升，由此可以看出格力电器在不断调整其资本结构，经营效率和管理水平不断提高；但总体水平依然不高，而且低于行业先进水平，这说明格力电器投入的单位资产产生营业收入的能力不高，资产的营运效率较差，格力电器应当通过革新滞后的销售策略来增加销售收入或处置闲置资产。

格力电器 2016—2018 年的上述指标水平虽有了一定程度的提高，但由于市场经济环境的影响，公司还没有达到理想的营运能力。格力电器已经采取了多种方法来改善这些现象，以加快资产周转。与同行业相比，格力电器在销售渠道上有很强的话语权。

第

4

章

公司环境分析

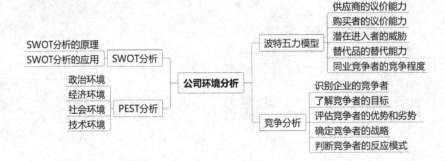

SWOT分析的原理
SWOT分析的应用 —— SWOT分析

政治环境
经济环境
社会环境 —— PEST分析
技术环境

公司环境分析

波特五力模型
- 供应商的议价能力
- 购买者的议价能力
- 潜在进入者的威胁
- 替代品的替代能力
- 同业竞争者的竞争程度

竞争分析
- 识别企业的竞争者
- 了解竞争者的目标
- 评估竞争者的优势和劣势
- 确定竞争者的战略
- 判断竞争者的反应模式

扫码即可观看
本章微视频课程

本章知识背景和学习目的

　　公司环境分析是公司估值的前提，因此掌握常用的分析方法是公司估值的重点之一。公司环境分析，可以首先通过 SWOT 分析，综合理解公司自身的优势、劣势所在，全面分析其面临的机会和威胁。而在具体分析公司面临的机会和威胁时，我们可以通过 PEST 分析来分析其面临的外部宏观环境，通过波特五力模型进行行业分析，通过竞争分析理解公司在行业中的地位，为公司估值做好全面的环境分析。

本章学习要点

1. 理解 SWOT 分析的原理和应用；
2. 理解 PEST 分析的四个方面；
3. 理解波特五力模型的内容；
4. 理解竞争者分析的五个步骤。

第一节 | SWOT 分析

（一）SWOT 分析的原理

SWOT 分析（SWOT Analysis）由美国旧金山大学的管理学教授韦里克于 20 世纪 80 年代初提出，包括分析企业的优势（Strengths）、劣势（Weaknesses）、机会（Opportunities）和威胁（Threats）。SWOT 分析实际上是对企业内外部条件的各方面内容进行综合和概括，进而分析企业的优势和劣势、面临的机会和威胁。SWOT 分析可以帮助我们在对企业估值前对企业有更加全面的认识。

优势和劣势分析主要是着眼于企业自身的实力及其与竞争对手的比较，而机会和威胁分析将注意力放在外部环境的变化及可能对企业的影响上。在分析时，应把所有的内部因素（优势和劣势）集中在一起，然后根据外部环境的变化对这些因素进行评估。对外部环境的分析包括从宏观角度进行的 PEST 分析和从行业角度进行的波特五力分析。企业高层管理人员应在确定内外部各种变量的基础上，采用杠杆效应、抑制性、脆弱性和问题性四个基本概念进行 SWOT 分析。

（1）杠杆效应（优势＋机会）。杠杆效应产生于内部优势与外部机会相互一致和适应时。在这种情形下，企业可以用自身内部优势获得外部机会，使机会与优势充分结合、发挥作用。然而，机会往往是稍纵即逝的，因此企业必须敏锐地捕捉机会，把握时机，以寻求更大的发展。

（2）抑制性（劣势＋机会）。抑制性意味着妨碍、阻止、影响与控制。当外部环境提供的机会与企业内部优势不适合，或者不能相互重叠时，企业的优势再大也得不到发挥。在这种情形下，企业就需要提供和追加某种资源，以促进内部劣势向优势转化，从而迎合或适应外部机会。

（3）脆弱性（优势＋威胁）。脆弱性意味着优势的程度或强度的降低、减少。当外部环境对内部优势构成威胁时，优势得不到充分发挥，出现优势不优的脆弱局面。在这种情形下，企业必须克服威胁，以发挥优势。

（4）问题性（劣势＋威胁）。当企业内部劣势与企业外部威胁相遇时，企业就面临着严峻挑战，如果处理不当，可能直接威胁到企业的存续。

（二）SWOT 分析的应用

为了更好地理解 SWOT 分析，此处以国内大型连锁 A 咖啡公司为例进行讲解。A 咖啡公司作为我国新零售咖啡的代表，曾仅用一年时间创造每股估值达 22 美元的咖啡品牌。实体店扩张迅速，2018 年，A 咖啡公司在我国落地 2000 多家咖啡店，总收入达 7.63 亿元人民币，成为我国第二大连锁咖啡品牌。与此同时，它又存在劣势，受到外部威胁，例如，前期通过补贴、裂变等方式吸引客户，迅速占领市场份额的营销策略使其成本过高，亏损超过 9 亿元人民币，同时还存在行业内大企业抢占客户资源的威胁。因此，A 咖啡公司进行 SWOT 分析，将有利于充分挖掘优势、把握机会，从而真正巩固和扩大市场份额。

1. 优势

（1）产品价格策略合理。A 咖啡公司采用补贴的方式进行裂变营销。通过将广告费用转化成客户福利，A 咖啡公司获得了巨大的流量，具有较高的品牌接受度，同时店面扩张迅速。提供高性价比产品，定位面向大众市场，定价较星巴克等面向高端市场的咖啡品牌低。

（2）品牌传播效果好。在品牌传播渠道方面主要选择广告精准投放。线下以分众广告为主，请艺人代言，将广告投放在主要城区写字楼，覆盖大量"白领"。线上广告以微信定位服务为主，反复进行门店周边宣传。通过有效的品牌传播，向客户展现品牌文化和价值取向，使客户迅速认同品牌，从而提升市场地位。

（3）品牌设计优良。品牌标志主体为麋鹿，是稀有动物，体现品牌设计的独特性；麋鹿优雅尊贵，符合咖啡产品的格调，A 咖啡公司选择"白领"作为主要市场，麋鹿的高贵和主色调蓝色与目标客户契合，有助于构建独特的品牌形象。

2．劣势

（1）盈利模式有潜在风险。A咖啡公司前期通过大量补贴刺激增量市场、圈占大量客户，投入超过10亿元。补贴使客户产生依赖，淡化对品牌主张的认知，一旦取消补贴，品牌忠诚度有待考量，在产品质量无法保证的前提下，客户留存难度增大。若客户流失，咖啡需求量减少，收益不能弥补前期成本损失，导致资金链断裂，对企业的生存发展产生危机。

（2）品质认知较差。品质认知是客户对产品服务的理解，包括产品功能特性等。产品品质是品牌资产的基础。A咖啡公司的咖啡质量和口感较差，差异化程度低，品牌附加值较低，品牌态度较差，难以取悦客户。

（3）门店风格对品牌形象的建设不利。A咖啡公司在门店设计上没有做到强体验场景，与星巴克有较大差距，客户对咖啡门店评价较低。

3．机会

（1）咖啡市场快速增长。我国咖啡消费量自2013年以来均保持10%以上的增长，2017年甚至达到29%，预计在2025年有望突破1万亿元，2030年前后可达到2万亿~3万亿元。可见咖啡市场仍有巨大的增长潜力。

（2）人均收入增加。随着经济的发展，人均可支配收入增加，人们生活水平提高，对咖啡的需求增长。尤其是"白领"群体数量的扩大，A咖啡公司能满足该群体的情感需求。

4．威胁

（1）星巴克等行业"巨头"的排挤。星巴克作为成熟品牌已经具备大量的市场份额和忠诚客户，用户黏性大，产品溢价能力强，会对A咖啡公司在高端市场的获客造成威胁。星巴克通过与阿里巴巴和饿了么合作弥补线上门店的缺陷，使A咖啡公司的新零售模式优势不再明显。

（2）众多中小品牌的发展。以咖啡为代表的众多中小品牌销售快速迭代的产品，能满足客户新鲜感，提高品牌认知度，获取巨大流量。它们采用无体验场景的纯外卖模式，专注于消费者对咖啡本身的需求。我国咖啡市场有从体验式需求到功能型需求发展的趋势，这会对A咖啡公司产生较大威胁。

（3）来自茶饮品的压力。《新消费、新市场、新方向——2019年中国饮品行业趋势发展报告》数据显示，2018年我国茶饮市场增长74%。近年来各种新式茶饮品不断升级，与新零售结合，将市场拓展到年轻群体。因此，茶饮品需求迅速增长，对咖啡的需求造成威胁。

从上述分析里我们可以看出，A咖啡公司首先应该抓住优势和机会，有效利用自身的品牌特点和咖啡市场迅速发展等外部机遇制定品牌营销策略，积极开拓市场，增加市场份额；其次应该把握优势和威胁，积极避险，考虑星巴克等咖啡企业的威胁，重视茶饮品升级带来的影响，充分利用自身优势形成差异化竞争以规避风险。

对于A咖啡公司的估值而言，我们通过对其进行SWOT分析了解到，其新零售营销方式是主要特色，有利于打开市场。通过社交关系的绑定增加品牌的知名度、客户忠诚度，最终增加市场份额是其特色。

第二节　PEST 分析

PEST分析（PEST Analysis）是从政治（Political）、经济（Economic）、社会（Social）、技术（Technological）四个方面，基于企业战略来分析企业外部宏观环境的一种方法。企业战略的制定离不开宏观环境，而利用PEST分析能在各个方面比较好地把握宏观环境的现状及变化的趋势，有利于企业对生存发展的机会加以利用，对环境可能带来的威胁及早发现、避开。从估值的角度来说，PEST分析有利于我们充分把握企业面临的宏观环境，从而在估值时规避存在的潜在宏观风险。

（一）政治环境

政治环境是指对企业经营活动具有实际与潜在影响的政治力量和有关的法律、法规等因素。当政治制度与体制、政府对企业所经营业务的态度发生变化时，当政府发布了对企业经营具有约束力的法律、法规时，企业的经营战略必须随之做出调整。法律环境主要包括政府制定的对企业经营具有约束力的法律、法规，如《中华人民共和国税法》等，政治、法律环境实际上是和经济环境密不可分的一组因素。处于竞争中的企业必须仔细研究和商业行为有关的政策和思路，如研究《中华人民共和国税法》《中华人民共和国反垄断法》，以及取消某些管制的趋势，同时了解与企业相关的一些国际贸易规则、知识产权法规、劳动保护和社会保障制度等。这些相关的法律和政策能够影响各个行业的运作和利润。

政治环境的具体影响因素主要有：①企业和政府之间的关系；②《中华人民共和国环境保护法》；③外交状况；④产业政策；⑤《中华人民共和国专利法》；⑥政府财政支出；⑦政府换届；⑧政府预算；⑨政府其他法规。

对企业战略有重要意义的政治和法律变量有：①政府管制；②特种关税；③专利数量；④政府采购规模和政策；⑤进出口限制；⑥《中华人民共和国税法》的修改；⑦《中华人民共和国专利法》的修改；⑧《中华人民共和国劳动法》的修改；⑨《中华人民共和国公司法》和《中华人民共和国民法典》的修改；⑩财政与货币政策。

（二）经济环境

经济环境是指一个国家的经济制度、经济结构、产业布局、资源状况、经济发展水平以及未来的经济走势等。构成经济环境的关键要素包括国内生产总值（Gross Domestic Product，GDP）的变化发展趋势、利率水平、通货膨胀程度及趋势、失业率、居民可支配收入水平、汇率水平、能源供给成本、市场机制的完善程度、市场需求状况等。由于企业是处于宏观大环境中的微观个体，经济环境影响和决定其自身战略的制定，经济全球化还带来了国家之间经济上的相互依赖，企业在各种战略的决策过程中还需要关注、搜索、监测、预测和评估其他国家的经济状况。

经济环境的主要影响因素如下。

（1）社会经济结构，是指国民经济中不同的经济成分、不同的产业部门及社会再生产各方面在组成国民经济整体时相互的适应性、量的比例以及关联的状况。

社会经济结构主要包括产业结构、分配结构、交换结构、消费结构和技术结构。其中，最重要的是产业结构。

（2）经济发展水平，是指一个国家经济发展的规模、速度和所达到的水平。反映一个国家经济发展水平的常用指标有国内生产总值、国民收入、人均国民收入和经济增长速度。

（3）经济体制，是指国家经济组织的形式，它规定了国家与企业、企业与企业、企业与各经济部门之间的关系，并通过一定的管理手段和方法来调控或影响社会经济流动的范围、内容和方式等。

（4）宏观经济政策，是指实现国家经济发展目标的战略与策略，它包括综合性的全国发展战略和产业政策、国民收入分配政策、价格政策、物资流通政策等。

（5）当前经济状况会影响企业的财务业绩。经济的增长率取决于商品和服务需求的总体变化。其他影响因素包括税收水平、通货膨胀率、贸易差额和汇率、失业率、利率、信贷投放以及政府补助等。

（6）其他一般经济条件和趋势对企业的成功也很重要。工资、供应商及竞争对手的价格变化以及政府政策会影响产品的生产成本、服务的提供成本以及它们被出售的市场的情况。这些经济因素可能会导致行业内产生竞争，也可能将企业从市场中淘汰，也可能会延长产品寿命、鼓励企业用自动化取代人工、促进外商投资或引入本土投资、使强劲的市场变弱或使安全的市场变得具有风险。

（三）社会环境

社会环境，主要指企业所在社会中成员的民族特征、文化传统、价值观念、宗教信仰、教育水平以及风俗习惯等因素。人口环境主要包括人口规模、年龄结构、人口分布、种族结构以及收入分布等因素。社会环境十分重要，其主要影响因素如下。

（1）人口因素，包括企业所在地居民的地理分布及密度、年龄结构、教育水平、国籍等。大型企业通常会利用人口统计数据进行客户定位，并用于研究如何开发产品。人口因素对企业战略的制定具有重大影响。例如，人口总数直接影响着社会生产总规模；人口的地理分布及密度影响着企业的厂址选择；人口的性别比例和年龄结构在一定程度上决定了社会的需求结构，进而影响社会供给结构和企业生产结构；人口的教育水平直接影响企业的人力资源状况；家庭户数及其结构的变化与耐用消费品的需求和变化趋势密切相关，因而也影响耐用消费品的生产规模等。

对人口因素进行分析时可以使用以下变量：结婚率、离婚率、出生率和死亡率、人口平均寿命、人口的年龄和地理分布、人口在民族和性别上的比例、人口在教育水平和生活方式上的差异等。

（2）社会流动性主要涉及社会的分层情况，如各层之间的差异、人们是否可在各层之间转换，人口内部各群体的规模、财富及其构成的变化，以及不同区域（城市、郊区及农村地区）的人口分布等。

不同群体对企业的期望也有差异。例如，企业员工评价战略的标准是工资收益、福利待遇等，而消费者主要关心产品价格、产品质量、服务态度等。

（3）消费心理对企业战略也会产生影响。例如，一部分消费者的消费心理是在购物过程中追求有新鲜感的产品。因此，企业应有不同的产品类型以满足不同消费者的需求。

（4）生活方式变化，主要包括当前及新兴的生活方式与时尚。文化问题反映了一个事实，即国际交流使社会变得更加多元化、外部影响更加广泛时，人们对物质的要求会越来越高。随着物质需求的提高，人们对社交、自尊、求知、审美的需求逐渐强烈，这也是企业面临的挑战之一。

（5）文化传统是一个国家或地区在较长历史时期内形成的一种社会习惯，它是影响经济活动的一个重要因素。例如，我国的春节、西方的圣诞节就为某些行业带来商机。

（6）价值观，是指社会公众评价各种行为的观念标准。不同国家或地区的人们的价值观各有差异。例如，西方国家大部分人关注个人主义，而日本大部分人注重内部关系融洽。

分析社会环境时可以参考以下几个问题。

（1）信奉人数最多的宗教是什么？

（2）这个国家的人对外国产品和服务的态度如何？

（3）语言障碍是否会影响产品的市场推广？

（4）这个国家的男性和女性的角色分别是什么？

（5）这个国家的人长寿吗，老年群体富裕吗？

（6）这个国家的人对环保问题是如何看待的？

（四）技术环境

技术环境，是指企业业务所涉及国家或地区的技术水平、技术政策、新产品开发能力以及技术发展的动态等。下面几点解释了何为技术环境。

（1）技术是否降低了产品和服务的成本，并提高了质量。

（2）技术是否为消费者和企业提供了更多的创新产品与服务，如网上银行、新一代手机等。

（3）技术是如何改变分销渠道的，如网络书店、机票、拍卖等。

（4）技术是否为企业提供了一种全新的与消费者沟通的渠道，如 Banner（横幅广告）、CRM（Customer Relationship Management，客户关系管理）软件等。

对于技术环境，企业除了要考察与企业所处领域的活动直接相关的技术手段的发展、变化外，还应及时了解以下方面。

（1）国家对技术开发的投资和支持重点。

（2）该领域技术发展动态和研究开发费用总额。

（3）技术转移和技术商品化速度。

（4）专利及其保护情况等。

技术环境对企业战略所产生的影响包括以下方面。

（1）基本技术的进步使企业能对市场及客户进行更有效的分析。例如，使用数据库或自动化系统获取数据，有助于更加准确地分析。

（2）新技术的出现使社会和新兴行业对本行业产品和服务的需求增加，从而使企业可以扩大经营范围或开辟新的市场。

（3）技术进步可创造竞争优势。例如，技术进步可令企业利用新的生产方法，在不增加成本的情况下，提供更优质和更高性能的产品和服务。

（4）技术进步可导致现有产品被淘汰，或大大缩短产品的生命周期。

（5）新技术的发展使企业更多关注环境保护、企业的社会责任及可持续成长等问题，也使生产越来越多地依赖于技术的进步。

波特五力模型（Michael Porter's Five Forces Model）由迈克尔·波特（Michael Porter）于 20 世纪 80 年代初提出，对企业战略制定产生了全球性的深远影响。波特五力模型可以有效地分析企业的竞争环境。五力分别是：供应商的议价能力、购买者的议价能力、潜在进入者的威胁、替代品的替代能力、同业竞争者的竞争程度。五种力量的不同组合变化最终影响行业利润潜力。

（一）供应商的议价能力

供应商主要通过其提高投入要素价格与降低单位价值质量的能力来影响行业中现有企业的盈利能力与产品竞争。通俗言之，供应商的议价能力就是供应商的讨价还价能力，这主要取决于供应商行业的市场状况以及供应商所提供原材料的重要性和可取代性。

如果供应商所在的行业是集中度较高的行业，且下游需求行业较多，那么供应商具有很强的议价能力。如果供应商提供的商品具有一定黏性，转换成本较高或极大影响产品质量，那么供应商也具备一定的议价能力。对于服装行业来说，浙江龙盛就属于这种类型。如果供应商通过整合能够直接取而代之，那么供应商就有很强的议价权。

（二）购买者的议价能力

购买者主要通过其压价与要求提供较高的产品或服务质量的能力来影响行业中现有企业的盈利能力。如果服务或商品不可替代，如果企业能够满足购买者的特定需求，那购买者的议价能力较弱。

另外，很重要的一点，购买者的议价能力很大程度上取决于商品是针对企业消费者的，还是针对个人消费者的。整体来说，商品主要针对企业消费者，其购买者的议价能力要强于商品主要针对个人消费者的，汽车行业和手机行业尤为明显。通常情况下，主机厂或手机商都会对供应商提出降本的要求，而供应商只能被动接受。而直接面对个人消费者的商品，如生活日常消费品等，购买者的议价能力较弱。

（三）潜在进入者的威胁

潜在进入者在给行业带来新生产能力、新资源的同时，希望在已被现有企业占据的市场中赢得一席之地，这就有可能导致潜在进入者与现有企业发生原材料与市场份额的竞争，最终导致行业中现有企业盈利水平降低，甚至可能危及现有企业的生存。竞争性进入威胁的严重程度取决于两方面的因素：进入新领域的障碍大小与预期现有企业对潜在进入者的反应情况。

潜在进入者的威胁取决于行业门槛。行业门槛包括规模效应、分化程度、转换成本、技术壁垒、销售渠道、政策和法律等。就规模效应而言，以分众传媒为例。分众传媒的电梯媒体的一线点位和足够多的数量保证了广告能送达足够多的目标群体，使其成为主流。而新进入者，如新潮，则只能获得次一级的点位，数量也稍逊一筹，其广告能送达的群体也不一定是消费力最旺盛的目标群体。就分化程度而言，以海底捞为例。海底捞提供了周到且热心的服务，与一般火锅店的服务相比，独具特色。因此在火锅的选择上，海底捞具备极强的优势。就转换成本而言，以微信为例。人们已经习惯了微信社交，若更换社交软件，就得重新建立社交圈子。这样，就算市场上有和微信一模一样的"巨信""飞信"，也很难战胜微信。就技术壁垒而言，以通用电气公司为例。通用电气公司是世界上为数不多的能够提供商用航空发动机的厂商。没有几十年的技术积累、大量的试验件试制和海量的核心机整机测试数据，是做不出航空发动机的。这就使得潜在进入者因技术壁垒而难以进入。就销售渠道而言，以格力为例。格力独特的经销商渠道、线下专卖店形式，搭配格力的销售返利政策，使得格力对销售渠道的掌控远高于同此竞争者，使格力构筑了格力－经销商的共同利益体，推动了格力的发展。政策和法律对金融行业的影响较大。证券牌照、金融牌照等资质是行业准入要求，是前提条件，而如何获得国家认可，拿到相应牌照就是潜在竞争者进入的门槛。

（四）替代品的替代能力

两个处于同行业或不同行业中的企业可能会由于所生产的产品互为替代品，而产生相互竞争行为。这种源自替代品的竞争会以各种形式影响行业中现有企业的竞争战略。

典型的例子是数码相机和胶卷。知名胶卷企业在行业中具有技术优势，但数码相机这个跨行业产品的出现直接颠覆了胶卷行业，这对胶卷行业造成了极大的冲击。

（五）同业竞争者的竞争程度

大部分行业中各企业的利益都是紧密联系在一起的。作为企业整体战略组成部分的竞争战略，其目标在于使企业获得相对于竞争对手的优势，这就使得竞争战略在实施中会产生冲突与对抗现象，这些冲突与对抗就构成了现有企业之间的竞争。现有企业之间的竞争常常表现在价格、广告、产品、售后服务等方面，其竞争强度与许多因素有关。

房地产行业是过去几十年里竞争较为激烈的行业，管理优良的企业靠着标准化、高周转、高财务杠杆活下来了，而管理水平不善的公司则可能面临倒闭。2019 年，有 300 多家房地产企业宣布破产、被收购或兼并重组。

通过波特五力模型，我们知道了公司所处行业的基本情况，对公司面临的境况有了大致的了解，这是分析一家公司的前提。

第四节　竞争分析

企业参与市场竞争不仅要了解谁是自己的顾客，还要弄清谁是自己的竞争对手。从表面上看，识别竞争对手是一项非常简单的工作，但是，需求的复杂性、层次性、易变性，技术的快速发展和演进，产业的发展等导致市场竞争中的企业面临复杂的竞争形势，一个企业可能会被新出现的竞争对手打败，或者可能由于新技术的出现和需求的变化而被淘汰。企业必须密切关注竞争环境的变化，了解自己的竞争地位及彼此的优势和劣势，只有知己知彼，方能百战不殆。

竞争分析（Competitive Analysis）是战略分析方法之一。企业可利用竞争分析模型对竞争对手的现状和未来动向进行分析。竞争分析模型内容包括：①识别现有的直接竞争对手和潜在竞争对手；②收集与竞争对手有关的情报和建立数据库；③对竞争对手的战略意图和各层面的战略进行分析；④识别竞争对手的优势和劣势；⑤洞察竞争者在未来可能采用的战略和可能做出的竞争反应。其目的是准确判断竞争对手的战略定位和发展方向，并在此基础上预测竞争对手未来的战略，准确评价竞争对手对本企业战略行为的反应，估计竞争对手在实现可持续竞争优势方面的能力。对竞争对手进行分析是确定企业在行业中战略地位的重要方法。竞争对手分析一般包括以下五项内容和步骤。

（一）识别企业的竞争者

我们可以从不同的角度来划分竞争者的类型。

1. 从行业的角度来看企业的竞争者

（1）现有企业。现有企业指本行业内现有的与企业生产同样产品的其他企业。这些企业是本企业的直接竞争者。

（2）潜在进入者。当某一行业前景乐观、有利可图时，新的竞争企业会不断加入，使该行业增加新的生产能力，并要求重新瓜分市场份额和主要资源。另外，某些多元化经营的大型企业还经常利用其资源优势从一个行业进入另一个行业。新的竞争企业的加入将可能导致产品价格下降，利润减少。

（3）替代品企业。与某一产品具有相同功能、能满足同一需求的不同性质的其他产品，属于替代品。随着科学技术的发展，替代品将越来越多，某一行业的所有企业都将面临与生产替代品的其他行业的企业进行竞争的情况。

2. 从市场方面来看企业的竞争者

（1）品牌竞争者。企业把同一行业中以相似的价格向相同的顾客提供类似产品或服务的其他企业称为品牌竞争者。如家用空调市场中，格力、海尔、三菱等企业互为品牌竞争者。品牌竞争者之间的产品的相互替代性较高，因而竞争非常激烈，各企业均以培养顾客品牌忠诚度作为争夺顾客的重要手段。

（2）行业竞争者。企业把提供同种或同类产品，但规格、型号、款式不同的企业称为行业竞争者。所有同行业的企业之间存在争夺市场的竞争关系。如生产家用空调与生产中央空调的企业、生产高档汽车与生产中档汽车的企业之间，就互为行业竞争者。

（3）需要竞争者。企业把提供不同种类的产品，但满足和实现顾客同种需要的企业称为需要竞争者。如航空公司、铁路公司、长途客运汽车公司都可以满足顾客外出旅行的需要，当火车票价上涨时，乘飞机、坐汽车的旅客就可能增加，各企业相互之间争夺满足顾客的同一需要。

（4）消费竞争者。企业把提供不同产品，满足顾客的不同愿望，但目标顾客相同的企业称为消费竞争者。如很多顾客收入水平提高后，可以把钱用于旅游，也可用于购买汽车，或购置房产，因而这些企业间存在相互争夺顾客购买力的竞争关系。消费支出结构的变化，对企业间的竞争有很大影响。

3. 从企业所处的竞争地位来看竞争者的类型

（1）市场领导者。市场领导者指在某一行业的产品市场中占有最大市场份额的企业。一般来说，大多数行业都存在一家或几家市场领导者，它们处于全行业的领先地位，其一举一动都直接影响同行业其他企业的市场份额，它们的营销战略成为其他企业挑战、仿效或回避的对象。如柯达公司是摄影市场的领导者，宝洁公司是日化用品市场的领导者，可口可乐公司是软饮料市场的领导者等。市场领导者通常在产品开发、价格变动、分销渠道、促销力量等方面处于主导地位。市场领导者的地位是在竞争中形成的，但不是固定不变的。

（2）市场挑战者。市场挑战者指在行业中处于次要地位（第二、第三甚至更低地位）但又具备向市场领导者发动全面或局部攻击的企业。如富士是摄影市场的挑战者，高露洁是日化用品市场的挑战者，百事可乐是软饮料市场的挑战者等。市场挑战者往往试图通过主动竞争扩大市场份额，提高市场地位。

（3）市场追随者。市场追随者指在行业中居于次要地位，并安于次要地位，在战略上追随市场领导者的企业。现实市场中存在大量的追随者。市场追随者的最主要特点是跟随。在技术方面，它不做新技术的开拓者和率先使用者，而是做学习者和改进者。在营销方面，它不做市场培育的开路者，而是搭便车，以减少风险和降低成本。市场追随者通过观察、学习、借鉴、模仿市场领导者的行为，不断提高自身技能，不断发展壮大。

（4）市场补缺者。市场补缺者多是行业中相对弱小的一些中、小企业，它们专注于市场中被大企业忽略的某些细小部分，在这些小市场中通过专业化经营来获取最大限度的收益，在大企业的夹缝中求得生存和发展，对满足顾客需求起到填补空白的作用。市场补缺者通过生产和提供某种具有特色的产品和服务，赢得发展的空间，甚至可能发展成为"小市场中的巨人"。

综上所述，企业应从不同的角度，识别自己的竞争对手，关注竞争形势的变化，以更好地适应和赢得竞争。

（二）了解竞争者的目标

在识别了主要竞争者之后，我们接着应关注的问题是：每个竞争者在市场上寻求什么？什么是竞争者行动的动力？经营者最初推测，所有的竞争者都追求利润最大化，并以此为出发点采取各种行动。但是，这种假设过于简单。不同的企业对长期利益与短期利益各有侧重。有些竞争者更趋向于获得"满意的"利润而不是"最大"利润。尽管有时通过一些其他的战略可能使它们取得更多利润，但它们有自己的利润目标，只要达到既定目标就满足了。

也就是说，竞争者虽然都关心企业的利润，但往往并不把利润作为唯一的或首要的目标。在利润目标的背后，竞争者的目标是一系列可能目标的组合。所以，我们应该了解竞争者对盈利的可能性、市场占有率的增长、资金流动、技术领先、服务领先和其他目标所给予的重要性权数。了解了竞争者的这种加权目标组合，我们就可以了解竞争者对财力状况是否感到满意，对各种类型的竞争性攻击会做出什么样的反应等。如一个追求低成本领先的企业，其对竞争者因技术性突破而使成本降低所做出的反应，比对同一位竞争者增加广告宣传所做出的反应强烈得多。

企业必须跟踪了解竞争者进入新的产品细分市场的目标。若发现竞争者开拓了一个新的细分市场，这对企业来说可能是一个发展机遇；若企业发现竞争者开始进入本企业经营的细分市场，这意味着企业将面临新的竞争与挑战。对于这些市场竞争动态，企业若了如指掌，就可以争取主动，做到有备无患。

（三）评估竞争者的优势和劣势

在市场竞争中，企业需要分析竞争者的优势与劣势，做到知己知彼，这样才能有针对性地制定正确的市场竞争战略，以避其锋芒、攻其弱点、出其不意，利用竞争者的劣势来争取市场竞争的优势，从而实现企业营销目标。

竞争者优势与劣势分析的内容如下。

（1）产品。竞争企业产品在市场上的地位、产品的适销性，以及产品系列的宽度与深度。

（2）销售渠道。竞争企业销售渠道的广度与深度、销售渠道的效率与实力、销售渠道的服务能力。

（3）市场营销。竞争企业市场营销组合的水平、市场调研与新产品开发的能力、销售队伍的培训与技能。

（4）生产与经营。竞争企业的生产规模与生产成本水平、设施与设备的技术先进性与灵活性、专利与专有技术、生产能力的扩展、质量控制与成本控制、区位优势、员工状况、原材料的来源与成本、纵向整合程度。

（5）研发能力。竞争企业在产品、工艺、基础研究、仿制等方面所具有的研究与开发能力，研究与开发人员的创造性、可靠性、简化能力等方面的素质与技能。

（6）资金实力。竞争企业的资金结构、筹资能力、现金流量、资信度、财务比率、财务管理能力。

（7）组织。竞争企业组织成员价值观的一致性与目标的明确性、组织结构与企业策略的一致性、组织结构与信息传递的有效性、组织对环境因素变化的适应性与反应程度；组织成员的素质。

（8）管理能力。竞争企业管理者的领导素质、激励能力与协调能力，管理者的专业知识，管理决策的灵活性、适应性、前瞻性。

（四）确定竞争者的战略

各企业采取的战略越相似，它们之间的竞争就越激烈。在多数行业中，根据所采取的主要战略，可将竞争者划分为不同的战略群体。例如，在美国的主要电气行业中，通用电气公司、惠普公司和施乐公司都提供中等价格的各种电器，因此可将它们划分为统一战略群体。

根据战略群体的划分，可以归纳出两点：一是进入各个战略群体的难易程度不同。一般小型企业适于进入投资和声誉都较低的群体，因为这类群体较易进入；而实力雄厚的大型企业则可考虑进入竞争性强的群体。二是当企业决定进入某一战略群体时，首先要明确谁是主要的竞争者，然后决定自己的竞争战略。

除了在统一战略群体内存在激烈竞争外，不同战略群体之间也存在竞争。因为：①某些战略群体可能具有相同的目标客户；②客户可能分不清不同战略群体的产品的区别，如分不清高档产品和中档产品的区别；③属于某个战略群体的企业可能改变战略，进入另一个战略群体，如提供高档住宅的企业可能转而开发普通住宅。

（五）判断竞争者的反应模式

1. 迟钝型竞争者

某些竞争企业对市场竞争措施的反应不强烈，行动迟缓。这可能是因为竞争者受到自身的资金、规模、技术等方面的能力限制，无法做出适当的反应；也可能是因为对自己的竞争力过于自信，不屑于采取反应行为；还可能是因为竞争者对市场竞争措施不够重视，未能及时捕捉市场竞争变化的信息。

2. 选择型竞争者

某些竞争企业对不同的市场竞争措施的反应是不同的。例如，大多数竞争企业对降价这样的价格竞争措施总是反应敏锐，倾向于做出强烈的反应，力求在第一时间采取措施进行反击；而对改善服务、增加广告、改进产品、强化促销等非价格竞争措施则不大在意，认为对自己不构成直接威胁。

3. 强烈反应型竞争者

竞争企业对市场竞争因素的变化十分敏感，一旦受到来自竞争者的挑战就会迅速地做出强烈的市场反应，采取激烈的应对行为。这种行为往往是全面的、致命的，甚至是不计后果的。这些强烈反应型竞争者通常都是市场上的领先者，具有某些竞争优势。一般，多数企业都尽量避免与其做正面交锋。

4. 不规则型竞争者

这类竞争企业对市场竞争所做出的反应通常是随机的，往往不按规则行事，使人感到不可捉摸。例如，不规则型竞争者可能会对市场竞争的变化做出反应，也可能不做出反应；既可能迅速做出反应，也可能反应迟缓；其反应既可能是剧烈的，也可能是柔和的。

● 本章小结

通过本章的学习，我们了解了 SWOT 分析的原理和应用，理解了分析外部宏观环境的 PEST 分析的四个方面，学习了行业分析的波特五力模型，学习了在上述方法的基础上对公司的竞争者进行分析的五个步骤。公司的环境分析反映了公司的优势与劣势、面临的外部宏观环境和行业竞争的状况，学会如何分析公司面临的宏观环境和行业竞争者，将为我们理确公司在行业中的战略地位提供判断基准，为公司估值做好环境分析。

● 关键术语

SWOT 分析（SWOT Analysis）

PEST 分析（PEST Analysis）

波特五力模型（Michael Porter's Five Forces Model）

竞争分析（Competitive Analysis）

● 自测题

1. 下列关于 SWOT 分析的说法中，不正确的是（   ）。

A. 杠杆效应产生于内部优势与外部机会相互一致和适应时

B. 当环境提供的机会与企业内部优势不相适合，企业应该放弃这个机会

C. 脆弱性意味着优势的程度或强度的降低、减少

D. 当企业内部劣势与企业外部威胁相遇时，企业就面临着严峻挑战，如果处理不当，可能直接威胁企业的存续

正确答案：B。当环境提供的机会与企业内部优势不相适合，企业就需要提供和追加某种资源，以促进内部劣势向优势转化。

2. 下列关于 PEST 分析的说法中，不正确的是（   ）。

A.PEST 分析有利于充分把握企业面临的宏观环境

B. 宏观环境包括政治、经济、社会和技术环境

C. 人口因素对企业战略的制定基本没有影响

D. 基本技术的进步使企业能对市场及客户进行更有效的分析

正确答案：C。人口因素对企业战略的制定具有重大影响。

3. 下列关于波特五力模型的说法中，正确的有（ ）。

A. 如果供应商提供的商品具有一定黏性、转换成本较高或极大影响产品质量，那么供应商也具备一定的议价能力

B. 购买者主要通过其压价与要求提供较高的产品或服务质量的能力，来影响行业中现有企业的盈利能力

C. 潜在进入者的威胁取决于行业门槛

D. 源自替代品的竞争会以各种形式影响行业中现有企业的竞争战略

正确答案：ABCD。以上四个表述都是正确的。

4. 下列关于竞争分析的说法中，正确的有（ ）。

A. 从行业的角度来看，企业的竞争者有现有厂家、潜在进入者和替代品企业

B. 竞争者的目标是一系列目标的组合

C. 在多数行业中，根据所采取的主要战略，可将竞争者划分为不同的战略群体

D. 一般，多数企业都尽量避免与强烈反应型竞争者做直接的正面交锋

正确答案：ABCD。以上四个表述都是正确的。

● 案例讨论及分析

中国贵州茅台酒厂（集团）有限责任公司（以下简称"茅台集团"）是特大型国有企业，总部位于贵州省遵义市茅台镇，占地约 1 000 平方米，其中，茅台酒地理标志产品保护地域面积为 15.03 平方千米，员工 3.6 万余人。茅台集团以贵州茅台酒股份有限公司为核心企业，涉足产业包括白酒、保健酒、葡萄酒、金融、文化旅游、教育、酒店、房地产及白酒上下游等。贵州茅台酒历史悠久，具有深厚的文化内涵，于 1915 年荣获巴拿马万国博览会金奖，与法国科涅克白兰地、英国苏格兰威士忌并称为"世界三大（蒸馏）名酒"，是我国大曲酱香型白酒的典型代表，是绿色食品、有机食品、地理标志产品，其酿制技艺入选国家首批非物质文化遗产

代表作名录，是一张香飘世界的"国家名片"。

茅台集团坚持稳中求进和高质量发展要求，紧紧围绕"做足酒文章、扩大酒天地"，深耕、精耕市场，持续优化服务，扎实推进改革创新、转型发展，切实增强企业抗风险能力、竞争能力，发展后劲、综合实力大幅度提升和增强，走上了更加良性的发展轨道，步入了新的上升发展周期。2018 年，茅台集团实现营业收入 859 亿元，同比增长 29.5%；实现增加值 856 亿元，同比增长 28.9%；实现净利润 396 亿元，同比增长 28.2%；实现税收 380 亿元，同比增长 32.1%。

从行业看，2018 年，茅台酒单品销售额稳居全球蒸馏酒业第一，茅台集团营业收入、净利润、股票市值稳居国内酒业第一，净利润、市值位居全球蒸馏酒业第一。

从品牌看，自 2013 年来，茅台集团 5 次入选"BrandZ 全球最具价值品牌 100 强"，2018 年居榜单第 34 位，位列全球酒类品牌价值第一。自 2015 年来，茅台集团连续 3 年位居"全球烈酒品牌价值 50 强"榜首，连续 8 年稳居"华樽杯"酒类企业200 强榜首。

从贡献看，茅台集团是一家有担当、负责任的企业。自 2012 年起，每年捐资1 亿元，连续 7 年捐资共 7 亿元，帮助 14 万名贫困学子圆梦大学。自 2014 年起，每年安排专项资金 5 000 万元，连续 10 年安排资金共 5 亿元，参与赤水河流域生态保护和环境治理。自 2001 年上市以来，贵州茅台酒股份有限公司坚持分红、回馈股东，累计现金分红超过 500 亿元。

思考：对茅台集团进行 SWOT 分析。

参考答案：

（1）优势分析

公司生产的贵州茅台酒是我国酱香型白酒的典型代表，拥有独特的风格、上乘的品质及较高的地位，拥有"著名的品牌、卓越的品质、悠久的历史、独有的环境、独特的工艺"构成的具有自主知识产权的核心竞争力，良好的消费基础，在市场上享有很高的信誉度、美誉度，深受国内外消费者喜爱。公司多年的实践经验为其发展奠定了良好的决策基础，与产品上下游企业长期的合作形成了良好的共赢关系。公司采取与经销商、供应商直接进行情感沟通和交流的方式，能加深相互之间的了解和信任，使公司与其相关各方的关系从思想观念到交易行为，实现了由传统的"产品价值链"关系转向以"品牌价值链"为导向的"资源共享、市场共建、利益共赢"的和谐利益共同体关系。

（2）劣势分析

产量提升有限，较大地受制于地理环境，酒品牌扩张范围有限，不能广泛进行定点生产以增加规模产量；酒的水源处在贵州山区，临赤水河，有遭受如地震、洪水、泥石流等自然环境灾害的可能性。茅台集团形成了低度、高中低档、极品三大系列70多个规格品种，全方位跻身市场，品牌拓展难度较大。值得注意的是，茅台集团最好在高端消费市场延伸品牌，进入低端市场将有可能损坏原有的产品形象，一旦拓展失败将对企业整个品牌产生不利影响。

（3）机会分析

在我国宏观经济持续向好的形势下，白酒行业经营形势良好。国民收入水平的不断提高、人民生活的进一步改善、消费者可支配收入的增长、新的税法的实行，将有助于名优白酒企业竞争力的提升。随着国家产业政策的调整，白酒市场将更加规范，名优企业将受到进一步保护，整个行业有较好的发展态势。同时，质检部门和有关部门一起加大了执法打假的力度，其中有一部分就是知识产权领域里的打击假冒。我国政府不仅确定了连续若干年整顿、规范市场经济秩序的部署，还专项部署了保护知识产权领域的执法打假行动。

（4）威胁分析

现阶段：各地地方保护主义与产品封锁现象依然存在，各地区有自产的白酒，并在当地市场享有在渠道、价格、消费习惯及感情等方面的特殊待遇。行业的无序竞争造成准入门槛较低、假冒伪劣产品盛行且屡禁不止，市场流通的假茅台酒较多。

未来：浓香型酒如五粮液等白酒市场份额逐渐增加，且其生产的高档酒逐渐受到消费者认同，消费口味的转移对茅台酒的消费造成替代的可能。国外名酒进入国内后，消费者消费习惯随之转移，倾向于消费高档国外名酒，而放弃对国内名酒的消费。特别值得注意的是，年轻群体对白酒的需求没有表现出很大兴趣，他们的酒消费习惯表现出明显的多元化。

第 **5** 章

资本结构理论

有效资本市场的定义
有效资本市场的类型
有效资本市场的意义

有效资本市场 | **资本结构理论** | 资本结构理论的主要内容

MM理论
破产成本、权益代理成本和权衡理论
信号传递理论和融资优序理论
资本结构理论的意义

扫码即可观看
本章微视频课程

本章知识背景和学习目的

　　资本结构，是公司权益融资额和债务融资额的比例关系，是公司融资结构中十分重要的部分。在学习资本结构理论之前，首先需要理解有效资本市场的定义、类型和意义，以更好地理解资本结构理论和融资决策。在有效资本市场下，我们将学习资本结构理论，特别是 MM 理论和权衡理论，学习不同的资本结构如何影响公司的价值，学习什么因素影响公司的资本结构决策，有助于制定最优的负债权益比，降低资本成本率，提高公司价值，也有助于理解公司的资本结构决策，进而为投资决策服务。

本章学习要点

1. 了解有效资本市场的定义，理解有效资本市场的类型和意义；
2. 掌握 EPS 与 EBIT 的关系；
3. 熟练掌握无税和有税状态下的 MM 理论的两个命题，及其对企业价值的影响和在融资决策中的应用；
4. 理解权衡理论及最优债务额；
5. 了解信号传递理论和融资优序理论。

（一）有效资本市场的定义

1. 什么是有效资本市场

有效资本市场（Efficient Capital Market）是指资产的现有市场价格能够充分反映所有有关、可用信息的资本市场。在一个有效的资本市场上，资产的市场价格将根据新的信息立即进行调整，这也意味着股票的现有市场价格反映了它的基本现值或内在价值，因此不存在利用有关、可用的信息谋取或赚取超额收益的任何方法，具体如图 5-1 和图 5-2 所示。

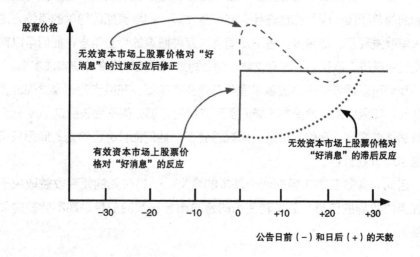

图 5-1　有效和无效资本市场上股票价格对"好消息"的反应

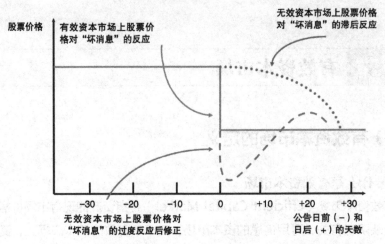

图 5-2　有效和无效资本市场上股票价格对"坏消息"的反应

　　图 5-1 和图 5-2 中，有效资本市场对任何新消息不会过度反应也不会延后反应。在一个有效资本市场上，不要认为你已经发现了股票价格的变动规律或盈利的简单手段，因为你也许什么都没有发现，如果有如此简单的赚钱方法，别人早就发现了。如果投资者不知道有关某种股票的特别信息，他们可以期望从投资中获得应该获得的均衡收益，而公司则期望支付均衡的资本成本率。

　　我们可以通过一个小故事来理解有效资本市场：在散步的时候发现地上有100 元，如果你是有效资本市场的坚定支持者，那么你不会去捡这 100 元，因为既然你能看到，在你之前别人早就看到了，他们为什么没捡走？原因只可能是这 100 元是假钞。

　　因此，有效资本市场有两个基本的含义：一是股票的超额收益取决于市场在当时收到的信息；二是若使用的是与市场一致的信息，都不能获得超额收益。

2. 有效资本市场存在的条件

　　以下三个基础条件只要有一个存在，市场就是有效的。

　　（1）理性的投资者。所有投资者均理性时，当市场发布新的信息时，所有的投资者都会理性地调整自己对股价的估计，投资者理性的预期决定了股价，市场是有效的。

　　（2）独立的理性偏差。即使投资者并非都是理性的，但只要非理性的投资者都是相互独立的，则预期的偏差是随机的；当非理性行为可以互相抵消，使得股价变动与理性预期一致，市场仍然是有效的。

（3）套利。市场有效性并不要求所有的非理性行为都会相互抵消，有时他们的人数并不相当，市场会高估或低估股价。非理性的投资者的偏差不能互相抵消时，专业投资者会理性地重新配置资产组合，进行套利交易。专业投资者的套利活动能够控制业余投资者的投机行为，使市场保持有效。

3. 对有效资本市场的解读

对于有效资本市场理论，以下三点解读十分重要。

（1）有效资本市场理论认为在有效资本市场下投资者不能获得超额收益，但并没有说投资者可以随机选股，投资者仍须基于风险厌恶和预期收益水平决定自身需要多大风险的资产组合。

（2）有的人认为股票价格每天都在波动，市场可能是无效率的，价格应该基本不变才对。但其实在有效资本市场上，股票会根据新的信息不断调整价格。实际上，在一个变化的世界，价格不变反而说明市场无效。

（3）市场有效并不需要一个公司发行的所有股票都发生交易，只要有交易者利用市场提供的信息，股票就可以被正确地定价。

（二）有效资本市场的类型

有效资本市场按照股票价格里包含的信息可以划分为三种类型：弱型有效资本市场（Weak-Form Market Efficiency）、半强型有效资本市场（Semi-Strong-Form Market Efficiency）和强型有效资本市场（Strong-Form Market Efficiency）。

1. 弱型有效资本市场

弱型有效资本市场认为资本市场上股票的价格充分地包含和反映了其历史价格的信息。如果我们能够从股票价格的历史信息中发现某种可以获得超额收益的趋势，那么其余人也能够发现，结果超常利润将在竞争中消失。由于股票价格的历史变动信息不可以用来预测其未来的变动规律，因此弱型有效资本市场也否定了股票市场里"技术分析"的作用。

在弱型有效资本市场里，股票价格已经包含了历史的信息，因此股票价格只是对新信息做出反应，另外新信息的到来是随机的，因此股票价格也是"随机游走"（Random Walk）的。那么，如何证明市场达到了弱型有效呢？其实很简单，我们只要能够证明股票现在的收益率与过去的收益率之间的序列相关系数接近于0即可。如果某一种股票收益率的序列相关系数显著为正，说明股票价格的变动趋势具有延续性，说明股票市场并未达到弱型有效；如果某一种股票收益率的序列相关系数显著为负，说明股票价格的变动趋势具有反方向性，说明股票市场并未达到弱型有效；如果序列相关系数接近于0，说明股票市场与随机游走假说一致。大量的研究证据表明，公司股票序列相关系数接近于0，股票市场达到弱型有效。

2. 半强型有效资本市场

半强型有效资本市场认为，资本市场上股票的价格充分地反映了所有公开可用的信息。公开可用的信息包括第一时间公布的任何新的信息和历史的信息。在半强型有效资本市场里，公开一个利好消息，股价将立即上升，因此投资者最后仍需要以高价购买股票，无法获得超额收益。由于不能将股票价格当下公开的和历史变动的信息用来预测其未来的变动规律，因此半强型有效资本市场也否定了股票市场里"基本面分析"的作用。

那么，如何证明市场达到了半强型有效呢？我们可以通过事件研究法来进行证明。事件研究就是研究某一时间披露的信息是否影响其他时间收益的一种统计方法。事件研究法可以检验事件发生前后市场是否对新信息存在不足反应、过度反应、提前反应或滞后反应。根据半强型有效资本市场，某种股票在某一时间 t 的超额收益应该反映在时间 t 所披露的信息（在时间 t 以前披露的任何信息对时间 t 的超额收益没有作用，其影响或作用在以前发生；在时间 t 以后才能披露和知道的信息不能影响现在的股票收益）。某一天某一股票的超额收益率可以用那一天该股票的实际收益率减去同一天的市场收益率计算得出。如果我们发现在新信息披露后，累计的超额收益率不会有显著的变动（好消息披露后，累计超额收益率维持一个基本不变的正收益；坏消息披露后，累计超额收益率维持一个基本不变的负收益），这就说明新信息公开后，股票的价格比较充分地反映了这一信息，支持了半强型有效资本市场的理论。

现在很多关于股利公告、盈余公告、并购公告等的事件研究都证明了市场达到了半强型有效的状态。而且，很多研究发现市场具有预见性，即信息存在泄露的可能，在新信息公开披露前，股价已经提前反映了。

3. 强型有效资本市场

强型有效资本市场认为，资本市场上股票的价格充分地反映了所有相关的信息，包括公开的和内幕（私有）的信息。强型有效资本市场指出，任何和股票有关的，并且至少一个投资者知道的信息已经包含在股票的价格里。因此，在强型有效的市场里，即便投资者拥有私有信息，也无法获得超额收益，因为市场能够感知，并对私有信息也进行充分反映。

（三）有效资本市场的意义

为什么我们要了解有效资本市场的概念及类型呢？这是因为有效资本市场对于公司金融来说具有重要的意义，具体体现在以下三方面。

（1）有效资本市场理论要求重视市场对公司的估值，需要关注公司的股价。公司的价值取决于公司未来自由现金流的现值，而股票的价格则取决于未来给股东分配的股利的现值。在有效资本市场里，虽然会计方法或会计政策的变动会影响会计利润的大小，但股票的价格不会因为会计方法或会计政策的变动而有所改变，因为会计方法和会计政策的变动并未影响公司未来自由现金流的情况。资本市场是公司的一面镜子，又是公司行为的校正器。股价可以综合反映公司的业绩，弄虚作假、人为地改变会计方法对提高公司的价值没有丝毫的用处。市场对公司的评价降低的时候，应该分析公司的行为是否出了问题并且加以改进，而不应该设法欺骗市场。

（2）有效资本市场理论要求慎用金融工具，只有公司价值真正增加，股票价格才会真正提高，使得股东财富增加。如果市场是有效的，购买或者出售金融工具交易的净现值就为零。在有效资本市场里，公司的权益融资的定价是有效的，反映了股票的实际价值，内部人无法在股票被高估的时候进行融资，也无法在股票被低估的时候进行回购，也就是说内部人无法进行择时融资或回购。这也就是说公司获得超额收益靠的是能力而不是运气，有些经理人以为自己可以获得被市场低估的金融资产或卖出被市场高估的金融资产，结果可能付出惨痛的代价。

公司作为资本市场上融资的一方，不要妄图通过融资取得正的净现值，应当依靠生产经营提高股东财富。公司的生产经营带来的竞争是在少数公司之间展开的，竞争不充分。一个公司若有专利权、较好的专利技术、较好的商誉和较大的市场份额等相对优势，可以在某些直接投资中取得正的净现值。

（3）有效资本市场理论是资本结构理论、投资组合理论和资本资产定价模型的理论基础。资本市场和商品市场不同，资本市场的竞争程度高、交易规模大、交易费用低、资产具有同质性，这些使其有效性比商品市场高得多，所有要融资的公司都在寻找资本成本率低的资金来源。机会均等的竞争，使财务交易基本上是公平的，在有效资本市场上，没有无风险套利的机会，公司仅仅能获得和投资风险相当的报酬，也就是与资本成本率相同的报酬，不会增加股东财富。这一方面意味着公司的资本来源并不都是权益，公司会依据资本结构理论选择相应的融资方式或最优资本结构；另一方面意味着公司可以根据所承担的风险来估计所要求的必要回报率，这也是有效投资组合和资本资产定价模型的核心思想。

最后需要注意的是，前面说过，有效资本市场的坚定支持者不会捡 100 元，于是他自信地从它身边走过。而这时，一个调皮的小朋友也经过这里，看到地上有 100 元，他不知道什么是有效资本市场，于是从地上捡起这 100 元，高高兴兴地买了一大包糖果。这个小故事告诉我们，市场有效是一种假设，在资本市场中，存在信息不对称和信息不完备等原因，市场很难达到非常有效的状态，因此我们不能过多地相信有效资本市场理论[①]。

---

① 比如市场时机资本结构理论（Market Timing Capital Structure Theory）。随着我国资本市场的兴起和公司外部融资行为的市场化发展，我国公司的融资行为和资本结构正在发生着根本性变化。上市公司普遍存在在股票市场疯狂"圈钱"的现象，这导致了股权融资偏好和资本结构异化等问题。这些现象无法通过传统资本结构理论得到合理的解释。学者们一致认为，我国资本市场仍然处于初级发展阶段，属于新兴市场，股票价格波动剧烈，政府行政导向与投资者非理性行为对股票市场价格的形成具有很大的影响，出现了证券价格系统性偏离其基本价值的现象。资本市场不完善和行政监管不到位，严重影响我国公司的融资决策活动，公司管理者无法按照传统资本结构理论选择融资方式和最优资本结构。20 世纪 90 年代末，随着行为金融研究的深入发展，国外学者开始从市场参与者的非理性行为视角研究公司的融资活动，提出了一种全新的资本结构理论，即市场时机资本结构理论。所谓市场时机资本结构理论，是指突破传统资本结构理论的理性人假设（有效资本市场）和完全套利假设，来研究管理者如何利用股票市场窗口机会选择融资工具，利用市场上暂时出现的低成本融资优势，使现有股东价值最大化，并形成长期资本结构的一种理论分析框架。市场时机资本结构理论的提出，为我们解释公司融资决策行为提供了一个全新的视角。

公司的价值可以定义为公司负债的价值和公司权益的价值之和。公司管理层的目标如果是使公司的价值最大化，则应该选择使公司价值最大化的负债权益比。负债权益比反映了公司的资本结构，公司价值和资本结构（Capital Structure）之间是什么样的关系呢？不同的理论如何解释公司的资本结构决策呢？本节将通过以下几个理论进行探讨。

（一）MM 理论

1. 无税状态下的 MM 理论

我们假设 ValueGo 公司目前的资本结构是完全权益的，即没有任何负债，由于原来的一些股东想要退出，公司正在考虑是否发行负债。在有效资本市场和无税状态下，其当前和预计的资本结构如表 5-1 所示。

表 5-1 ValueGo 公司的资本结构计划

金额单位：元

项目	当前	预计
资产	20 000	20 000
负债	0	8 000
权益	20 000	12 000
负债/权益	0	2/3
利率		6%
发行在外的股票（股）	400	240
股票价格	50	50

在当前的资本结构下，经济环境对每股收益（Earning Per Share EPS）的影响如表 5-2 所示。首先在正常情况下，预期收益为 2 000 元。因为资产是 20 000 元，所以总资产利润率为 10%（2 000÷20 000）。由于该完全权益公司的总资产等于股东权益，所以 ROE 也是 10%，EPS 是 5（2 000÷400）元。类似地，在衰退和扩张时，每股收益分别为 2.5 元和 7.5 元。

表 5-2　当前资本结构下的 EPS 和 ROE

金额单位：元

项目	衰退	预期	扩张
EBIT	1 000	2 000	3 000
利息	0	0	0
净利润	1 000	2 000	3 000
EPS	2.50	5.00	7.50
总资产利润率	5%	10%	15%
ROE	5%	10%	15%

在预计资本结构下，EPS 和 ROE 如表 5-3 所示。在表 5-2 和表 5-3 中，三种经济状况下的总资产利润率完全相同。因为该比率的计算是在考虑利息之前的。由于预计情况下的负债是 8 000 元，利息为 480（6%×8 000）元。因此在经济正常的情况下，净利润是 1 520 元。既然权益为 12 000 元，净资产收益率是 12.67%（1 520÷12 000），每股收益即为 6.33（=1 520÷240）元。在经济衰退和经济扩张时，相似的计算可得出每股收益分别为 2.17 元和 10.50 元。

表 5-3　预计资本结构下的 EPS 和 ROE

金额单位：元

项目	衰退	预期	扩张
EBIT	1 000	2 000	3 000
利息	480	480	480
净利润	520	1 520	2 520
EPS	2.17	6.33	10.50
总资产利润率	5%	10%	15%
ROE	4.33%	12.67%	21%

表 5-2 和表 5-3 说明了财务杠杆的影响取决于公司的息税前利润（EBIT）。若 EBIT 等于 2 000 元，预计的资本结构下的 ROE 较高。若 EBIT 等于 1 000 元，当前资本结构下的 ROE 较高。图 5-3 说明了 EPS 与 EBIT 的

关系。实线和虚线分别代表无负债和有负债状态下的情况。若 EBIT 为 0,无负债状态下的 EPS 等于 0,有负债状态下的 EPS 是负值,这是因为无论公司是否盈利,都必须支付 480 元的利息。实线的斜率明显小于虚线的斜率,说明财务杠杆放大了 EPS 对 EBIT 的敏感程度。有负债状态下的股票数量小于没有负债状态下的股票数量,因此有负债状态下增加的收益在较少的股票中分配,EBIT 的任何增加量都可导致 EPS 更大幅度的上升。

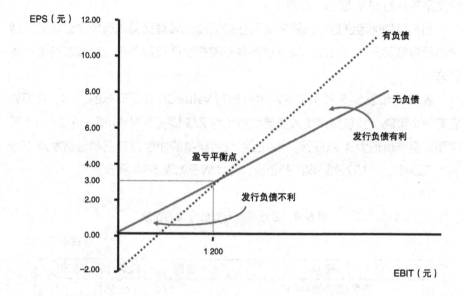

图 5-3 EPS 与 EBIT 的关系

我们还可以发现实线和虚线相交了,其交点就是盈亏平衡点(使有财务杠杆状态下的每股收益和无财务杠杆状态下的每股收益相等的息税前收益),即当 EBIT 等于 1 200 元的时候,有无负债状态下的 EPS 均是 3 元。那么,在有负债状态下,高于 1 200 元的 EBIT 带来较大的 EPS;在没有负债状态下,低于 1 200 元的 EBIT 带来较大的 EPS。

表 5-2、表 5-3 及图 5-3 的重要性在于它们显示了负债或财务杠杆对 EPS 的影响。那么,到底哪一种资本结构对 ValueGo 公司的股东更好呢?许多人相信财务杠杆是有益的,因为有财务杠杆状态下的 EPS 预计为 6.33 元,而无财务杠杆状态下的 EPS 仅为 5 元。然而,财务杠杆亦会带来风险。在经济衰退期,无财务杠杆状态下的 EPS 较高(2.5 元 >2.17 元)。因此,回避风险的

投资者也许偏爱完全权益资本结构的公司，而风险中立（或追求较高风险）的投资者也许偏爱有财务杠杆的公司。那到底哪种资本结构对股东而言更好呢？

莫迪利安尼和米勒提出了一个非常著名的资本结构理论，即 MM 理论（MM Theory）。他们认为公司无法通过改变其资本结构来改变其流通在外股票的总价值，也就是说，在不同的资本结构下，公司的总价值总是相同的。换言之，对公司的股东而言，既没有任何较好的也没有任何较次的资本结构。这就是著名的 MM 理论的命题 1。

他们是如何验证这一命题的呢？他们通过比较直接买入有负债公司的股票和自己借债买无负债公司的股票这两种策略来验证负债是否会对股东价值产生影响。

表 5–4 和表 5–5 显示了这两种策略对 ValueGo 公司股东的影响。我们先看第一个策略。股东直接买入负债权益比为 2/3 情况下 ValueGo 公司的 24 股股票，合计价值为 1 200 元，买入 24 股后获得的净收益在三种经济状态下分别为 52.08 元、152.92 元和 252 元。具体情况如表 5–4 所示。

表 5–4　直接买入有负债公司的股票

金额单位：元

项目	衰退	预期	扩张
有负债公司的 EPS	2.17	6.33	10.50
买入 24 股的净收益	52.08	152.92	252.00
初始成本 =24×50= 1 200.00			
公司的负债权益比 =2/3			

我们再看第二个策略。表 5–5 显示了股东用自己 1 200 元的本金加上借入的 800 元来购买负债权益比为 0 情况下 ValueGo 公司的 40 股股票，合计权益的净价值也为 1 200 元。买入 40 股后获得的净收益在三种经济状态下分别为 52 元、152 元和 252 元，和直接买入负债权益比为 2/3 情况下 ValueGo 公司的 24 股股票的净收益大致一样，而此时股东个人的负债权益比也为：2/3（800/1 200）。

表 5–5 借钱买入无负债公司的股票

金额单位：元

项目	衰退	预期	扩张
无负债公司的 EPS	2.50	5.00	7.50
买入 40 股的收益	100.00	200.00	300.00
减去按 800 元计算的利息（6%）	48.00	48.00	48.00
净收益	52.00	152.00	252.00
初始成本 =40×50–800= 1 200.00			

因此，两种策略的成本和收入相同，公司资本结构的调整既无益于也无害于股东，这就是 MM 理论在有效资本市场和无税状态下的第一个命题，具体如下。

命题 1：公司价值不受负债的影响，有负债公司的价值等于无负债公司的价值。

$$V_L（有负债公司的价值）= V_U（无负债公司的价值）$$

即：
$$V_L = \frac{EBIT}{R_L} = V_U = \frac{EBIT}{R_U}$$

MM 理论的第一个命题我们可以这么来理解：假设公司的价值就是一张饼，饼的大小取决于用了多少原料（资产），而不取决于谁提供原料（资本），所以只要原料是一样的，这张饼的大小（价值）就是固定的，差别在于这张饼最后是由你一个人享有（无负债），还是你和别人一起享有（有负债）。我们可以想象一下，在无税的状态下，如果两个资产是同质的公司承担同样的资产风险（ROA 为 10%）、产生同样的现金流（EBIT 为 2 000 元），而公司的价值取决于其未来自由现金流的现值，收益和风险都一样，公司价值也就必然一样。如果仅仅是资本结构不一样导致其市场价值不一样，那么就会产生无风险的套利空间。而在有效资本市场里，无风险套利是不存在的，因此二者的价值也必然相等。

我们知道，公司的价值取决于其未来自由现金流的现值，在公司资产是同质的情况下，资本结构的不同，不会影响公司层面的自由现金流量，因此，在 MM 理论的命题 1 下，我们可以有以下推论。

在无税状态下，公司的资本成本率不受财务杠杆的影响，V_L（有负债公司的价值）= V_U（无负债公司的价值），二者未来的现金流量相同，其资本成本率也将相同，即有以下公式。

$$R_L = R_U$$

在有负债的情况下，资本成本率 R_L 等于负债资本成本率和权益资本成本率的加权平均数，公式如下。

$$R_L = R_{WACC} = \frac{S}{D+S} \times R_S + \frac{D}{D+S} \times R_D = R_U$$

式中，R_{WACC} 是有负债公司的加权平均资本成本率（Weighted Average Cost of Capita），R_D 是有负债公司的债务资本成本率，R_S 是有负债公司的权益资本成本率，R_U 是无负债公司的资本成本率，D 是有负债公司的负债的市场价值，S 是有负债公司的权益的市场价值。

我们把上述等式进行变换，可以得到有负债公司的权益资本成本率的公式，如下。

$$R_U = \frac{S}{D+S} \times R_S + \frac{D}{D+S} \times R_D \text{，左右同时乘以} \frac{D+S}{S}$$

$$\Rightarrow \frac{D+S}{S} \times R_U = \frac{D+S}{S} \times \frac{S}{D+S} \times R_S + \frac{D+S}{S} \times \frac{D}{D+S} \times R_D$$

$$\Rightarrow \frac{D+S}{S} \times R_U = R_S + \frac{D}{S} \times R_D$$

$$\Rightarrow R_S = \frac{D+S}{S} \times R_U - \frac{D}{S} \times R_D$$

$$\Rightarrow R_S = R_U + \frac{D}{S}(R_U - R_D)$$

这也就意味着，公司在有负债的情况下，权益资本成本率大于无负债情况下的权益资本成本率，权益资本成本率增加的程度取决于负债和权益的市值比及无负债情况下的资本成本率和债务资本成本率的差额（一般来说，$R_U > R_D$，因为无负债情况下的权益风险也会大于负债的风险）。图 5-4 所示为 MM 理论在有效资本市场和无税状态下的第二个命题，具体如下。

命题 2：由于有负债的公司中，权益部分所承担的风险随着财务杠杆水平的提高而增大，因此权益资本成本率也会随财务杠杆水平的提高而增加。

$$R_S = R_U + \frac{D}{S}(R_U - R_D)$$

ValueGo 公司在有负债的情况下，在经济正常时，其权益资本成本率和加权平均资本成本率的公式如下。

$$R_S = R_U + \frac{D}{S}(R_U - R_D) = 10\% + \frac{2}{3}(10\% - 6\%) = 12.67\%$$

$$R_{WACC} = \frac{S}{D+S} \times R_S + \frac{D}{D+S} \times R_D = \frac{12\ 000}{20\ 000} \times 12.67\% + \frac{8\ 000}{20\ 000} \times 6\% = 10\%$$

ValueGo 公司有负债情况下的加权平均资本成本率和无负债情况下的完全权益的资本成本率一致，但有负债情况下的权益资本成本率随负债的增加而增加。此外也反映了 MM 理论的命题 2，即 EPS−EBIT 的斜率越大，表明财务杠杆风险越大，股东要求的期望回报率就越大，所以有负债时的 EPS−EBIT 的斜率是大于无负债时的斜率的。图 5−4 中 R_S 这条线的倾斜度也正好衡量了股东的风险：当公司经营情况良好时，即 $R_U > R_D$，相比于全权益下，负债产生的杠杆效应会使杠杆权益的收益率更高；当公司经营不善时，即 $R_U < R_D$，负债产生的杆杠效应会使杠杆权益的收益率更低。

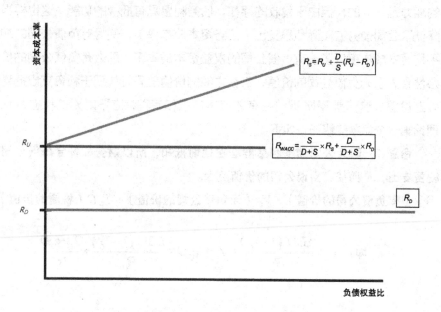

图 5−4　无税状态下的 MM 理论的命题 2

2. 有税状态下的 MM 理论

下面将分析存在税收时，企业的价值和负债之间的关系。还是以上述的 ValueGo 公司为例，在正常情况下，企业所得税税率为 25%，负债的年利率为 6%，有负债和无负债情况下公司创造的收益如表 5-6 所示。

表 5-6　当前资本结构下的 EPS 和 ROE

金额单位：元

项目	无负债	有负债
EBIT	2 000	2 000
利息（债权人收益，R_D=6%）	0	480
所得税（T_C=25%）	500	380
净利润（股东收益）	1 500	1 140
EPS	3.75	4.75
ROE	7.50%	9.50%
利息支出抵税	0	120

在有税状态下，利息支出 480 元产生了 120（480×25%）元的抵税金额。因此，在有效资本市场里，两个公司资产是同质的情况下，其创造自由现金流的能力是一样的；但由于税收的存在，债务利息具有抵税的功能，这也相当于降低了公司债务的实际利息支出（债务资本成本率），使得有负债公司的加权平均资本成本率低于没有负债公司的权益资本成本率，那么有负债公司的价值必然会大于无负债公司的价值，二者之间的价值差异就体现于利息支出抵税部分的价值。这就是 MM 理论在有效资本市场和有税状态下对无税状态下 MM 理论第一个命题的修正，如下。

命题 1：因为公司债务利息能够在税前抵扣，所以财务杠杆会降低公司的税费支出，从而使有负债公司的价值更大。

V_L（有负债公司的价值）= V_U（无负债公司的价值）+ $T_C D$（税盾的价值）

即：
$$V_L = \frac{EBIT(1-T_C)}{R_L} = V_U + T_C D = \frac{EBIT(1-T_C)}{R_U} + \frac{T_C R_D D}{R_D}$$

$$R_L = R_{WACC} = \frac{S}{D+S} \times R_S + \frac{D}{D+S} \times R_D \times (1-T_C)$$

式中，R_{WACC} 是有负债公司的加权平均资本成本率，R_D 是有负债公司的债务资本成本率，R_S 是有负债公司的权益资本成本率，R_U 是无负债公司的资本成本率，T_C 是企业所得税税率，D 是有负债公司的债务的市场价值，S 是有负债公司的权益的市场价值。

这也就是说，由于税收的存在，负债部分的资本成本率实际只为（$1-T_C$）的部分，公司通过用债务资本替代权益资本降低了公司的风险（降低加权平均资本成本率），降低折现率，进而提高了未来自由现金流的现值，公司价值随财务杠杆的应用而增加。

进一步，由于有负债公司的价值必然也等于负债的市场价值和权益的市场价值之和，因此有以下公式。

$$V_L = S + D$$

在修正的 MM 理论下，我们可以得到有负债公司以市值为基础的资产负债表等式，如下。

$$V_U + T_C D = S + D$$

等式左边表示有负债公司的资产创造的价值，等式右边表示有负债公司资本的价值。那么，资产负债表左边的资产（V_U 部分的收益率为 R_U，$T_C D$ 部分的收益率是 R_D）产生的收益如下。

$$R_U V_U + R_D T_C D$$

资产负债表右边的资本（S 部分的收益率为 R_S，D 部分的收益率是 R_D）产生的收益如下。

$$R_S S + R_D D$$

资产负债表两边产生的收益必然相等，因此有以下等式。

$$R_U V_U + R_D T_C D = R_S S + R_D D$$

等式两边同时除以 S，可得以下等式。

$$R_S + R_D \frac{D}{S} = R_U \frac{V_U}{S} + R_D T_C \frac{D}{S}$$

$$\Rightarrow R_S = R_U \frac{V_U}{S} + R_D T_C \frac{D}{S} - R_D \frac{D}{S}$$

$$\Rightarrow R_S = R_U \frac{V_U}{S} - (1 - T_C) R_D \frac{D}{S}$$

$$\text{而 } V_U + T_C D = S + D \Rightarrow V_U = S + D - T_C D$$

$$\Rightarrow R_S = R_U \frac{S + D - T_C D}{S} - (1 - T_C) R_D \frac{D}{S}, \text{ 整理后可得}$$

$$\Rightarrow R_S = R_U + R_U (1 - T_C) \frac{D}{S} - (1 - T_C) R_D \frac{D}{S}$$

$$\Rightarrow R_S = R_U + (1 - T_C) \frac{D}{S} (R_U - R_D)$$

这也就意味着，公司在有杠杆的情况下，权益资本成本率也随着负债的增加而增加，但是增加的没有无税情况下那么多，有税情况下利息的资本成本率可以得到一部分抵免。图 5-5 所示为 MM 理论在有效资本市场和有税状态下修正的命题 2。

命题 2：权益资本成本率随着财务杠杆的提高而增加，因为此时杠杆权益要承担更高的风险，但提高的幅度较无税条件下弱。

$$R_S = R_U + (1 - T_C) \frac{D}{S} (R_U - R_D)$$

回到 ValueGo 公司的例子，在有负债且存在企业所得税的情况下，公司的市场价值的计算公式如下。

$$V_L = \frac{EBIT(1 - T_C)}{R_U} + \frac{T_C R_D D}{R_D} = \frac{2\,000 \times (1 - 25\%)}{7.5\%} + \frac{25\% \times 6\% \times 8\,000}{6\%} = 22\,000 \text{（元）}$$

其负债的市场价值为 8 000 元（一般负债的账面价值和负债的市场价值一致），所以有负债情况下的权益的市场价值便为 14 000（22 000-8 000）元。我们可以发现有负债情况下的权益的市场价值比没有负债情况下的权益的市场价值 12 000 元多了 2 000 元，这 2 000 元便是税盾的价值。

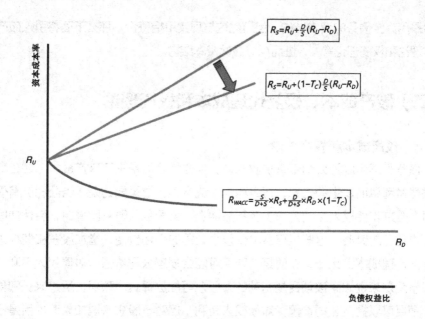

图 5-5　有税状态下的 MM 理论的命题 2

最后，我们可以发现 ValueGo 公司在有负债情况下的权益的资本成本率计算如下。

$$R_S = R_U + (1 - T_C)\frac{D}{S}(R_U - R_D) = 7.5\% + (1 - 25\%) \times \frac{8\ 000}{14\ 000} \times (7.5\% - 6\%) = 8.14\%$$

$$R_{WACC} = \frac{S}{D+S}R_S + \frac{D}{D+S}R_D(1-T_C) = \frac{14\ 000}{22\ 000} \times 8.14\% + \frac{8\ 000}{22\ 000} \times 6\% \times (1 - 25\%) = 6.82\%$$

我们此时也可以反过来算 ValueGo 公司的在有杠杆情况下的权益的市场价值和总价值，如下。

$$S = \frac{(EBIT - R_D D)(1 - T_C)}{R_S} = \frac{1\ 140}{8.14\%} = 14\ 000（元）$$

$$V_L = \frac{EBIT(1 - T_C)}{R_{WACC}} = \frac{1\ 500}{6.82\%} = 22\ 000（元）$$

这与前面的计算结果是一致的。债务融资产生的税盾会使公司价值增加，从而使股票价格上升，股东获得了全部的税盾。通过提高负债权益比，公司能降低其税收负担从而提高公司总价值。在实现公司价值最大化的强力推动下，公司似乎会采用完全债务的资本结构。但显然这与现实不相符合，那么下面将引入破产成本理论和权衡理论等[①]，进而探讨最优资本结构。

（二）破产成本、权益代理成本和权衡理论

1. 破产成本和权衡理论

债务虽然可以为公司带来税收利益，但亦给公司带来了破产成本，如公司无法偿付利息而发生的法律、行政和诉讼成本等。更重要的是，当公司拥有债务时，股东和债权人之间就产生了利益冲突。公司陷入财务困境时，会诱使股东寻求利己的策略，这些策略会降低整个公司的市场价值，增加股东和债权人之间的代理成本。比如，即便某个项目可能会损害公司价值，对债权人不利，但对于股东来说如果该项目是有利的，股东可能选择这个项目；反过来，即便某个项目可以提高公司价值，对债权人有利，但对于股东来说如果该项目是不利的，股东可能会放弃这个项目；甚至，在面临破产前，股东可能把公司账上的所有资金分走，不给债权人留一分钱。

所以，理性的债权人知道，当财务危机逼近时，股东很可能会采取利己策略，这些自利行为将损害债权人的利益。相应地，理性的债权人会通过要求提高债券的利率或限制公司的行为来保护自己[②]。由于股东必须支付这些高利率的利息或放弃一些对公司价值有好处但风险较高的项目，股东最终要负担利己策略的成本。

正因为存在破产成本，公司的债务融资会更难或者获得的代价更高，破产成本的存在抵消了债务带来的税盾价值。因此，实际中公司的债务水平并不像有负债状态下的 MM 理论说的那样。公司的负债并不是越多越好，税盾会增加有负债公司的价值，但破产成本会降低有负债公司的价值，当负债的比例大于临界点时，破产成本可能高于债务的税盾价值，具体情况如图 5-6 所示。

---

① 在 MM 理论中公司有无限的利用利息抵税的能力。实际上，公司只能在利润的限额内扣除利息。因此，在这一现实假设下，债务融资的预期税收利益低于在无限抵税能力假设下的预期值。这可以解释为什么公司从未全部用债务融资。

② 比如：公司必须将其营运资本维持在某一最低水平；必须定期提供财务报表给债权人；限制公司的股利支付额；公司不能将其任一部分资产抵押给其他债权人；公司不能兼并其他企业；未经债权人同意，公司不能出售或出租主要资产；公司不可发行其他长期负债。

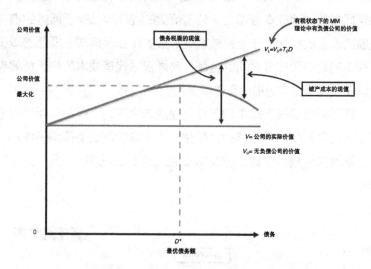

图 5-6　破产成本、权衡理论和最优债务额

　　当额外债务额引致破产成本现值的增加等于税盾现值的增加时的债务水平便是最优债务水平，这时公司价值达到最大，这便是权衡理论（Trade-off theory）：公司的资本结构决策可被视为在债务的税收优惠和破产成本之间的权衡，由于债务带来的破产成本抑制了公司通过无限举债而增加公司价值的冲动，所以公司的债务比例保持在适度的区间内。但目前还没有公式能准确地测定出具体的公司的最优债务水平，主要是由于无法精确地计算破产成本。

2. 权益代理成本和权衡理论

　　上述破产成本和权衡理论告诉我们，因为破产成本的存在，公司会减少债务，可能转向权益融资，那么权益融资是否就意味着没有额外成本？显然权益融资也是存在代理成本的，正如第一章所言，所有权和经营权的分离会导致股东和管理层之间的代理问题。公司的对外权益融资越多、公司的大股东的持股比例越小时，管理者将很可能增加闲暇时间、与工作有关的在职消费和无效的过度投资，导致股东和管理层之间的代理问题增加。

　　因此，权益融资的增加带来的权益代理成本（Equity Agency Cost）会使得公司的价值下降，权益融资的减少会使得权益代理成本降低进而提高公司价值。前文讲到当用债务替代权益时，公司价值的变化是债务税盾的现值和破产成本的现值（包括直接的法律诉讼成本和间接的债务代理成本）的增加之间的差额。如果把权益代理成本考虑上，公司价值的变化就会等于债务的增加导致的债务税盾的现值的增加，加上权益减少导致的权益代理成本现值的减少，再减去破产成本的现值等三者之间的差额，考虑权益代理成本的最优负债权益比大于不考虑权益代理成本的最优负债权益比。

总之，在同时考虑破产成本和权益代理成本之后，可以对权衡理论进行修正，破产成本的存在使得负债减少，权益代理成本的存在使得负债增加，最优负债权益比最终在税盾、权益代理成本和破产成本之间进行权衡。具体情况如图 5-7 所示。

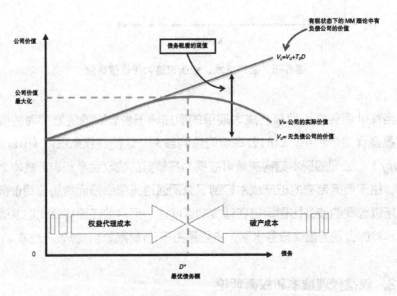

图 5-7 破产成本、权益代理成本、权衡理论和最优债务额

（三）信号传递理论和融资优序理论

1. 信号传递理论

信号传递理论认为，资产负债率是把内部信息传递给市场的信号工具，公司经营状况越好，资产负债率越高。这是因为公司收益是按照索取权的优先顺序分配的。如果公司的市场价值提高，管理者会由此受益；如果公司破产，管理者就会受到惩罚。由于在任何债务水平上，低质量公司都拥有更高的边际预期破产成

本，所以低质量公司的管理者不会仿效高质量公司进行过多的债务融资。公司可以通过调整资本结构来传递有关盈利能力和风险方面的信息，以及公司如何看待股票市价的信息。

相对于短期债务，长期债务对公司价值变动更敏感，也就是说，长期债务被错误定价的程度大于短期债务。如果债务市场不能辨别公司质量的优劣，价值被低估（高质量）的公司就会选择定价偏离程度较小的短期债务，而价值被高估（低质量）的公司就会选择定价偏离程度较大的长期债务。理性投资者在对风险性债务估价时会意识到这种现象，并根据公司债务期限结构来判断公司质量的高低。信号传递理论认为，高质量公司偏好选择短期债务向市场传递其质量类型的信号。因此，公司质量应与债务期限成反向相关关系。

进一步，按照资本结构的信号传递理论，公司价值被低估时会增加债务资本；反之，公司价值被高估时会增加股权资本。当然，公司的筹资选择并非完全如此。例如，公司有时可能并不希望通过筹资行为告知公众公司的价值被高估的信息，而可能模仿被低估价值的公司增加债务资本。

2. 融资优序理论

融资优序理论（Pecking-Order Financing Theory）认为股权融资一般存在着比较严重的逆向选择问题，这种问题会导致两种结果：①内部人只有在公司的价值被高估的时候才会发行股票，在公司的价值被低估的情况下，即使公司拥有良好的投资机会，内部人也不愿意通过发行股票进行融资，如果公司的内部资金不足，就会导致公司因融资约束而放弃投资；②当管理层发行股票进行融资时，就表明公司的价值是被高估的，投资者会意识到这个问题，在购买股票时会要求一个较高的风险溢价，以弥补可能遭受的损失。因此，逆向选择问题将导致股权融资成本远高于内部融资成本。

相对于股权融资而言，以商业银行为主要代表的债权人，通常具有较高的专业技术水平，有能力向公司要求更多的融资信息，从而减少信息不对称的程度。这样，在债务融资中的逆向选择问题相对较小。

不对称信息使公司选择的融资顺序为先内部融资；然后是外部债务融资，并且是从低风险债券到高风险债券，包括可转换债券和其他准股票（如备兑认股权证等）；最后才是外部股票融资。

融资优序理论认为公司首先从留存收益中筹措项目资金，额外的资金需求通过债务融资满足。然而公司的负债能力可能会在某一点耗竭，从而转向权益融资。因此，财务杠杆的水平根据项目的资金需求随机决定。盈利的公司由内部产生现金，这意味着外部融资的需求较少，而且由于进行公司外部融资时首先考虑债务，所以盈利的公司有较少的债务。由于公司知道在将来的不同时期，必须为有利可图的项目筹措资金，于是在当前就积累现金。这样，当项目出现时，公司就不会被迫求助于资本市场。综上分析，融资优序理论认为公司不存在目标负债权益比，这是它和权衡理论最大的区别。

（四）资本结构理论的意义

资本结构理论有利于企业进行资本结构安排，指导企业合理地利用债务融资，科学确定债务权益比，对企业筹资、经营和估值有比较大的影响。

1. 资本结构与股票定价

合理的负债会产生税盾效应，因此企业可以降低加权平均资本成本率，有利于提高企业的价值。实证研究发现，在发布增加财务杠杆公告当日，股票价格大幅度上扬；在发布减少财务杠杆公告当日，股票价格大幅度下跌。这与有税状态下的 MM 理论命题一致。市场由负债的增加推断出企业状况好转，导致股价上涨；相反，市场由负债的减少推断出企业状况转坏，导致股价下跌。因此，当管理者改变财务杠杆时，也发出了相关信息，企业资本结构的调整影响市场对其的定价。

2. 资本结构与企业特质

企业的特质与资本结构决策密切相关，企业在实际中应结合企业和行业的特性，对资本结构进行弹性调整。在有丰富的未来投资机会的高增长行业中，负债水平趋于很低（即使是在外部融资需求很大时）；拥有高比例无形资产的企业应该比主要拥有有形资产的企业持有较少的负债；经营收入不确定的企业面临财务困境的可能性较大，这些企业必须主要依靠权益来融资，发行少量债务。现实中许多企业只是基于行业的平均值来制定资本结构决策。

3. 资本结构与融资决策

在进行融资决策时，如果内部融资不足，一般来说，公司将首先选择债务融资而非权益融资，如此便能享受更低的债务资本成本率及税盾效应。但在选择债务融资时，也需要考虑自身的破产风险及权益代理成本问题，进而使得自己接近最优负债比。

● 本章小结

通过本章的学习，我们了解了有效资本市场的定义和类型，理解了有效资本市场的意义，学习了 MM 理论、破产成本、权益代理成本和权衡理论，进而了解了资本结构的意义。资本结构反映了公司的筹资安排，资本结构理论将为我们理解公司的筹资决策和估计资本成本率做好准备。

● 关键术语

有效资本市场（Efficient Capital Market）

弱型有效资本市场（Weak–Form Market Efficiency）

半强型有效资本市场（Semi–Strong–Form Market Efficiency）

强型有效资本市场（Strong–Form Market Efficiency）

资本结构（Capital Structure）

MM 理论（MM Theory）

市场时机资本结构理论（Market Timing Capital Structure Theory）

权衡理论（Trade–off Theory）

权益代理成本（Equity Agency Cost）

融资优序理论（Pecking–Order Financing Theory）

● 重要公式

无税状态下的 MM 理论的相关公式：

$$V_L = \frac{EBIT}{R_L} = V_U = \frac{EBIT}{R_U}$$

$$R_S = R_U + \frac{D}{S}(R_U - R_D)$$

$$R_L = R_{WACC} = \frac{S}{D+S} \times R_S + \frac{D}{D+S} \times R_D = R_U$$

有税状态下的 MM 理论的相关公式：

$$V_L = \frac{EBIT(1-T_C)}{R_L} = V_U + T_C D = \frac{EBIT(1-T_C)}{R_U} + \frac{T_C R_D D}{R_D}$$

$$R_S = R_U + (1-T_C)\frac{D}{S}(R_U - R_D)$$

$$R_L = R_{WACC} = \frac{S}{D+S} \times R_S + \frac{D}{D+S} \times R_D \times (1-T_C)$$

● 自测题

1. 以下关于 MM 理论结论的说法，不正确的是（　　）。

A. 存在企业所得税时，公司价值随着财务杠杆（负债）的增加而增加

B. 不存在企业所得税时，企业负债增加，企业的权益资本成本率也随之增加

C. 不存在企业所得税时，公司价值与资本结构无关

D. 存在企业所得税时，企业负债增加，企业的权益资本成本率随之降低

正确答案：D。存在企业所得税时，企业负债增加，企业的权益资本成本率随之增加。

2. 资本结构理论中的（　　）认为，债务既具有税值效应，又会带来财务风险。

A. 融资优序理论

B. 信号传递理论

C.MM 理论

D. 权衡理论

正确答案：D。权衡理论认为，债务既具有税值效应，又会带来财务风险。

3. 以下关于融资优序理论的说法不正确的是（　　）。

A. "先债后股"是因为债权人对信息更敏感

B. 融资优序理论是基于信息不对称的理论

C. "先内后外"是因为内源融资没有信息不对称

D. 发行无风险债务不会受到信息不对称的影响

正确答案：A。"先债后股"是因为权益资本成本率大于债务资本成本率。

4. 当企业濒临破产时，由于股东和债权人在破产时的利益冲突，掌握企业控制权的股东可能更愿意选择对企业价值有不利影响的高风险投资，这种现象称为投资过度问题。（ ）

A.×

B.√

正确答案：B。破产成本理论认为股东及债权人的利益冲突会使得股东出现自利的过度投资行为。

5. 某公司将在以下两种资本结构中做出选择：（1）没有债务，全部通过权益工具进行融资；（2）负债权益比为 0.45 的资本结构。假定公司预期的 EBIT 小于 EBIT 临界点，以下关于资本结构的叙述中，正确的是（ ）。

A. 基于以上信息，无法做出判断

B. 选择完全权益资本结构，因为预期的 EBIT 数值小于 EBIT 临界点

C. 选择有杠杆的资本结构，因为其负债权益比小于 0.5

D. 选择完全权益资本结构，因为负债权益比小于 0.5

正确答案：B。因为预期的 EBIT 小于 EBIT 临界点，说明公司没有必要选择负债融资，完全权益融资时的每股收益更高。

● 案例讨论及分析

案例一：福耀玻璃

福耀玻璃成立于 1987 年，于 1993 年在上海证券交易所挂牌上市，是国内规模较大、技术水平高、出口量大的汽车玻璃生产供应商。该公司主营业务范围包括汽车玻璃、装饰玻璃和其他工业技术玻璃的生产、安装以及售后服务。为了使案例研究的结论具有典型性，案例公司必须具有一定的代表性。本文选择福耀玻璃作为案例研究对象，主要有 5 个方面的原因：①处于相对成熟的玻璃制造业，行业竞争较为充分。②属于非国有企业，股权结构相对分散，可以避免国有控股或"一股独大"所带来的公司治理问题。③自上市以来，主业突出，经营稳健，盈利稳定，没有进行过大规模的资产重组和非主业投资，可以认为没有明显投资不足或投资过度。④自上市

以来一直具有相对明确的股利支付政策。⑤上市较早，有尽可能广的数据范围。

1. 资产规模和资本结构。

资产规模从 1993 年底的 3.8 亿元，增加到 2018 年底的 168.8 亿元，年均增长率为 16.39%。期间，资产除 1999 年、2008 年和 2009 年较上年有略微下降之外，其余年度均保持增长。资产负债率（账面）各年变化较大，最低为 39%（1993 年），最高为 67%（2002 年），从 1998 年年底至 2018 年年底，并扣除 1999 年、2008 年、2009 年这 3 年，资产负债率平均值为 55.8%。

2. 盈利变动情况。

营业收入从 1993 年的 1.7 亿元，增长到 2018 年的 129.3 亿元，年均增长率为 18.92%。年增长率同比较高的年度分别是 1997 年（47.2%）、2003 年（54.2%）和 2010 年（40%）。自 2010 年以来，营业收入增长率出现明显下滑趋势。

净利润从 1993 年的 0.6 亿元，增加到 2018 年的 22.2 亿元，年均增长率为 20%。盈利变化在多数情况下与宏观经济周期变化基本吻合。只有在 1995 年和 1998 年（亚洲金融危机期间）出现亏损，在 2008 年（世界金融危机期间）利润出现大幅度下滑。净资产收益率大多数年度保持在 20% ~ 30%，其变化趋势和净利润的变化趋势基本一致，平均值为 20%。

3. 投资支出、股利政策、对外融资状况。

（1）投资支出。从投资现金流看，投资明显减少的两个时间区间（和相邻年度相比）分别是亚洲金融危机发生期间的 1998 年以及世界金融危机发生期间的 2008—2009 年，其余年度的投资都保持了较高的增速或维持较高的水平。

（2）股利政策。公司自上市以来，一直秉承高分红政策，截至 2018 年底，总计现金分红 7 亿元。1993—2004 年的 22 年里，只有 8 年没有分红，其余 14 年都有 30% ~ 110% 的股利支付率的分红。分红年度的平均股利支付率高达 57%，所有年度的平均股利支付率都在 36% 以上。

（3）对外权益融资。1992 年 IPO 融资 0.17 亿元之后，在 1993 年和 1994 年分别进行了两次配股融资，融资额分别为 0.52 亿元和 0.63 亿元，在 2003 年增发股票融资 5.6 亿元。含 IPO 融资在内，截至 2018 年年底外部权益融资总额为 6.9 亿元。

（4）净债务融资。债务融资是公司对外融资的主要方式，各年净债务融资额大体呈逐年增加态势。公司只有在 2009 年偿还了 14 亿元的债务，使其负债绝对值减少了。截至 2018 年年底，负债总计为 80.7 亿元。

4. 资本结构变化。

从福耀玻璃 1993—2018 年资本结构的总体变化轨迹可以看出，虽然福耀玻璃的资产负债率在不同年度的差异较大，但是总体在合理区间波动。高于均值过多时，会向下调整；低于均值过多时，会向上调整。

从福耀玻璃各年资本结构调整情况看，当实际资产负债率偏离目标水平时，多数年份并不是进行趋向调整，而是进行背离调整。趋向调整的年度只有 6 年（分别是 1995 年、2003 年、2006 年、2009 年、2011 年和 2014 年），其中 1995 年、2003 年和 2009 年资产负债率分别调整到目标水平，是一次调整到位（调整速度极快），而不是逐步趋向调整。福耀玻璃其余年度的资产负债率基本都处于背离调整状态。福耀玻璃资本结构遵循权衡理论的调整路径（趋向调整—达到目标水平—背离调整—趋向调整）是通过多数年份的慢速背离调整和少数年份的快速趋向调整实现的。总之，福耀玻璃资本结构调整行为总体符合权衡理论的预期。但是，分年度看，资本结构调整只有少数年度为趋向调整，而多数年度为背离调整。资本结构的调整总体符合权衡理论预期，是多数年度慢速背离调整和少数年度快速趋向调整的结果。

福耀玻璃只有在 2009 年出现财务盈余，其余各年均处于财务缺口状态。从弥补财务缺口的方式看，福耀玻璃只是在 1993 年、1995 年和 2003 年通过股权融资对缺口进行了部分弥补，其余年份均以负债融资方式弥补。出现财务盈余的 2009 年，公司偿还 14 亿元借款，降低了资产负债率。在进行股权融资的 3 个年度中，1993 年和 1995 年在上年资产负债率并不高的情况下，采用了配股融资。2003 年采用股权融资，一方面是由于上年资产负债率已经处于 67% 的较高水平，另一方面是由于当年资本支出比上年增长 1.96 倍，达到 12.2 亿元，如果公司只是采用负债融资，资产负债率将达到 72%，会超过制造业公认的 70% 临界点，可以认为达到举债能力的极限。

总体来说，融资优序理论除不能解释福耀玻璃 1993 年和 1995 年融资行为之外，可以解释其余年度融资行为和资本结构调整方式。总体来说，财务缺口的大小可以认为是驱动福耀玻璃资本结构调整的主要因素。

思考（1）：当福耀玻璃的资产负债率高于目标水平时，向下调整资产负债率的方式有哪两种？这两种调整是否符合权衡理论和融资优序理论的预期？

参考答案：

向下调整资产负债率可以采用两种方式（二者可以兼用）：①减少（或回收）投

资和股利支付，缩小财务缺口或产生财务盈余；②进行外部股权融资。

采用第一种方式，如果公司仍处于扩张期，就会使投资政策和融资政策发生冲突。由于此时融资政策的重要性大于投资政策，该方式是扩张期公司在没有合适的外部股权融资机会情况下被迫采用的一种措施，所以不会经常采用；但为了给将来债务融资留下足够空间，向下调整资产负债率的幅度会较大。

采用第二种方式，公司需要进行成本较高的外部股权融资，这样可以兼顾投资政策、股利政策和融资政策。但是，由于一般情况下外部股权融资成本高且对各方利益影响较大，以这种方式调整资本结构相对少见。

这两种调整方式，一般情况下同时符合权衡理论和融资优序理论的预期。

思考（2）：当福耀玻璃的资产负债率低于目标水平时，公司仍旧可能向下调整资本结构（或者一直保持低负债状态）。出现这种调整一般有哪两种情况？这两种情况下的资本结构调整方式是否符合权衡理论和融资优序理论的预期？

参考答案：

在公司资产负债率低于目标水平时，有些公司仍旧可能向下调整资本结构（或者一直保持低负债状态）。出现这种调整一般有两种情况：①财务缺口缩小或出现（保持）财务盈余，从而使负债增量或存量减少。这种情况一般在公司经营情况良好且没有大规模资本性支出情况下发生，常用于短期但不可持续。只有在持续高盈利且投资机会不多的公司中，这种调整方式会相对常见。②公司通过权益融资"囤积"举债能力。这种情况常见于公司考虑到将来会有大的资本性支出且证券市场较热时，此时采用股权融资主要是为了避免将来资产负债率过高。

这两种情况下的资本结构调整方式，都不符合权衡理论的预期。第一种情况如果持续出现，一般是由于长期缺乏良好投资机会造成的。此时，公司不会单纯为了调整资本结构而投资净现值为负的项目。这一情形可以解释一些高盈利公司持续维持低负债或零债务状态的典型事实。采用第二种方式，公司需要进行成本较高的外部股权融资，这样可以兼顾投资政策、股利政策和融资政策。但是，由于一般情况下股权融资成本高且对各方利益影响较大，以这种方式调整资本结构相对少见。

总体来说，这种方式的资本结构调整，是在资本结构趋向调整给公司带来的价值增加不足以弥补过度投资带来的价值损失情况下发生的，不符合权衡理论的预期，但符合融资优序理论的预期。

案例二：大宇集团

韩国企业集团大宇集团于 1999 年 11 月 1 日向新闻界正式宣布，该集团董事长金宇中以及 14 名下属公司的总经理决定辞职，以表示"对大宇集团的债务危机负责，并为推行结构调整创造条件"。韩国媒体认为，这意味着"大宇集团解体进程已经完成""大宇集团已经消失"。

大宇集团于 1967 年开始奠基立厂，其创办人金宇中当时是一名纺织品推销员。经过 30 年的发展，通过政府的政策支持、银行的信贷支持和在海内外的大力并购，大宇集团形成了庞大的商业帝国：1998 年年底，总资产高达 640 亿美元，营业额占韩国 GDP 的 5%；业务涉及贸易、汽车、电子、机械、化纤、造船等众多行业；国内所属企业曾多达 41 家，海外公司数量创下 600 家的纪录，鼎盛时期，海外雇员多达几十万人，"大宇"成为国际知名品牌。大宇集团是"章鱼足式"扩张模式的积极推行者，其认为企业规模越大，就越能立于不败之地，即所谓的"大马不死"。据报道，1993 年金宇中提出"世界化经营"战略时，大宇集团在海外的企业只有15 家，而到 1998 年年底已增至 600 多家。让韩国人称奇的是：在韩国陷入金融危机的 1997 年，大宇集团不仅没有被危机困住，反而在韩国国内的集团排名中由第 4位上升到第 2 位，金宇中本人也被美国《幸福》杂志评为亚洲风云人物。

1997 年底韩国发生金融危机后，其他企业集团开始收缩，但大宇集团仍然大规模扩张，结果债务越背越重。尤其是 1998 年年初，韩国政府提出"五大企业集团进行自律结构调整"方针后，其他集团把结构调整的重点放在改善财务结构方面，努力减轻债务负担。大宇集团却认为，只要提高开工率、增加销售额和出口就能躲过这场危机。因此，它继续大量发行债券，进行"借贷式经营"。1998 年大宇集团发行的公司债券达 7 万亿韩元（约 58.33 亿美元）。1998 年第四季度，大宇集团的债务危机已初露端倪，在各方援助下才避过债务灾难。此后，在严峻的债务压力下，大宇集团虽做出了种种努力，但为时已晚。1999 年 7 月中旬，大宇集团向韩国政府发出求救信号；7 月 27 日，大宇集团因"延迟重组"，被韩国 4 家债权银行接管；8 月 11 日，大宇集团在压力下屈服，低价出售两家出现财务问题的公司；8 月 16 日，大宇集团与债权人达成协议，在 1999 年年底前，将出售盈利最佳的大宇证券公司，以及大宇电器、大宇造船、大宇建筑公司等，其汽车项目资产免遭处理。"8 月 16日协议"的达成，表明大宇集团已处于破产清算前夕，遭遇"存"或"亡"的险境。

由于在此后的几个月中，经营依然不善，资产负债率仍然居高，大宇集团终不得不走向本案例开头所述的那一幕。

思考：从资本结构的角度分析大宇集团为什么会倒下。

参考答案：

在大宇集团轰然坍塌的背后，存在的问题固然是多方面的，但不可否认有财务杠杆的消极作用。大宇集团在政府政策和银行信贷的支持下，走上了"举债经营"之路，试图通过大规模举债，达到大规模扩张的目的，最后实现"市场占有率至上"的目标。1997年亚洲金融危机爆发后，大宇集团已经显现出经营上的困难，其销售额和利润均不能达到预期，而与此同时，金融机构又开始收回短期贷款，政府也无力给它更多支持。

1998年年初韩国政府提出"五大企业集团进行自律结构调整"方针后，其他集团把结构调整的重点放在改善财务结构方面，努力减轻债务负担。但大宇集团认为，只要提高开工率、增加销售额和出口就能躲过这场危机。因此，它继续大量发行债券，进行"借贷式经营"。正由于经营上的不善，加上资金周转上的困难，韩国政府于1999年7月26日下令债权银行对大宇集团进行结构调整，以加快这个负债累累的集团的解散速度。由此可见，大宇集团的举债经营所产生的财务杠杆效应是消极的，不仅难以提高企业的盈利能力，反而使企业因巨大的偿付压力陷于难以自拔的财务困境。从根本上说，大宇集团的解散，是其财务杠杆消极作用影响的结果。

财务杠杆是一把双刃剑，利用财务杠杆，可能产生好的效果，也可能产生坏的效果。当息税前利润率大于债务利息率时，能取得财务杠杆利益；当息税前利润率小于债务利息率时，会产生财务风险。能使企业价值最大化的资本结构才是最优的，企业财务管理人员应通过合理安排资本结构、适度负债来取得财务杠杆利益，控制财务风险，实现企业价值最大化。过度负债代表企业要负担较多的债务成本，也要经受财务杠杆作用所引起的普通股收益变动较大的冲击。一旦企业息税前利润下降，企业的普通股收益就会下降得更快，当息税前利润不足以支付固定利息支出时，就会出现亏损，如果不能及时扭亏为盈，企业就可能会破产。亚洲金融危机是大宇集团扛不下去的导火索，而真正的危机是其债台高筑、大举扩张。

第 **6** 章

资本成本率估计

基本概念
有效投资组合
资本市场线 — 投资组合理论
系统性风险
证券市场线
资本资产定价模型的应用 — 资本资产定价模型

资本成本率估计 — 预计资本成本率

确定目标资本结构
预计负债资本成本率
预计权益资本成本率
一些调整项目
计算加权平均资本成本率

扫码即可观看
本章微视频课程

本章知识背景和学习目的

　　资本成本率是公司估值的重点，如何估计资本成本率则是本章的核心内容。本章将结合第 5 章的资本结构理论，及本章的投资组合和资本资产定价模型，介绍如何对资本成本率进行有效估计。我们需要了解投资组合的构建及投资组合的意义，理解投资组合的边界及有效投资组合的理论，以便更好地理解风险和收益之间的关系以及资本市场线的应用。在理解了有效投资组合和资本市场线之后，我们将学习资本资产定价模型，并运用资本资产定价模型估计权益资本成本率。最后，我们将应用上述理论和知识，学习如何运用加权平均资本成本率法有序地估计公司的资本成本率，以理解公司的目标资本结构、估算负债资本成本率和权益资本率成本，进而为相关的投资和融资决策服务。

本章学习要点

1. 了解有效投资组合的基本概念；
2. 理解有效投资组合和资本市场线的内涵和应用；
3. 理解资本资产定价模型和证券市场线的内涵和应用；
4. 掌握系统性风险的计算、利用资本资产定价模型估算权益资本成本率；
5. 熟练掌握加权平均资本成本率的计算步骤和计算方式。

（一）基本概念

在本节，我们将首先学习收益和风险的基本概念及度量，这是学习有效投资组合和资本资产定价模型的基础性知识。

1. 收益率

（1）算术收益率。算术收益率的计算公式如下。

$$r_t = \frac{P_t - P_{t-1}}{P_{t-1}}$$

其中，P_t 是 t 期的收盘价，P_{t-1} 是 $t-1$ 期的收盘价，r_t 是 t 期的算术收益率。

（2）对数收益率。对数收益率的计算公式如下。

$$r_t = \text{Ln}(\frac{P_t}{P_{t-1}})$$

其中，P_t 是 t 期的收盘价，P_{t-1} 是 $t-1$ 期的收盘价，r_t 是 t 期的对数收益率。取对数可以让数据更平稳，但是不会改变数据间的相关关系，同时还削弱了数据的异方差和共线性，有利于计算。对数收益率通常小于算术收益率，除非每期的收益率相等。

算术收益率有时不能正确地反映一个投资的收益率。比如，一只股票的股价今年涨了 50%，明年跌了 50%，它的算数收益率为 0；但事实上，两年后该投资亏损了最初资金的 25%。对数收益率由于具备可加性，它的均值可以正确反映投资的真实收益率。这两年的对数收益率分别为 40.5% 和 −69.27%，平均值为 −28.77%，转换为百分比，损益就是 $e^{-28.77\%} - 1 = -25\%$。

（3）持有收益率。

持有收益率是投资者持有投资经过 n 期之后获得的收益率，其计算公式如下。

$$\text{持有收益率} = \prod_{t=1}^{n}(1+r_t)-1$$

例如，在过去的 3 年中，每年的收益率分别为 11%、–5% 和 9%，则 3 年的持有收益率的计算过程如下。

$$\begin{aligned}\text{持有收益率} &= (1+r_1)\times(1+r_2)\times(1+r_3)-1\\&=(1+11\%)\times(1-5\%)\times(1+9\%)-1\\&=1.15-1=0.15=15\%\end{aligned}$$

（4）期望收益率。

期望收益率是指持有一种股票的投资者期望在下一个时期能获得的收益率。当然这仅仅是一种期望，实际收益率可能比其高或比其低。因此，单个证券的期望收益率可以简单地通过在过去从这一证券所获得的平均收益率来表示。

$$E(r)=\frac{r_1+r_2+\cdots+r_t}{t} \quad \text{或} \quad E(r)=\sum_{i=1}^{n}k_i r_i$$

其中，$E(r)$ 是期望收益率，r_t 是 t 期的收益率，t 是期数；k_i 是情境 i 发生的概率，r_i 是情境 i 下的收益率。

2. 风险

评价证券收益变动的方法有很多，其中常用的指标有方差和标准差。方差和标准差都可以计量资产报酬率的波动水平，波动水平越高，说明不确定性越大，风险越大；潜在的回报越大，风险就越大。承担风险是有回报的，要想得到的回报越大，需要承担的风险就越高，这就是风险 – 收益权衡法则。

方差和标准差不但可以度量单一证券收益的变动程度，而且可以度量投资组合收益的变动程度，是比较好的衡量风险的指标。方差（σ^2）是一种证券的收益与其平均收益的离差的平方和的平均数，标准差是方差的平方根（σ），方差计算公式如下。

$$\sigma^2=\frac{\left[r_1-E(r)\right]^2+\left[r_2-E(r)\right]^2+\cdots+\left[r_t-E(r)\right]^2}{t} \quad \text{或} \quad \sigma^2=\sum_{i=1}^{n}k_i\left[r_i-E(r)\right]^2$$

3. 单个证券的风险与收益

假设财务分析人员坚信宏观经济将出现四种状况：萧条、衰退、正常、繁荣，每种状况出现的可能性相同，均为 25%。A 公司股票的期望收益状况与宏观经济状况基本一致，而 B 公司股票的期望收益状况并非如此。两个公司的收益预测如表 6-1 所示。

表 6-1　两个公司的收益预测

经济情况	A 公司 R_{At}（%）	B 公司 R_{Bt}（%）
萧条	-20	5
衰退	10	20
正常	30	-12
繁荣	50	9

方差和标准差的计算分为四个步骤，计算结果如表 6-2 所示。计算步骤如下。

表 6-2　方差和标准差计算情况

经济情况	收益率	收益率的离差	离差平方
A 公司	R_{At}	（$R_{At}-R_{A}$）	（$R_{At}-R_{A}$）^{2}
萧条	-0.20	-0.375	0.140 625
衰退	0.10	-0.075	0.005 625
正常	0.30	0.125	0.015 625
繁荣	0.50	0.325	0.105 625
总和		0	0.267 500
B 公司	R_{Bt}	（$R_{Bt}-R_{B}$）	（$R_{Bt}-R_{B}$）^{2}
萧条	0.05	-0.005	0.000 025
衰退	0.20	0.145	0.021 025
正常	-0.12	-0.175	0.030 625
繁荣	0.09	0.035	0.001 225
总和		0	0.052 900

（1）计算期望收益率。

A 公司：$E(r_A) = \overline{R_A} = \dfrac{-0.2+0.10+0.30+0.50}{4} \times 100\% = 0.175 \times 100\% = 17.5\%$

B 公司：$E(r_B) = \overline{R_B} = \dfrac{0.05+0.20-0.12+0.09}{4} \times 100\% = 0.055 \times 100\% = 5.5\%$

（2）分别计算每个公司的可能收益率与其期望收益率的离差。

（3）所计算的离差反映了收益的变动性。无论如何，有些离差是正数，有些是负数，对单个公司来说，这些离差的总和等于零，因此难以说明其真正的含义。为了使离差具有更明确的意义，我们求出各个离差的平方，使得所有的离差以平方的形式成为正数，这样这些离差平方的和也是正数。

（4）计算每个公司离差平方和的平均数，即方差，如下。

A 公司：$\sigma_A{}^2 = (0.140\,625 + 0.005\,625 + 0.105\,625 + 0.105\,625) \div 4 = 0.066\,875$

B 公司：$\sigma_B{}^2 = (0.000\,025 + 0.021\,025 + 0.030\,625 + 0.001\,225) \div 4 = 0.013\,225$

（5）计算每个公司收益的标准差，如下。

A 公司：$\sigma_A = \sqrt{0.066\,875} = 0.258\,6$

B 公司：$\sigma_B = \sqrt{0.013\,225} = 0.115$

4. 协方差和相关系数

方差和标准差度量的是单个股票收益的变动性。现在，我们希望度量一种股票收益与另外一种股票收益的相互关系。更准确地说，我们需要建立一种能度量两个变量相互关系的统计指标，这就是协方差 (Covariance) 和相关系数 (Correlation)，这也是理解贝塔系数的基础。

我们前面计算了两个公司可能的收益与其期望收益之间的离差。根据以上数据，我们可以分两步计算协方差，分三步计算相关系数。

（1）计算离差的乘积。

对应每一种经济状况，将两个公司可能的收益与其期望收益之间的离差相乘，公式如下。

$$(R_{At} - \overline{R_A})(R_{Bt} - \overline{R_B})$$

式中，R_{At} 为 A 公司的股票在某种经济状况下的收益率；$\overline{R_A}$ 为 A 公司股票的期望收益率；R_{Bt} 为 B 公司的股票在某种经济状况下的收益率；$\overline{R_B}$ 为 B 公司股票的期望收益率。

（2）计算协方差。

求出两个公司可能的收益率与其期望收益率之间离差的乘积之和（见表6-3），然后除以观测点个数（四种可能的经济状况）或观测值个数（四个离差乘积），就得出协方差。

表6-3　协方差计算

经济情况	收益率 （R_{At}）	收益率的离差 （$R_{At}-R_A$）	收益率 （R_{Bt}）	收益率离差 （$R_{Bt}-R_A$）	两个离差的乘积 （$R_{At}-R_A$）（$R_{Bt}-R_B$）
萧条	−0.20	−0.375	0.05	−0.005	0.001 875
衰退	0.10	−0.075	0.20	0.145	−0.010 875
正常	0.30	0.125	−0.12	−0.175	−0.021 875
繁荣	0.50	0.325	0.09	0.035	0.011 375
总和					−0.019 5

A公司和B公司的协方差：$\sigma_{AB}=\text{COV}(R_A, R_B)=\dfrac{-0.019\ 5}{4}=-0.004\ 875$。

协方差的符号（正或负）反映了两个公司股票收益的相互关系。如果两个公司的股票收益呈同步变动态势，即股票收益在任何一种经济状况下同时上升或同时下降，协方差为正值；如果两个公司的股票收益呈非同步变动态势，即股票收益在任何一种经济状况下一升一降，协方差为负值。实际上，在任何经济状况下，如果两个公司股票的可能收益都高于或低于各自的期望收益，表明两个公司股票的收益呈正向变动关系，协方差为正值。反之，在任何经济状况下，如果两个公司股票的可能收益一个高于其期望收益，而另一个低于其期望收益，表明两个公司股票的收益呈反向变动关系，协方差为负值。

如果两个公司股票收益没有关系，了解和掌握A公司的收益是否高于或低于其期望收益无助于了解和掌握B公司股票的收益。在这种情况下，根据协方差的公式，协方差等于零；或者说，由于两个公司股票收益离差的乘积有正有负，总平均后相互抵消，所以协方差等于零。

协方差的计算公式如下。

$\sigma_{AB}=\text{COV}(R_A, R_B)=[(R_{At}-R_{At})(R_{Bt}-R_B)]$的期望值

$\qquad =\sum(R_{At}-R_A)(R_{Bt}-R_B)\times$两个离差同时发生的概率

值得指出的是，两个变量的先后顺序并不重要。也就是说，A和B的协方

差等于 B 和 A 的协方差，公式如下。

$$\sigma_{AB} = \sigma_{BA} = COV(R_A, R_B) = COV(R_B, R_A)$$

（3）计算相关系数。

相关系数等于两个公司股票收益的协方差除以两个公司股票收益的标准差的乘积，公式如下。

$$\rho_{AB} = Corr(R_A, R_B) = \frac{COV(R_A, R_B)}{\sigma_A \times \sigma_B} = \frac{-0.004\,875}{0.258\,6 \times 0.115} = -0.163\,93$$

同理，在计算相关系数时，两个变量的先后顺序并不重要。也就是说，A 和 B 的相关系数等于 B 和 A 的相关系数，如下。

$$\rho_{AB} = \rho_{BA} = Corr(R_A, R_B) = Corr(R_B, R_A)$$

因为标准差总是正值，所以相关系数的符号取决于两个变量的协方差的符号。如果相关系数为正，两个变量之间为正向变动关系；如果相关系数为负，两个变量之间为反向变动关系；如果相关系数为零，两个变量之间没有相关关系。相关系数总是界于 +1 和 –1 之间。两种资产收益之间的相关系数等于 1、–1 或 0 时，即表明两种资产的收益完全正相关、完全负相关或完全不相关，当两种资产的收益完全正相关或完全负相关时，其关系为线性相关的关系。

我们可以比较不同的两组证券的相关系数。例如，通用汽车公司和福特公司股票收益的相关系数大于通用汽车公司和 IBM 公司股票收益的相关系数。因此，我们可以说：第一组股票收益之间的相关程度大于第二组股票收益之间的相关程度。

（二）有效投资组合

在学习了上述基本概念之后，我们来进一步学习投资组合的思想。设想一个投资者已经估计出每个证券的期望收益、标准差和这些证券两两之间的相关系数，那么投资者应该如何选择证券构成最佳的投资组合呢？显然，投资者偏好选择一个具有高期望收益、低标准差的投资组合。因此，以下问题值得我们考虑。

（1）每个证券的期望收益与由这些证券构成的投资组合的期望收益之间的相互关系。

（2）每个证券的标准差、这些证券之间的相关系数与由这些证券构成的投资组合的标准差之间的相互关系。

为了分析上述两个关系，我们仍然使用 A 公司和 B 公司的例子。根据前面的计算，A 公司和 B 公司的有关数据如表 6-4 所示。

表 6-4　A 公司和 B 公司的相关数据

项目	符号	数值
A 公司的期望收益率	R_A	17.5%
B 公司的期望收益率	R_B	5.5%
A 公司的方差	σ_A^2	0.066 875
B 公司的方差	σ_B^2	0.013 225
A 公司的标准差	σ_A	0.258 6
B 公司的标准差	σ_B	0.115
A 公司和 B 公司的协方差	σ_{AB}	− 0.004 875
A 公司和 B 公司的相关系数	ρ_{AB}	− 0.163 93

1. 投资组合的期望收益率

计算投资组合的期望收益率的公式十分简单：组合的期望收益率是构成组合的各个证券的期望收益率的简单加权平均数。A 公司和 B 公司这两种证券组合的期望收益率（R_P）的计算公式如下。

$$组合的期望收益率 = R_P = X_A \times R_A + X_B \times R_B$$

式中，X_A 是 A 公司的股票在投资组合中的比例，X_B 是 B 公司的股票在投资组合中的比例，$X_A + X_B = 100\%$。

假如投资者有 100 美元，并决定将其中 60 美元投资于 A 公司，40 美元投资于 B 公司，则这一投资组合的期望收益率如下。

$$组合的期望收益率 = R_P = 0.6 \times 17.5\% + 0.4 \times 5.5\% = 12.7\%$$

2. 投资组合的方差和标准差

由 A 和 B 两种证券构成的投资组合的方差（σ_P）如下。

$$\sigma_P^2 = X_A^2 \sigma_A^2 + 2X_A + X_B \sigma_{AB} + X_B^2 \sigma_B^2$$

注意到投资组合方差的计算公式由三项构成：第一，证券 A 的方差 σ_A^2；第二，证券 A 和证券 B 的协方差 σ_{AB}；第三，证券 B 的方差 σ_B^2。上述公式表明：投资组合的方差取决于组合中各种证券的方差和每两种证券之间的协方差。每种证券的方差度量每种证券收益的变动程度，每两种证券之间的协方差度量两种证券收益之间的相互关系。在证券方差给定的情况下，如果两种证券收益之间相互关系或协方差为正，组合的方差就上升；如果两种证券收益之间的相互关系或协方差为负，组合的方差就下降。如果所持有的两种证券中，当一种证券的收益上升，另一种证券的收益下降时，这种"套头交易"会使得资产组合的整体风险降低。但是，如果所持有的两种证券的收益同时上升或同时下降，就无法实现"套头交易"，导致您的投资组合的整体风险就会更高。

我们仍然使用 A 公司和 B 公司的例子。如果你拥有 100 美元，其中 60 美元投资于 A 公司，X_A=0.6；40 美元投资于 B 公司，X_B=0.4。这一投资组合的方差和标准差如下。

$$\sigma_p^2 = X_A^2 \sigma_A^2 + 2X_A X_B \sigma_{AB} + X_B^2 \sigma_B^2$$

$$= 0.36 \times 0.066\,875 + 2 \times 0.6 \times 0.4 \times (-0.004\,875) + 0.16 \times 0.13\,225$$

$$= 0.023\,851$$

$$\sigma_p = \sqrt{0.023\,851} = 0.154\,4 = 15.44\% < x_A \sigma_A + x_B \sigma_B = 0.6 \times 0.258\,6 + 0.4 \times 0.115 = 20.12\%$$

我们可以发现组合的标准差小于组合中各个证券标准差的加权平均数。A 公司与 B 公司这两种股票的收益之间呈弱反向相关关系：当 B 公司的收益超过其平均收益时，A 公司的收益可能略低于其平均收益；同样，当 A 公司的收益超过其平均收益时，B 公司的收益可能略低于其平均收益。因此，组合的协方差为负，产生了对冲的作用，由这两种证券构成的组合的标准差就小于这两种证券标准差的加权平均数。一般来说，两种证券构成投资组合时，只要 $\rho_{AB} < 1$，投资组合的标准差就小于这两种证券各自标准差的加权平均数；当 $\rho_{AB} = 1$ 时，投资组合收益的标准差正好等于组合中各个证券收益的标准差的加权平均数；若投资组合包含的股票多于两只，通常情况下，投资组合的风险将随所包含股票的数量的增加而降低。

3. 投资组合的有效集

进一步，图 6-1 显示了 A 公司和 B 公司这两种证券组合的期望收益率和标准差的分布。图中 A 点代表 A 公司的期望收益率和标准差，B 点代表 B 公司的期望收益率和标准差。我们在图中用一个小方格"□"表示投资 60% 于 A 公司的股票和投资 40% 于 B 公司的股票这样一个投资组合的期望收益率和标准差。这样一个投资组合只是我们能够策划出的无限多个投资组合（图中用"•"表示）中的一个，无限多个投资组合所形成的集合表现为图 6-1 中的曲线。

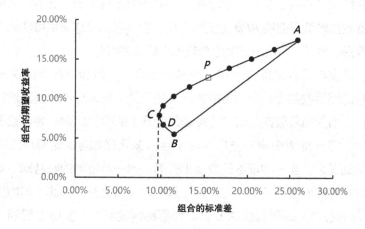

图 6-1　投资组合的风险 - 收益

首先，图 6-1 具有以下一系列重要的含义。

首先，只要组合中的证券的两两相关系数小于 1，组合多元化效应将发生作用。A 公司与 B 公司这两种证券的相关系数（ρ_{AB}）等于 -0.163 93，通过比较图 6-1 中的直线 *AB*、点 *A* 和点 *B*，组合多元化效应就显示出来了。实际上，直线 *AB* 代表在两种证券的相关系数（ρ_{AB}）等于 1 的情况下的各种可能的组合。显而易见，在任意一个风险（标准差）水平上，曲线 *APB* 上的投资组合的期望收益都高于直线 *AB* 上的投资组合的期望收益。

虽然图 6-1 同时展示曲线和直线，但是它们不会同时出现在同种情况下。或者 ρ_{AB}=-0.163 93 和曲线存在，或者 ρ_{AB}=1 和直线存在。换言之，虽然一个投资者可以在 ρ_{AB}=-0.163 93 的情况下选择曲线上的不同的点或组合，但是不能在曲线上的点和直线上的点之间做选择。

其次，曲线 *APB* 代表着一个投资者考虑投资于由 A 公司的股票与 B 公司的股票所构成的各种可能的组合，即面临着投资的"机会集"（Opportunity

Set）或"可行集"（Feasible Set）。换言之，投资者可以通过合理地构建这两种证券的组合而获得曲线上的任意一点。但是，投资者不可能获得曲线上方的任意一点，因为投资者不可能提高某些证券的收益，降低某些证券的标准差，或降低两种证券之间的相关系数。同理，投资者也不可能获得曲线下方的任意一点，因为投资者不可能降低某些证券的收益，提高某些证券的标准差，或提高两种证券之间的相关系数。当然，即使投资者有可能这样做，他们也不愿意获得曲线下方的点或组合，因为曲线 APB 下方所有的点，在相同的风险水平上的期望收益均低于曲线 APB 上的所有点。投资者如果想要尽可能地规避风险，他将选择组合 C，即最小方差组合或最小标准差组合。

再次，B 点与 C 点之间是一段"弓形的曲线"。投资可行集的这一段表明：当组合的期望收益上升时，相应的标准差下降。有人经常会提出这样的问题："为什么增加风险较高的资产（A 公司股票）的投资比例，会导致组合风险下降呢？"这一令人惊奇的发现是由于组合多元化效应。这两种证券的收益呈反向变动关系，当一种证券的收益上升时，另一种证券的收益却下降；反之，当一种证券的收益下降时，另一种证券的收益却上升。因此，增加少量投资于 A 公司的股票，对于仅仅由 B 公司股票构成的组合，实际上起到"套头交易"的作用，即组合的风险下降了，并使曲线呈现"弓形"。事实上，只要 $\rho_{AB} \leq 0$，弓形的曲线就会出现。当 $\rho_{AB} > 0$，弓形的曲线可能出现，也可能不出现。显然，弓形的曲线只出现一段，当投资者继续提高在 A 公司股票的投资比例后，A 公司股票较高的标准差最终导致组合整体的标准差上升。

最后，没有投资者会持有一个期望收益率低于最小方差组合的期望收益率的组合。例如，没有投资者愿意选择组合 D。对比最小方差组合 C，投资组合 D 的期望收益率较低，但标准差较高。因此我们说像组合 D 这一类组合受到最小方差组合的支配，地位低于最小方差组合 C。虽然从 B 点至 A 点的整段曲线被称为"可行集"，但是投资者只会考虑从最小方差组合 C 至 A 点这段曲线上的投资组合。正因如此，从最小方差组合 C 至 A 点这段曲线（APC）被称为"有效集"（Efficient Set）或"有效边界"（Efficient Frontier）。

如果增加投资组合里的股票数量，画出来的投资组合图和图 6-1 是类似的，我们能够得到类似的有效边界，只是组合里的股票数量越多，我们就必须依靠计算机来模拟投资机会集和有效边界。而且当相关系数变化时，组合的收益和方差之间的曲线随之不同：相关系数越小，曲线越弯曲。当相关系数逼

近 –1 时，曲线的弯曲度最大。

4. 最优投资组合

现在，我们知道了以两只股票（两个风险资产）构成的投资组合是存在有效边界的，在有效边界上我们可以根据风险偏好选择适合自己的投资组合。那么有效边界上的投资组合就是我们能够选择的最优投资组合吗？不是。接下来，我们寻找最优投资组合，最优投资组合如图 6-2 所示。

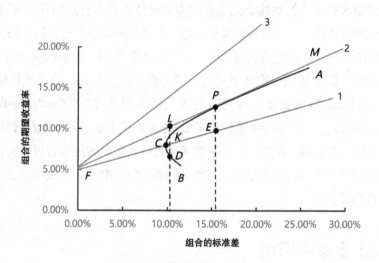

图 6-2　最优投资组合

资本市场中既存在股票这类风险资产，也存在国债这类风险较小（因风险很小，此处假设无风险）的资产。对于国债来说，其期望收益率，即无风险利率，是固定的，因此标准差也是 0。图 6-2 里的 F 点，代表的就是无风险资产的标准差和期望收益率（0，5%）。由 F 点可以引出无数条直线，如直线 1、直线 2 和直线 3。我们先来看直线 3。直线 3 是一条不可能存在的直线，因为在 APB 曲线构成的所有投资组合中，不存在这样一个风险资产能够与无风险资产 F 进行新的投资组合的构建。而直线 1 上的点代表无风险资产 F 和风险资产 C 构成的一个新的投资组合；直线 2 上的点代表着无风险资产 F 和风险资产 P 构成的一个新的投资组合，是由 F 点引出的一条与 APB 曲线相切的一条直线。因此，如果你有一笔钱，FP 直线上的各个点就是部分投资于风险资产、部分投资于无风险资产而形成的各种组合，超过 P 点的那部分直线是通过按照无风险利率借钱投资于风险资产 P 来实现的。

通过对比直线 1 和直线 2 可以看到，在任意一个风险水平上，直线 2 上的投资组合的期望收益率总是大于等于直线 1 上的投资组合的期望收益率（如直线 2 上 P 点的期望收益率大于直线 1 上 E 点的期望收益率），因此直线 2 下面的所有由 F 点引出的直线显然不是我们要找的最优投资组合。我们来对比直线 1 和有效边界 APC 曲线。我们可以很明显地看到，在任意一个风险水平上，直线 2 上的投资组合的期望收益率总是大于等于有效边界 APC 曲线上的投资组合的期望收益率（如直线 2 上 L 点的期望收益率大于有效边界 APC 曲线上 K 点的期望收益率）。此时我们发现，当引入了无风险资产时，新的由无风险资产和风险资产 P 构成的投资组合优于完全由风险资产构成的投资组合。

直线 2 这条切线，也就是我们所谓的最优投资组合，它代表投资者的最优投资机会。直线 2 就是通常所说的"资本配置线"（Capital Allocation Line，CAL）。一个具有合理不追求风险程度的投资者可能选择 FP 直线上的某一点，也许是 L 点。但是，一个不追求风险程度较低的投资者很可能选择接近于 P 点的点，或者甚至超过 P 点的点，例如，M 点就表示投资者通过借钱增加对 P 点的投资。

（三）资本市场线

根据前文的分析，我们得出了资本配置线（CAL）是由无风险资产引出的一条和风险资产曲线相切的线。资本配置线和资本市场线如图 6-3 所示。

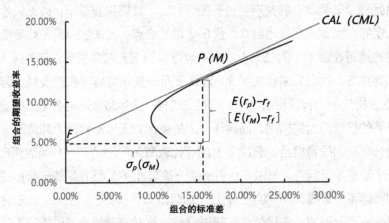

图 6-3　资本配置线和资本市场线

从图 6-3 中我们可以看到，P 点的标准差和期望收益率为 $[\sigma_P, E(r_P)]$，F 点的标准差和期望收益率为 $(0, r_f)$，在这条直线上，我们可以根据 F 点和 P 点计算出该直线的斜率，公式如下。

$$Slop = \frac{E(r_P) - r_f}{\sigma_P}$$

这一斜率便是夏普比率（Sharpe Ratio）。进行投资光看收益是不够的，还要看承受的风险。夏普比率描述的正是每承受一单位的风险，会产生多少超额回报。我们总是在所有的投资组合中寻找承受一单位的总风险所能产生最大超额回报的投资组合，也就是这条资本配置线，所有在这一直线上的组合都是最优的投资组合。

进一步，我们可以推导出资本配置线的函数形式，如下。

$$E(r_x) = r_f + \frac{E(r_P) - r_f}{\sigma_P} \sigma_x$$

式中，X 为资本配置线上的任一组合，r_f 为无风险收益率，$E(r_P)$ 为风险资产 P 的收益率，σ_P 为风险资产 P 的标准差，σ_x 为投资组合 X 的标准差。当 X 位于 P 点时，意味着所有资产配置于风险资产 P，也就是风险资产的比例为 1；当 X 位于 F 点时，意味着所有资产配置于无风险资产，也就是无风险资产的比例为 1；当 X 在 F 点和 P 点之间的连线上，就意味着所有资产配置于无风险资产和风险资产的组合。

在有效市场里，投资者存在同期望的假设下，大家都会持有一个共同的风险资产，大家都持有的风险资产即市场组合 M，把 P 这一风险资产换成市场组合 M 这一风险资产时，资本配置线就变为资本市场线（Capital Maket Line，CML），即这一新的投资组合为无风险资产 F 和市场组合 M 的组合。函数形式如下。

$$E(r_x) = r_f + \frac{E(r_M) - r_f}{\sigma_M} \sigma_x$$

式中，X 为资本配置线线上的任一组合，r_f 为无风险收益率，$E(r_M)$ 为风险资产市场组合 M 的收益率，σ_M 为风险资产 M 的标准差，σ_x 为投资组合 X 的标准差。

（一）系统性风险

1．系统性风险和非系统性风险

前文讨论了两种资产组合的方差和标准差的计算公式。现在，我们来讨论多种资产组合的方差和标准差的计算公式，其实际上可以视为两种资产组合的方差和标准差的计算公式的扩展。组合中方差和协方差数量等于证券数量 N 的平方，其中包含 N 个方差和 N^2-N 个协方差，如表 6-5 所示。

表 6-5　组合中的方差与协方差的数量与构成组合的证券数量之间的关系

组合中证券数量	组合中方差和协方差数量	组合中的方差数量	组合中的协方差数量
1	1	1	0
2	4	2	2
3	9	3	6
10	100	10	90
100	10 000	100	9 900
……	……	……	……
N	N^2	N	N^2-N

为了方便，我们假设现在投资组合中的 N 种证券具有相同的方差，定义为 $\overline{var}$，换言之，对于每种证券，有 $var=\sigma_i^2$；所有不同证券间的协方差相同，定义为 $\overline{cov}$，换言之，对于组合中的每对证券，有 $\overline{cov}=COV\ (r_i,r_j)=\rho_{i,j}\sigma_i\sigma_j=\rho_{i,j}\overline{var}$。由于所有证券在组合中的比例相同，所以每种证券在组合中的比例为 $1/N$，$x_i=1/N$。

表 6-6 显示 N 种资产构成的投资组合的方差矩阵计算情况，对角线上的各项都相同，非对角线上的各项也都相同。在对角线上总共有 N 个方差，在非对角线上总共有 N^2-N 个协方差。把表 6-6 中的各项相加，我们可以得到投资组合收益的方差，其计算公式如下

投资组合收益的方差 $=N \times (1/N^2)\overline{var}+(N^2-N)\times(1/N^2)\overline{cov}$

$$=(1/N)\overline{var}+[(N^2-N)/N^2]\overline{cov}$$

$$=(1/N)\overline{var}+[(1-(1/N)]\overline{cov}$$

表 6-6　组合的方差矩阵计算情况

资产	1	2	3	……	N
1	（$1/N^2$）$\overline{var}$	（$1/N^2$）$\overline{cov}$	（$1/N^2$）$\overline{cov}$	……	（$1/N^2$）$\overline{cov}$
2	（$1/N^2$）$\overline{cov}$	（$1/N^2$）$\overline{var}$	（$1/N^2$）$\overline{cov}$	……	（$1/N^2$）$\overline{cov}$
3	（$1/N^2$）$\overline{cov}$	（$1/N^2$）$\overline{cov}$	（$1/N^2$）$\overline{var}$	……	（$1/N^2$）$\overline{cov}$
……	……	……	……	……	……
N	（$1/N^2$）$\overline{cov}$	（$1/N^2$）$\overline{cov}$	（$1/N^2$）$\overline{cov}$		（$1/N^2$）$\overline{var}$

可见，这 N 种资产构建的投资组合的方差，是组合中各种证券的平均方差和各对证券的平均协方差的加权平均数。当我们不断地增加组合中证券的种数，直至无穷时，投资组合收益的方差如下。

投资组合收益的方差（当 $N\to\infty$）$=\overline{cov}$

这是很显然的，因为当 N 趋向无穷大时：①组合中各种证券的平均方差的权重（1/N）趋向于零；②组合中各对证券的平均协方差的权重 [1-（1/N）] 趋向于 1。这个结果告诉我们，当证券的数量不断增加的时候，各种证券的方差最终完全消失，但各对证券的平均协方差仍然存在。事实上，组合收益的方差成为组合中各对证券的平均协方差。这也告诉我们，不要把所有的鸡蛋放在一个篮子里。这个例子要说明的就是多元化投资对组合风险的影响。在投资组合中，各种证券的方差会因为组合而被分散，但是，各对证券的协方差不可能因为组合而被分散。投资组合不能分散和化解全部风险，只能分散和化解部分风险。

因此，我们也可以对此进行延伸，一种证券收益的方差可以进行以下分解。

某证券的总风险（$\overline{var}$）= 系统性风险（$\overline{cov}$）+ 非系统性风险（$\overline{var}$ $-\overline{cov}$）

系统性风险（Systematic Risk），又称市场风险（Market Risk）或不可分散风险（Undiversifiable Risk），是投资者在持有一个完整且充分的投资组合之后仍需承受的风险；非系统性风险（Unsystematic Risk），又称可分散风险（Diversifiable Risk）或特有风险（Unique Risk），是通过投资组合可以化解的风险，其等于总风险与组合风险之差。

承担风险是有回报的，但承担无必要的风险是不会有回报的；承担风险所得到回报的大小，仅仅决定于这项投资的系统性风险大小，因为非系统性风险是可以被分散掉的。这便是资本资产定价模型（CAPM）的思想基础，即一只股票的定价或期望收益率可以根据其系统性风险进行估计，而无须像资本市场线那样，需要用总风险（标准差）来估计。

2. 系统性风险的衡量

我们如何衡量一只股票的系统性风险呢？首先，我们从直观的角度来理解。我们假设目前有一只股票 i，其在牛市和熊市下的期望收益率分布如表 6-7 所示。我们可以根据表 6-7 画出市场收益率和股票 i 的期望收益率的分布图，如图 6-4 所示。

表 6-7　股票 i 的期望收益率分布

市场状态	市场收益率	股票 i 的期望收益率
牛市	15%	30%
熊市	-5%	-5%

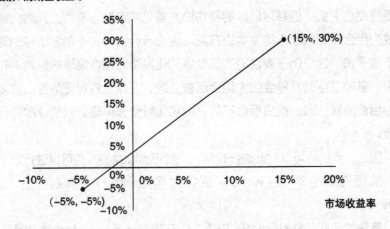

图 6-4　市场收益率与股票 i 的期望收益率分布

图 6-4 中，牛市情况下的市场收益率比熊市情况下的市场收益率多 20%［15%-(-5%)］，但是牛市情况下股票 i 的期望收益率比熊市情况下股票 i 的期望收益率多 35%［30%-(-5%)］。由此可见，股票 i 的期望收益率变动是市场收益率变动的 1.5（30%÷20%）倍。这形成了直线的斜率（1.5），斜率也就是股票 i 的贝塔系数（β），反映了市场收益率变动一个单位，股票 i 的期望收益率变动的程度。当贝塔系数等于 1.5 时，表明了每当市场收益率变动 1%，股票 i 的期望收益率将预期朝同一方向变动 1.5%。贝塔系数度量了一种证券的期望收益随市场收益波动的情况，即反映了一种证券不可分散的市场风险的情况，因此贝塔系数是度量系统性风险的指标。

另外，对于股票 i 来说，它其实是市场组合 M 里的一只股票。在市场组合里，市场组合的收益率就是市场收益率；在市场组合中，每只股票的个别风险（每只股票的方差）已经被多元化投资分散了，因此市场组合的风险等于市场组合中各对证券协方差的加权平均数。市场组合的收益率（r_m）和方差（σ_m^2）的等式如下。

$r_m = x_1 r_1 + x_2 r_2 + x_3 r_3 + x_4 r_4 + \cdots + x_i r_i$

其中，x_i 为证券 i 的权重。

$\sigma_m^2 = COV(r_m, r_m)$

$= COV(x_1 r_1 + x_2 r_2 + x_3 r_3 + x_4 r_4 + \cdots + x_i r_i, r_m)$

$= x_1 COV(r_1, r_m) + x_2 COV(r_2, r_m) + \cdots + x_i COV(r_i, r_m)$

那么，股票 i 对市场组合方差的边际贡献就是 σ_m^2 对 x_i 求导，表明股票 i 的权重发生变化会引起市场组合方差的变化程度。对 x_i 求导可得 $(\sigma_m^2)' = COV(r_i, r_m)$，那么证券 i 对市场组合总方差 σ_m^2 的边际贡献率就是 $COV(r_i, r_m)/\sigma_m^2$，这一边际贡献率便是贝塔系数的数学表达式。因此，我们可得以下公式。

$$\beta_i = \frac{COV(r_i, r_m)}{\sigma_m^2}$$

式中，$COV(r_i, r_m)$ 是第 i 种股票的收益与市场组合收益之间的协方差；σ_m^2 是市场组合收益的方差。

贝塔系数的一个重要特征是：当以各种股票的市场价值占市场组合总的市场价值的比重为权数时，所有股票的贝塔系数的平均值等于 1，即 $\sum_{i=1}^{N} x_i \beta_i = 1$，

x_i 为各种股票的市场价值占市场组合总的市场价值的比重，如果将所有的股票按照其市场价值进行加权，组合的结果就是市场组合。市场组合的贝塔系数等于 1，也就是说，每当股票市场变动 1%，全市场所有股票的组合（市场组合）也变动 1%。

理论上来说，贝塔系数等于 1 表示股票或投资组合的波动与市场保持一致，贝塔系数小于 1 表示股票或投资组合的波动率比市场整体的波动率低，而贝塔系数大于 1 则意味着股票或投资组合比市场整体具备更高的波动率。贝塔系数可以小于零，其表示投资该股票出现亏损，但市场整体盈利（此可能性较大）；或者投资该股票盈利，但市场整体亏损（此可能性较小）。对于具备一定套期保值目的的投资者而言，贝塔系数为负的股票可能更受到欢迎，这些股票为投资分析师的资产组合提供了一个"保险"（起到了对冲的作用）。

（二）证券市场线

资本市场线反映了无风险资产和风险资产构成的投资组合的风险和收益之间的关系，那么对于每只股票来说，如何估计每只股票的风险和收益的关系呢？接下来，我们将基于资本市场线推导每只股票的定价模型——证券市场线（Stock Market Line，SML），如图 6-5 所示。

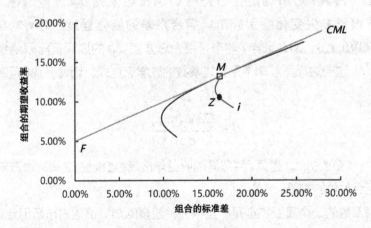

图 6-5　证券市场线

我们记一个组合 Z 为证券 i 和市场组合 M 的组合，持有比例分别为 x_i 和 $(1-x_i)$，则组合 Z 的期望收益率、方差计算公式如下。

组合 Z 的期望收益率：

$E(r_z)=x_iE(r_i)+(1-x_i)E(r_m)$

组合 Z 的方差：

$\sigma_z^2=x_i^2\sigma_i^2+2x_i(1-x_i)\sigma_{im}+(1-x_i)^2\sigma_m^2$

图6-5中，组合 Z、证券 i 和市场组合 M 构成了一条新的曲线 iZM，这条曲线为 i 和 M 之间的所有可行的组合，其肯定落在有效投资组合的曲线之中，且不会超过切线 CML，新的曲线 iZM 也将与直线 FM 相切于 M 点，且与直线 FM 有着相同的斜率（$\frac{E(r_m)-r_f}{\sigma_m}$）。

首先，我们对组合 Z 的方差 $\sigma_z^2=x_i^2\sigma_i^2+2x_i(1-x_i)\sigma_{im}+(1-x_i)^2\sigma_m^2$，对 x_i 求导：

$(\sigma_z^2)'=\mathrm{d}\sigma_z^2/x_i=2x_i\sigma_i^2+2\sigma_{im}-4x_i\sigma_{im}+0-2\sigma_m^2+2x_i\sigma_m^2=2x_i(\sigma_i^2-2\sigma_{im}+\sigma_m^2)+2\sigma_{im}-2\sigma_m^2$

根据隐函数的求导公式，我们可以得到 $(\sigma_z^2)'=2\sigma_z\sigma_z'=2\sigma_z\times\mathrm{d}\sigma_z/\mathrm{d}x_i$，进而可推导出以下等式：

$$\mathrm{d}\sigma_z/x_i=(\sigma_z^2)'/2\sigma_z=[2x_i(\sigma_i^2-2\sigma_{im}+\sigma_m^2)+2\sigma_{im}-2\sigma_m^2]/2\sigma_z$$
$$=[x_i(\sigma_i^2-2\sigma_{im}+\sigma_m^2)+\sigma_{im}-\sigma_m^2]/\sigma_z$$

其次，组合 Z 的期望收益为 $E(r_z)=x_iE(r_i)+(1-x_i)E(r_m)$，同样对 x_i 求导：

$$[E(r_z)]'=\mathrm{d}E(r_z)/\mathrm{d}x_i=E(r_i)+0-E(r_m)=E(r_i)-E(r_m)$$

此时，我们可以推导出投资组合 Z 的标准差变动时组合期望收益的变动比例，即 $\mathrm{d}E(r_z)/\mathrm{d}\sigma_z$：

$\mathrm{d}E(r_z)/\mathrm{d}\sigma_z=[\mathrm{d}E(r_z)/\mathrm{d}x_i]\times(\mathrm{d}x_i/\mathrm{d}\sigma_z)=\{[E(r_i)-E(r_m)]\times\sigma_z\}/[x_i(\sigma_i^2-2\sigma_{im}+\sigma_m^2)+\sigma_{im}-\sigma_m^2]$

当 Z 位于 M 点，即投资组合 Z 由市场组合 M 构成时，有 $x_i=0$，那么：

$\mathrm{d}E(r_z)/\mathrm{d}\sigma_z=\{[E(r_i)-E(r_m)]\times\sigma_z\}/(\sigma_{im}-\sigma_m^2)=\{[E(r_i)-E(r_m)]\times\sigma_m\}/(\sigma_{im}-\sigma_m^2)=\mathrm{d}E(r_m)/\mathrm{d}\sigma_m$

而在 M 点，其斜率正好是 CML 的斜率，即：

$$\mathrm{d}E(r_m)/\mathrm{d}\sigma_m=Slop=\frac{E(r_m)-r_f}{\sigma_m}$$

因此，我们可以得到：

$$\{[E(r_i)-E(r_m)]\} \times \sigma_m/(\sigma_{im}-\sigma_m{}^2) = \frac{E(r_m)-r_f}{\sigma_m}$$

化简后得到：

$$[(E(r_i)-E(r_m)] \times \sigma_m{}^2 = [E(r_m)-r_f] \times (\sigma_{im}-\sigma_m{}^2)$$

$$\sigma_m{}^2 E(r_i) = \sigma_{im}E(r_m)-\sigma_{im}r_f+\sigma_m{}^2 r_f$$

$$E(r_i) = r_f+[E(r_m)-r_f]\sigma_{im}/\sigma_m{}^2$$

令 $\beta_i=\sigma_{im}/\sigma_m{}^2=COV(r_i,r_m)/\sigma_m{}^2$，我们可以得到每只证券 i 和系统性风险（贝塔系数）的函数表达式：

$$E(r_i) = r_f+\beta_i[E(r_m)-r_f]$$

这个式子就是证券市场线或资本资产定价模型（**Capital Asset Pricing Model，CAPM**）。图 6-6 中，横轴为系统性风险 β，截距为 r_f，斜率为 $[E(r_m)-r_f]$，也称市场风险溢价。当证券 i 就是市场组合时，$\beta_i=\beta_m=1$，证券市场线经过（1，$E(r_m)$）这个点；若 $\beta_i=0$，$E(r_i)=r_f$ 是个常数时，证券市场线经过（0，r_f）这个点。所以证券市场线也是一条直线。β 越大，股票的期望收益或资本成本率也越高。

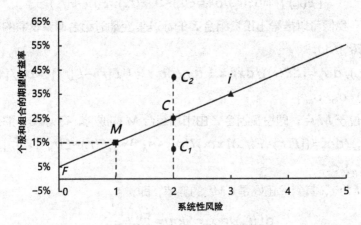

图 6-6　证券市场线 (CAPM)

同样地，对于任一证券投资组合 C，同样可以推导出：

$$E(r_c)=r_f+\beta_c[E(r_m)-r_f]$$

其中，$\beta_c=\sigma_{cm}/\sigma_m^2=COV(r_c,r_m)/\sigma_m^2=\sum_{i=1}^n[x_i\,COV(r_i,r_m)]/\sigma_m^2=\sum_{i=1}^n(x_i\beta_i)$，其中，$x_i$ 为各证券的权重，斜率为 $[E(r_m)-r_f]$。

所以，证券市场线包含了单个证券 i 和任意投资组合（不管是否有效）的风险与收益的关系，这是证券市场线和资本市场线的主要区别；资本市场线只包含有效的投资组合，而不包含单个证券和非有效的组合的风险-收益的关系。由于证券市场线上包含有效组合和非有效组合，而不同的证券组合可能有相同的 β，则可能有两个甚至多个组合落在证券市场线的同一点上。如 F 点，既可能代表无风险证券，也可能代表 β 为 0 的组合。β 为 0 的组合对市场组合的贡献为 0，但总风险不一定为 0；也就是说可能存在系统风险为 0，但非系统性风险不为 0 的非有效投资组合，这个组合的期望收益率正好也是 r_f，但没有像无风险证券那样恒定的收益率 r_f。那么资本市场线和证券市场线之间有什么样的关系呢？

对于在证券市场线上的投资组合 C 来说，其函数如下。

$$E(r_c)=r_f+\beta_c[E(r_m)-r_f]$$

$$=r_f+[E(r_m)-r_f]\sigma_{cm}/\sigma_m^2$$

$$=r_f+[E(r_m)-r_f]\rho_{(c,m)}\sigma_c\sigma_m/\sigma_m^2$$

$$=r_f+[E(r_m)-r_f]\rho_{(c,m)}\sigma_c/\sigma_m$$

当 $\rho_{(c,m)}=1$ 时，有：

$$E(r_c)=r_f+\beta_c[E(r_m)-r_f]=r_f+\frac{[E(r_m)-r_f]}{\sigma_m}\sigma_c$$

这正好是由有效投资组合构成的资本市场线的函数。因此，有效投资组合资本市场线是一类特定的证券组合，即资本市场线包含在证券市场线中，当 $\rho_{(c,m)}=1$ 时，有效投资组合 C 正好同时落在资本市场线和证券市场线上。

（三）资本资产定价模型的应用

1. 资本资产定价模型与市场操作

我们首先可以根据资本资产定价模型进行买卖的市场操作。图 6-6 中，若投资组合 C 根据资本资产定价模型计算出来的期望收益率（位于点 C）大于实际收益率（位于点 C_1），没有人愿意持有组合 C，说明股价是被高估的，投资者买入的成本高于理论上的价格，使得其实际收益率低于期望收益率；由于价格是被高估的，投资者就会选择卖出组合 C，使得组合 C 的价格下跌，直至收益率提高至期望收益率的水平；而当专业的套利投资者发现这样的投资机会时，会选择"卖空"的策略，从资本市场借入组合 C，并立马卖出组合 C，当股价下跌到一定水平时再买回组合 C，并偿还借入的组合 C，这样的"卖空"策略能使得套利投资者获取套利收益。

若组合 C 根据资本资产定价模型计算出来的期望收益率（位于点 C）小于实际收益率（位于点 C_2），大家都愿意持有组合 C，说明股价是被低估的，投资者买入的成本低于理论上的价格，使得其实际收益率高于期望收益率；由于价格是被低估的，投资者就会选择买入组合 C，使得组合 C 的价格上涨，直至收益率下降至期望收益率的水平；而当专业的套利投资者发现这样的投资机会时，会选择"做多"的策略，从资本市场借入一定的资金，并立马买入组合 C，当股价上升到一定水平时再卖出组合 C，并偿还借入的本金，这样的"做多"策略也能使得套利投资者获取套利收益。

2. 系统性风险（贝塔系数）的估计

在实际的应用中，我们如何估计一家企业的系统性风险（贝塔系数）呢？我们还是以 ValueGo 公司来进行分析，表 6-8 显示了 ValueGo 公司在 2017—2020 年的收益率和市场收益率。

表 6-8　ValueGo 公司的收益率和市场收益率

年度	ValueGo 公司的收益率	市场收益率
2017	-10%	-40%
2018	3%	-30%
2019	20%	10%
2020	15%	20%

接下来，我们将分六个步骤计算 ValueGo 公司的贝塔系数，公式如下。

$$\beta_i = COV(r_i, r_m)/\sigma_m^2$$

（1）计算 ValueGo 公司的平均收益率和市场的平均收益率。

ValueGo 公司的平均收益率 $= \dfrac{-0.10+0.03+0.20+0.15}{4} = 0.07$

市场组合的平均收益率 $= \dfrac{-0.40-0.30+0.10+0.20}{4} = -0.10$

（2）计算 ValueGo 公司收益率离差与市场收益率离差（见表 6–9 第 3 列和第 5 列）。

（3）将 ValueGo 公司收益率离差与市场收益率离差相乘（见表 6–9 第 6 列）。这一步骤类似于前面介绍的协方差的计算，其计算结果作为贝塔系数计算公式中的分子——$COV(r_i, r_m)$。

（4）计算市场收益率离差的平方（见表 6–9 第 7 列）。这一步骤类似于前面介绍的方差的计算，其计算结果用作贝塔系数计算公式中的分母——σ_m^2。

（5）计算表 6–9 中第 6 列和第 7 列的合计数。ValueGo 公司收益率离差与市场收益率离差的乘积之和：

$$0.051+0.008+0.026+0.024=0.109$$

市场收益率离差的平方之和：

$$0.090+0.040+0.040+0.090=0.260$$

（6）用表 6–9 中第 6 列的平均数除以第 7 列的平均数，得到贝塔系数，即 ValueGo 公司的贝塔系数。

$$\beta = \dfrac{0.109/4}{0.260/4} = 0.419$$

表 6–9　ValueGo 公司的收益率和市场收益率

（1） 年份	（2） ValueGo 公司收 益率	（3） ValueGo 公司收益率 离差	（4） 市场收 益率	（5） 市场收益 率离差	（6） 二者离差 乘积	（7） 市场收益 率离差的 平方
2017	−0.10	−0.17	−0.40	−0.30	0.051	0.090
2018	0.03	−0.04	−0.30	−0.20	0.008	0.040
2019	0.20	0.13	0.10	0.20	0.026	0.040
2020	0.15	0.08	0.20	0.30	0.024	0.090
	平均 = 0.07		平均 = −0.10		平均 = 0.109/4	平均 = 0.260/4

3. 资本资产定价模型与权益资本成本率估计

资本资产定价模型反映了个股或者组合的风险和收益之间的关系，投资者的期望收益率对于企业来说就是企业的权益资本成本率，因此我们可以利用资本资产定价模型来估计企业的权益资本成本率。如果我们知道了资本资产定价模型里的各个参数，就可以很容易地计算出企业的权益资本成本率。

举个例子：A 企业股票的贝塔系数是 1.5，B 企业股票的贝塔系数是 0.7，无风险收益率为 7%，市场的期望收益率与无风险收益率之差为 9.2%。因此，上述两个企业的权益资本成本率分别如下。

A 企业的权益资本成本率 $=E(r_i)=r_f+\beta_1[E(r_m)-r_f]=7\%+1.5\times9.2\%=20.80\%$

B 企业的权益资本成本率 $=E(r_i)=r_f+\beta_1[E(r_m)-r_f]=7\%+0.7\times9.2\%=13.44\%$

第三节 预计资本成本率

（一）确定目标资本结构

由第 5 章资本结构理论可知，在存在税收的现实世界里，资本结构影响着公司的权益资本成本率和加权平均资本成本率。公司的目标资本结构体现了一个公司长期的筹资战略。目标资本结构代表的是债务资本和权益资本的比例。一个公司若没有目标资本结构，则需要结合公司当前和历史的债务资本比率，以及同行业的资本结构情况，确定公司的目标资本结构。最优的目标资本结构有利于实现股东和公司价值最大化。

当公司没有债务时，公司的加权平均资本成本率就是其权益资本成本率。但是，随着负债比例的上升，公司在有杠杆的情况下，股东的风险上升，权益资本成本率提高，但因为利息费用抵税的缘故，公司的加权平均资本成本率反而逐步降低，直至到达最优的资本结构的负债权益比，公司价值实现最大化。一旦超过最优负债权益比，潜在的财务困境成本等就会超过利息抵税的收益，反而使得公司的加权平均资本成本率提高。因此，在预计公司资本成本率时，第一步就是预计公司（最优）的目标资本结构。在确定了目标资本结构后，我们便可以更好地预计负债资本成本率、权益资本成本率和加权平均资本成本率。

在实际中，我们一般会区分公司是否是上市公司，进而再确定其资本结构。对于上市公司，其目前的资本结构或历史资本结构的均值可以直接作为其目标资本结构；若公司发生了重大变化，如公司的行业性质发生了变化，可以按照同行业规模相近的上市公司的平均值和中位数来代表公司的目标资本结构。对于非上市公司，一般使用规模相近的同行业的上市公司的平均值和中位数来代表公司的目标资本结构。一旦选定了公司的目标资本结构，则假定其在预测期内保持不变。

我们以 ValueGo 公司为例，若其为上市公司，则公司的目标资本结构可以以 2020 年的情况为依据。假设 ValueGo 公司 2020 年的权益市值为 20 亿元，负债市值为 12 亿元，其资本结构情况如下：权益资本占比为 62.5%，债务资本占比为 37.5%，负债权益比为 60%。因此将 60% 作为其目标资本结构。若 ValueGo 公司不是上市公司，则以表 6-10 中数据为依据计算其目标资本结构。行业内 5 家规模相近的上市公司的目标资本结构平均值情况如下：权益资本占比的平均值为 70.9%，债务资本占比的平均值为 29.1%（100%-79.1%），负债权益比的平均值为 41.7%。因此可将 41.7% 作为其目标资本结构。

（二）预计负债资本成本率

一家公司的债务资本成本率反映了债务的信用特征，其受多重因素影响，包括公司规模、行业、前景、周期、信用评级和财务政策等。若公司目前处于目标资本结构中，债务资本成本率一般表现为已发行的债务工具的平均成本。债务的来源主要包括银行贷款和企业债券等有息负债，因此一般根据公司的利息支出除以期初与期末平均有息负债来估计债务资本成本率。我们以 ValueGo 公司为例，相关资料如表 3-1 和表 3-2 所示。ValueGo 公司 2020 年的利息支出为 4 900 万元，期初与期末平均有息负债为 46 450〔47 100+45 800）÷2〕万元，因此 ValueGo 公司的债务资本成本率为 4 900÷46 450×100%=10.55%。

但若公司目前未处于目标资本结构，那么债务资本成本率应参考公司最近发行的债券的资本成本率，或者信用水平大致相同的公司的债务资本成本率，或者同类公司的债务资本成本率。以表 6-10 中数据为依据，假设 ValueGo 公司近期没有发行债券，行业中 5 家信用水平相近或者同类公司的债务资本成本率的平均值为 10%，则可将其作为 ValueGo 公司的债务资本成本率。

债务资本成本率确定后，则可以按照公司的所得税税率计算其对公司价值的影响。

（三）预计权益资本成本率

通过第 5 章资本结构理论和本章前两节的学习，我们知道了估计公司权益资本成本率的资本资产定价模型，以及负债资本成本率和权益资本成本率之间的关系。下面可以通过两种方式来估计权益资本成本率。

1. 直接法：利用资本资产定价模型计算

我们可以直接使用资本资产定价模型估计权益资本成本率，如表 6-8 中的例子，若 ValueGo 公司是上市公司，其贝塔系数等于 0.419。在我国的资本市场里，10 年期国债到期收益率约为 3.77%（无风险收益率），隐含的权益风险溢价约为 6.64%（市场风险溢价）[1]，则依据资本资产定价模型，我们可以估计 ValueGo 公司的权益资本成本率。

ValueGo 公司的权益资本成本率 =3.77%+0.419×6.64%=6.55%

2. 间接法：借鉴 MM 理论调整的贝塔系数

在第 5 章资本结构理论中，我们学习了有税状态下 MM 理论的第一个命题。

$$V_U+T_CD=V_L=D+S \quad （1）$$

式中，V_U 是无杠杆时公司的价值，T_CD 是债务产生的税盾价值，V_L 是有杠杆时公司的价值，D 是有负债公司的债务的市场价值，S 是有负债公司的权益的市场价值。

而有负债公司的贝塔系数是负债的贝塔系数和权益的贝塔系数的加权平均数，公式如下。

$$\beta= \frac{D}{D+S} \times \beta_D+ \frac{S}{D+S} \times \beta_S$$

---

① 参考注册估值分析师协会《中国企业资本成本参数估计表（2020 版）》。

其中，β_D 和 β_S 分别是有负债公司的负债的贝塔系数和权益的贝塔系数。由于 $V_L=D+S$，所以有以下等式。

$$\beta = \frac{D}{V_L} \times \beta_D + \frac{S}{V_L} \times \beta_S \qquad (2)$$

因为 $V_L=V_U+T_CD$，所以有负债公司的贝塔系数还可以表达成无负债公司的贝塔系数和节税的贝塔系数的加权平均数，如下。

$$\beta = \frac{V_U}{V_U+T_CD} \times \beta_U + \frac{T_CD}{V_U+T_CD} \times \beta_D$$

其中，β_U 是无负债公司的贝塔系数，由于 $V_L=V_U+T_CD$，所以有以下等式。

$$\beta = \frac{VU}{V_L} \times \beta_U + \frac{T_CD}{V_L} \times \beta_D \qquad (3)$$

式（2）和式（3）都是有负债公司的贝塔系数，二者应相等，由式（1）得 $V_U=S+(1-T_C)D$，所以在一般情况下，负债的收益率波动较小，因此负债的贝塔系数一般为 0，即 $\beta_D=0$，可得到以下等式。

$$\frac{S}{V_L} \times \beta_S = \frac{V_U}{V_L} \times \beta_U = \frac{S+(1-T_C)D}{V_L} \times \beta_U$$

化简后，可得：

$$\beta_S = \beta_U \times [1+\frac{(1-T_C)D}{S}] \qquad (4)$$

$$\beta_U = \beta_S \times \frac{1}{1+\frac{(1-T_C)D}{S}} \qquad (5)$$

若负债的贝塔系数不为 0，可得到：

$$\frac{D}{V_L} \times \beta_D + \frac{S}{V_L} \times \beta_S = \frac{V_U}{V_L} \times \beta_U + \frac{T_CD}{V_L} \times \beta_D$$

化简后，可得：

$$\beta_S = \beta_U + (1-T_C)\frac{D}{S}(\beta_U-\beta_D) \qquad (6)$$

$$\beta_U = \frac{S}{D(1-T_c)+S}\beta_S + \frac{D(1-T_c)}{D(1-T_c)+S}\beta_D \qquad (7)$$

在得到式（4）~式（7）后，在实际中，我们为了简便，假设负债的贝塔系数为 0，经常会通过式（5），并使用同行业中和目标公司规模比较接近的上市公司的数据来倒推这个行业无杠杆的纯权益的贝塔系数，以其平均值或者中位数作为目标公司无杠杆下纯权益的贝塔系数，进而通过式（4）估计目标公司在杠杆下的权益的贝塔系数，最后则可以使用资本资产定价模型估计目标公司的资本成本率。

我们还是以 ValueGo 公司为例，若其目前并未上市，没有股票收益率的数据，我们无法直接计算其权益的贝塔系数，此时我们便可以从 ValueGo 公司所处的行业里找出和 ValueGo 公司在公司规模上最接近的五家公司，并计算出该行业无杠杆下权益的贝塔系数。这五家公司都是上市公司，为此我们可以根据其收益率和市场收益率计算其有杠杆下权益的贝塔系数（表 6–10 的第 2 列，这些上市公司都是有负债的，因此根据公式计算出来的贝塔系数均是有杠杆下的贝塔系数）。我们也可以根据其财务报表和市值得到对应的负债和权益的价值（表 6–10 的第 3、4 列），进而计算负债权益比（表 6–10 的第 5 列），此时若企业所得税税率为 30%（表 6–10 的第 7 列），我们便可以依据式（5）计算每个上市公司无杠杆下的贝塔系数（表 6–10 的第 8 列）。

表 6-10　行业四家上市公司的 β 情况

金额单位：元

（1） 名称	（2） 有杠杆 下的贝 塔系数	（3） 债务 市值	（4） 权益 市值	（5） 负债 权益比	（6） 权益 资本 占比	（7） 所得税 税率	（8） 无杠杆 下的贝 塔系数	（9） 债务 资本成 本率
公司 1	1.23	500	1 125	44.4%	69.2%	30%	0.94	10%
公司 2	1.31	400	868	46.1%	68.5%	30%	0.99	10%
公司 3	1.15	450	788	57.1%	63.6%	30%	0.82	10%
公司 4	1.12	375	1 125	33.3%	75.0%	30%	0.91	10%
公司 5	1.25	250	900	27.8%	78.3%	30%	1.05	10%
中位数	1.23			44.4%	69.2%		0.94	10%
平均数	1.21			41.7%	70.9%		0.94	10%

这时，我们便可以算出无杠杆下的贝塔系数的平均数和中位数、负债权益比的平均数和中位数，选择其中之一作为 ValueGo 公司无杠杆下的贝塔系数和目标资本结构。我们以平均数为例，通过式（4）估计 ValueGo 公司有杠杆下权益的贝塔系数。

$$\beta_S = \beta_U \times \left[\frac{1+(1-T_C)D}{S} \right] = 0.94 \times (1+ \ (1-0.3) \ \times 41.7\%) = 1.21$$

最后，在计算出 ValueGo 公司有杠杆下的贝塔系数后，我们则可以使用资本资产定价模型估计目标公司的资本成本率。在我国的资本市场里，10 年期国债到期收益率约为 3.77%（无风险收益率），隐含的权益风险溢价约为 6.64%（市场风险溢价），依据资本资产定价模型，我们可以估计 ValueGo 公司的权益资本成本率。

ValueGo 公司的权益资本成本率 $=E(r_i)$

$=r_f+\beta_i \ [\ E(r_m)-r_f \ ]$

$=3.77\%+1.21 \times 6.64\%$

$=11.80\%$

（四）一些调整项目

1. 规模溢价

规模溢价（Size Premium，SP）理论认为长期统计表明，小公司破产的比例高于大公司破产的比例。投资者意识到这种规模上的差别，因而要求一个更高的收益率，称作规模溢价。1981 年，关于股票的规模溢价的两篇文章引起了理论界的极大关注。规模溢价主要是由美国经济学家 Banz 提出的。Banz 发现在 20 世纪的大部分时间里，总市值较小的股票与总市值较大的股票相比，获得的收益较高，也就是说，小规模公司的股票收益比较高。经济学家 Fama 和 French 在 1992 年也发现了类似的事实，从 1963 年到 1990 年，他们每年把在纽约股票交易市场、美国股票交易市场和在纳斯达克市场中进行交易的股票按照总市值进行分组，然后考察每一组股票在下一年里的平均收益。他们的研究显示，规模最小的一组股票的每月平均收益比规模最大的一组股票的平均收益高出 0.74%。此外，通过对不同国家、不同时间段的数据进行类似的分析，经济学家发现规模溢价普遍存在。

这也就是说，规模大小并没有完全反映在资本资产定价模型的贝塔系数当中，因为规模小的公司往往交易量较小，其贝塔系数的估计可能更不准确。因此，在实际的估值中，我们会对经资本资产定价模型计算出来的权益资本成本率进行规模溢价的调整，特别是对于小公司，我们会根据其规模大小加上一定的规模溢价要求。规模溢价其实代表了实际历史超额收益和由贝塔系数预测的超额收益之间的差别，在估计时，一般按上市公司的市值分成十组，将目标公司所处的组别的收益率与规模最大组收益率之间的差额作为规模溢价。根据《中国企业资本成本参数估计表（2020版）》，在我国的资本市场里，中型公司的规模溢价约为0.47%，小型公司的规模溢价约为4.03%，微型公司的规模溢价约为9.93%[①]。此时，计算权益资本成本率将会进行调整，如下式所示。

$$E(r_i)=r_f+\beta_i[E(r_m)-r_f]+SP$$

2. 国家风险溢价

国家风险溢价（Country Risk Premium，CP）是与特定市场相联系的潜在的经济不稳定性和政治风险的函数。国家风险溢价主要指在发展中国家进行股票等证券投资时，发展中国家的投资风险较高，导致的风险溢价。

实际中，一般以每一国家所发行的国家债券的违约风险溢价为基础估计国家风险溢价。标准普尔和穆迪等评级公司对各国发行的债券进行评级，这些评级主要用于衡量违约风险（而非股票风险），但它们同样受到驱动股票风险的许多因素的影响，如一国货币的稳定性、预算和贸易收支以及政治稳定性等。典型的风险溢价是通过观察某一国家在同一信用等级发行的债券的利率高于某一无风险利率（如美国国债利率）的差额进行估计的。对国家风险溢价的估测可以采用以下公式。

$$国家风险溢价 = c \times (\sigma_{股票} \div \sigma_{国债})$$

式中，c为国家违约补偿额，$\sigma_{股票}$和$\sigma_{国债}$分别为股票和国债收益率的标准差。需要注意的是，计算结果受到国债流动性的影响，交易不频繁的国债的收益率变动相对稳定，据此计算出来的结果并不能反映真实的风险水平。此时，如果是境外投资，计算权益资本成本率将又会对国家风险溢价进行调整，如下式所示。

$$E(r_i)=r_f+\beta_i[E(r_m)-r_f]+SP+CP$$

---

① 参考注册估值分析师协会《中国企业资本成本参数估计表（2020版）》。

（五）计算加权平均资本成本率

在完成了上述步骤后，我们便可以计算公司的加权平均资本成本率（Weighted Average Cost of Capital WACC）。根据第 5 章修正的 MM 理论，由于负债的抵税效应，公司的加权平均资本成本率的计算公式如下。

$$R_{WACC}=\frac{S}{D+S}\times R_S+\frac{D}{D+S}\times R_D\times(1-T_C)$$

表 6-11 中，我们若以行业的目标资本结构均值和债务资本成本率均值作为 ValueGo 公司的资本结构和债务资本成本率，并依据行业里同类公司的贝塔系数估计 ValueGo 公司的贝塔系数，其作为小型公司面临的规模溢价为 4.03%。根据前面计算和获得的相关数据，便可计算出税后债务资本成本率为 7%，权益资本成本率为 11.87%，同类企业的债务资本占比均值为 29.1%，同类企业权益资本占比均值为 70.9%。因此，ValueGo 公司的加权平均资本成本率计算过程如下。

$$R_{WACC}=\frac{S}{D+S}\times R_S+\frac{D}{D+S}\times R_D\times(1-T_C)=70.9\%\times15.9\%+29.1\%\times7.0\%=13.31\%$$

表 6-11　加权平均资本成本率计算

项目	数值
（一）目标资本结构	
行业债务资本占比均值	29.1%
行业权益资本占比均值	70.9%
行业负债权益比均值	41.8%
（二）债务资本成本率	
行业债务资本成本率均值	10%
所得税税率	30.0%
税后债务资本成本率	7.0%
（三）权益资本成本率	
无风险利率	3.77%
权益风险溢价	6.64%
贝塔系数	1.22
规模溢价	4.03%
权益资本成本率	15.9%
（四）加权平均资本成本率	13.31%=70.9%×15.9%+29.1%×7.0%

● 本章小结

通过本章的学习，我们了解了投资组合理论的基本概念，理解了投资组合、有效投资组合和代表最优投资组合的资本市场线，学习了资本资产定价模型的理论及应用，学习了加权平均资本成本率的计算步骤和方式。资本成本率计算是公司估值过程中的难点，特别是权益资本成本率的估计，资本成本率将用于计算一家公司的预计自由现金流的现值。

● 关键术语

可行集（Feasible Set）

有效边界（Efficient Frontier）

夏普比率（Sharpe Ratio）

资本配置线（Capital Allocation Line）

资本市场线（Capital Market Line）

系统性风险（Systematic Risk）

证券市场线（Stock Market Line）

资本资产定价模型（Capital Asset Pricing Model）

加权平均资本成本率（Weighted Average Cost of Capital rate）

规模溢价（Size Premium）

国家风险溢价（Country Risk Premium）

● 重要公式

算术收益率：$r_t = \dfrac{P_t - P_{t-1}}{P_{t-1}}$

对数收益率：$r_t = \text{Ln}(\dfrac{P_t}{P_{t-1}})$

持有收益率：$\displaystyle\prod_{t=1}^{n}(1 + r_t) - 1$

期望收益率：$E(r) = \dfrac{r_1 + r_2 + \cdots + r_t}{t}$ 或 $E(r) = \displaystyle\sum_{i=1}^{n} k_i r_i$

方差：$\sigma^2 = \dfrac{[r_1 - E(r)]^2 + [r_2 - E(r)]^2 + \cdots + [r_t - E(r)]^2}{t}$ 或 $\sigma^2 = \displaystyle\sum_{i=1}^{n} k_i [r_i - E(r)]^2$

资本配置线：$E(r_X) = r_f + \dfrac{E(r_P) - r_f}{\sigma_P} \sigma_X$

资本市场线：$E(r_X) = r_f + \dfrac{E(r_M) - r_f}{\sigma_M} \sigma_X$

贝塔系数：$\beta_i = \dfrac{COV(r_i, r_m)}{\sigma_m^2}$

证券市场线：$E(r_i) = r_f + \beta_i [E(r_m) - r_f]$

有杠杆下的贝塔系数：$\beta_S = \beta_U \times [1 + \dfrac{(1 - T_c)D}{S}]$

无杠杆下的贝塔系数：$\beta_U = \beta_S \times \dfrac{1}{1 + \dfrac{(1 - T_c)D}{S}}$

加权平均资本成本率：$R_{WACC} = \dfrac{S}{D+S} \times R_S + \dfrac{D}{D+S} \times R_D \times (1 - T_c)$

● 自测题

1. 以下关于非系统性风险的表述中，正确的是（　）。

A. 投资者因为承受非系统性风险而得到额外收益

B. 当投资者承受的非系统性风险大于市场平均水平时，该投资者得到额外收益

C. 贝塔系数衡量一类证券的非系统性风险

D. 投资者可以消除非系统性风险

正确答案：D。投资者因为承受系统性风险而得到额外收益。当投资者承受的系统性风险大于市场平均水平时，该投资者得到额外收益。贝塔系数衡量一类证券的系统性风险。

2. 一项投资，在经济萧条的情况下（概率为 45%）的回报率是 13%，在经济繁荣的情况下（概率为 5%）的回报率是 −4%，在经济处于普通状态下的回报率是

6%。这项投资的期望回报率（ ）。

A.9.28%

B.8.52%

C.8.65%

D.8.74%

正确答案：C。期望回报率 =45%×13%+5%×（−4%）+50%×6%=8.65%。

3. 一个投资组合的构成如下：40% 的资金买入 X，15% 的资金买入 Y，45% 的资金买入 Z。其中 X、Y、Z 的贝塔系数分别为 1.16、1.47、0.42。这个投资组合的贝塔系数是（ ）。

A.1.09

B.1.21

C.0.873 5

D.1.18

正确答案：C。投资组合的贝塔系数 =40%×1.16+15%×1.47+45%×0.42=0.873 5。

4. 下列关于公司权益资本成本率的说法中，正确的是（ ）。

A. 与公司业绩的增长率和其经营风险密切相关

B. 与公司的税率密切相关

C. 市场风险溢价不影响公司的权益资本成本率

D. 对于有负债公司而言，其权益资本成本率一般比公司的加权平均资本成本率要低

正确答案：A。权益资本成本率与公司的税率并不密切相关，市场风险溢价影响公司的权益资本成本率。对于有负债公司而言，其权益资本成本率一般比公司的加权平均资本成本率要高。

5. 某公司计划将公司的加权平均资本成本率调整为 8%。公司的税后负债资本成本率（已考虑税收影响）是 5.4%，权益资本成本率是 15.2%。为了达到目标资本结构，公司的负债权益比应该是（ ）。

A. 1.02

B. 3.63

C. 2.77

D. 0.44

正确答案：C。加权平均资本成本率 =8%，因此可以推出 $D \div S$=2.77。

● 案例讨论及分析

2019 年，格力电器坚定不移地走"自主创新、科技制胜、双效驱动、全球引领"的发展道路，完善以空调、生活电器、高端装备、通信设备为主要支柱的四大业务领域，以用户为中心，坚持技术创新，优化质控体系，加强线上及海外布局，推进企业转型升级，打造更具竞争力的多元化、科技型全球工业集团。格力电器 2019 年实现营业总收入 2 005.08 亿元，同比增长 0.24%；实现归属于母公司所有者的净利润 246.97 亿元，同比下降 5.75%。格力电器现有 12 个研究院，分别是制冷技术研究院、机电技术研究院、家电技术研究院、智能装备技术研究院、新能源环境技术研究院、健康技术研究院、通信技术研究院、机器人研究院、数控机床研究院、物联网研究院、电机系统技术研究院、装备动力技术研究院；共有 74 个研究所、929 个实验室、2 个院士工作站，国家重点实验室、国家工程技术研究中心、国家级工业设计中心、国家认定企业技术中心、机器人工程技术研发中心各 1 个，同时共建国家通报咨询中心研究评议基地。

格力电器、美的集团、青岛海尔为 2019 年国内空调销量最大的三家厂商，其中格力电器自 1996 年以来一直位居行业龙头地位，目前也是世界上销量最大的空调企业。格力电器近年来内销份额在 40% 左右，稳居第一，外销份额在 25% 左右，在美的集团之后，居于第二。按照 2019 年国内空调企业内销 9 200 万台、外销 6 000 多万台计算，格力电器 2019 年销售空调超 5 000 万台。从销售均价上看，格力电器的空调均价超过美的集团 500 多元，超过青岛海尔 300 多元，属于行业顶尖，这也为格力电器贡献了行业最高的毛利率和净利率。在中央空调品类方面，格力电器同样占据着国内市场最大的份额。正是因为格力电器专注于空调品类，造成了空调收入占比超过 80%，毛利占比超过 90%，远超美的集团 50% 左右的空调营收占比和青岛海尔 20% 左右的空调营收占比。格力电器的收入结构较为单一，当遭遇凉夏、房地产销售不及预期时，可能受到较大影响。

美国、日本等发达国家的空调行业发展起步早，发展较为充分，因为我国与日本纬度近似，习惯相近，所以可以参考日本空调保有量来预估国内空调发展空间。根据日本户均 2.5 台空调，每年 6%~7% 的更换率需 800 万台的饱和市场预期，国内空调饱和量约为年销 1.2 亿台，且需要 15~20 年来实现。我国 2019 年内销空调 9 200 万台，所以空调行业未来 15~20 年增量约为 30%，年均复合增量有限。产品均价方面，目前美国空调均价约为 6 000 元，韩国约为 5 500 元，国内均价为 3 900 多元，还有较大空间，但受制于人均收入情况，增长速度预计较慢。

思考：根据本章学习的内容和自行查阅的资料，估计格力电器 2019 年末的加权平均资本成本率。

参考答案：

假定此时日期为 2019 年 12 月 31 日，格力电器为上市公司，我们可以采取以下步骤计算其加权平均资本成本率。

（1）通过近 100 周格力电器与市场指数的收益率数据计算出贝塔系数为 0.98。

（2）在我国的资本市场里，10 年期国债到期收益率约为 3.77%（无风险收益率），隐含的权益风险溢价约为 6.64%（市场风险溢价）。

（3）依据资本资产定价模型，计算格力电器的权益资本成本率。

权益资本成本率 =3.77%+0.98×6.64%=10.28%

（4）通过格力电器发行债券的公告，我们可以得知其税前债务资本成本率为 6.0%。

（5）根据格力电器 2019 年 12 月 31 日的数据，其资本结构情况如下：权益资本成本率占比为 46.6%，债务资本成本率占比为 53.4%。格力电器的实际企业所得税税率为 16%，则税后债务资本成本率为 5%。最后，可以计算出格力电器的加权平均资本成本率，如下。

$$46.6\%×10.28\%+53.4\%×5\%=7.46\%$$

第 **7** 章

公司盈利预测

会计利润与经营性现金流　　　　　　　　　　　　　　　　　　　　　　销售百分比法
　　透视自由现金流　　　　　　　　　　　　　　　　　　　　　　　　　预计利润表
　　自由现金流举例　　理解公司自由现金流　　公司盈利预测　　公司自由现金流预测　　预计自由现金流时需考虑的因素
　　　　　　　　　　　　　　　　　　　　　　　　　　　　　　　　　　预计自由现金流

扫码即可观看
本章微视频课程

本章知识背景和学习目的

　　在公司金融里，公司的价值取决于未来自由现金流的现值，对自由现金流的预测是公司估值的重点和难点之一。公司自由现金流是公司经营活动创造出来的满足值得投资的项目等所需资金之外的可用于向股东和债权人自由分配的现金流，理解公司自由现金流可以更好地评估公司为投资者创造价值的能力。在了解了公司自由现金流的概念和公式后，我们将学习如何运用销售百分比法来预计公司未来几年的利润表，以更好地预测公司未来的自由现金流，为公司价值评估打下重要的基础。

本章学习要点

1. 了解会计利润和经营性现金流的区别和联系；
2. 理解自由现金流和经营性现金流的定义和联系；
3. 掌握销售百分比法在编制预计利润表时的应用；
4. 熟练掌握自由现金流的定义及计算。

第一节　理解公司自由现金流

（一）会计利润与经营性现金流

现金对公司经营十分重要，公司可以暂时没有会计利润，但不能没有现金。在公司金融里，公司的价值取决于未来自由现金流的现值，我们对公司的估值不依赖于会计利润，而是看公司通过经营活动创造经营性现金流的能力。会计利润是以权责发生制为基础计算的，包括营业利润和净利润等，它代表公司在每一会计期间的最终经营成果。而经营性现金流（Operating Cash Flow）是以收付实现制为基础计算的，包括销售（或购买）商品所收到（或支出）的现金等内容，是公司经营活动中创造的现金流。

举一个简单的例子：ValueGo 公司今年销售一批商品获得收入 100 万元，产品成本为 90 万元，那么其营业利润就为 10 万元；但客户今年并未及时支付 100 万元的货款给 ValueGo 公司，ValueGo 公司今年为了制造这批商品已经花费上述 90 万元的现金（包括原材料和人工费等），对于 ValueGo 公司来说，今年的经营性现金流则为 –90 万元。

虽然会计利润和经营性现金流存在差异，但我们可以根据会计利润和经营性现金流的关系（见图 7-1）判断公司所处的四个发展状态。当公司的会计利润和经营性现金流长期都是正的时候，表明公司健康发展，能够带来持续、稳定经营性现金流的利润才是高质量的利润；当公司的会计利润长期为负而经营性现金流长期为正的时候，表明公司经营困难，虽然能够获得经营性现金流入，但是公司没有利润增长点，应该进行转型升级；当公司的会计利润和经营性现金流长期都为负的时候，表明公司面临倒闭，不仅持续亏损，还失去了现金流"造血"的能力，将面临破产清算的局面；当公司的会计利润长期为正而经营性现金流长期为负的时候，也表明公司经营困难，公司的盈利质量差，现金流回流能力差，公司应该重视内部管理和控制过度的外部扩张。

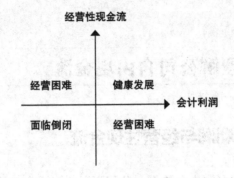

图 7-1 会计利润和经营性现金流的关系

（二）透视自由现金流

在公司金融里，自由现金流（Free Cash Flow）是指经营性现金流扣除资本性支出（Capital Expenditure）等后可自由向股东和债权人进行分配的现金流[①]，或为公司经营活动创造出来的满足值得投资的项目等所需资金之外的自由可用的现金流。自由现金流为负，一般说明公司正处于快速成长期，公司营运资本的增加和长期资产的投资高于其经营活动所创造的现金流，理论上不具备给债权人分配利息的能力，更不具备给股东进行分红的能力。反之，如果自由现金流为正，则可能表明公司拥有向股东和债权人进行分配的自由现金流。在资本成本率或折现率不变的情况下，公司每年拥有的自由现金流越多，公司价值也就越大。公司的自由现金流是资产所产生的现金流，它也必然等于负债的现金流（流向债权人）和权益的现金流（流向股东）的和。

在公司估值中，会计利润是预测自由现金流的基础。我们可以根据会计利

---

① 有的书会将营运资本从经营性现金流中独立出来，那么自由现金流的定义变成经营性现金流扣除营运资本的增加和资本性投资后可自由向股东和债权人进行分配的现金流。在本书中，我们认为营运资本的增加是公司经营活动的一个必然环节，是经营性现金流不可分割的组成部分，因此本书对经营性现金流的定义包含营运资本的增加。这样，经营性现金流更接近收付实现制下公司经营活动所产生的现金流，即更近似于现金流量表中的经营活动产生的现金流量净额。在美国的通用会计准则里，现金流量表中的经营活动产生的现金流量净额和公司金融里的经营性现金流之间的差异在于前者扣除了利息支出，而后者未扣除利息支出。因为从公司金融的角度来说，债权人也是公司资本的提供者，利息支出也是公司经营所创造的现金流的一部分。

润计算经营性现金流的预测值。在会计利润和经营性现金流之间存在着折旧和摊销（Depreciation and Amortization）及营运资本（Working Capital）等的差异。自由现金流、经营性现金流和会计利润之间的关系如公式 1 和公式 2 所示。

公式 1：

自由现金流 = 经营性现金流 − 资本性支出

公式 2：

经营性现金流 = 息前税后利润（Earning Before Interest After Tax，EBIAT）+ 折旧和摊销 − 营运资本的增加

息前税后利润 = 息税前利润 − 以息税前利润为基础计算的所得税费用

　　　　　　 = 息税前利润 − 息税前利润 × 所得税税率

　　　　　　 = 息税前利润 ×（1 − 所得税税率）

需要特别注意的是，这里的所得税费用是以息税前利润为基数，乘以所得税税率直接计算的，并非引用利润表中的所得税。因为这里体现的是非杠杆模式下的自由现金流，表明核心经营资产所产生的现金流。利润表中的所得税是在有杠杆的情况下，经利息税盾调整后的所得税。因此，在自由现金流计算中，不能直接引用利润表中的所得税，应该是在无任何负债（利息费用）的情形下，以息税前利润（Earning Before Interest and Tax，EBIT）为基础计算所得税。

因此，自由现金流的计算也可以细化为以下公式。

自由现金流 = 息前税后利润 + 折旧和摊销 − 营运资本的增加 − 资本性支出

　　　　　 = 息税前利润 ×（1 − 所得税税率）+ 折旧和摊销 − 营运资本的增加 − 资本性支出

　　　　　 = 息税前利润 − 息税前利润 × 所得税税率 + 折旧和摊销 − 营运资本的增加 − 资本性支出

　　　　　 = 息税折旧摊销前利润（Earning Before Interest，Tax Depreciation and Amortization，EBITDA）− 所得税费用 − 营运资本的增加 − 资性支出

其中折旧和摊销以及营运资本、资本性支出的解释如下。

（1）折旧和摊销是当期会计利润的扣除项，折旧和摊销是计入当期成本

但实际没有现金流流出的一种主要的非现金项目[①]，计算自由现金流时应该从会计利润里加回。假定某项固定资产寿命为五年，五年后无残值，其买价为1 000万元，会计人员必须将这1 000万元的成本在该资产的寿命期内摊入费用，若按直线折旧法，五年中每年的折旧费均为200万元。但从现金流的角度看，这笔资产的成本1 000万元是固定资产取得时的实际现金流出，而会计上的每年分摊的200万元折旧费并非每年实际的现金流出。

（2）营运资本等于非现金流动资产减去非带息流动负债，衡量的是一家公司需要多少流动资金维持其持续经营。当年营运资本的增加（非现金流动资产的增加额大于非带息流动负债的增加额）是公司经营过程中对公司现金流占用的增加，也可以理解为公司在营运资本上增加了投资。例如，公司增加存货以支撑未来销售收入的增长，是现金流在存货上的投资；一部分未形成现金流入的销售收入以应收账款的形式存在于流动资产中，也是对现金流的一种占用。相反，应付账款则是未形成现金流出的经营成本，是对供应商现金流的占用（对于供应商来说是应收账款），是公司自身现金流的暂时性增加。因此，营运资本的增加的计算方式如公式3所示。

公式3：

营运资本的增加 = 非现金流动资产的增加 − 非带息流动负债的增加

= （应收账款 + 存货 + 预付账款 + 其他流动资产等）的

增加 − （应付账款 + 其他应计负债 + 其他流动负债等）

的增加

（3）资本性支出是指一家公司用于购买、改善、扩张或者更换实物资产，如建筑物、设备等固定资产的现金支出。资本性支出并不直接计入利润表，而是将支出金额资本化计入资产负债表，而后以折旧的形式在使用年限期间通过利润表列支。与折旧不同的是，资本性支出是本期实际的现金流出，在计算自由现金流时必须将其从经营性现金流中扣除。我们可以从公司长期资产的期末值倒推出公司当期增加了多少资本性支出。长期资产的期末值 = 长期资产的期初值 + 资本性支出 − 折旧和摊销。因此，资本性支出的计算方式如公式4所示。

---

① 另一种非现金项目是"递延税款"。递延税款是由会计利润和实际应纳税所得额之间的差异引起的，递延税款在当期不实际缴纳，不是当期的现金流出。如果公司账上的所得税费用含有递延税款，计算自由现金流时应该先扣除递延税款的部分。

公式 4:

资本性支出 = 长期资产的期末值 – 长期资产的期初值 + 折旧和摊销

如果我们要预测未来资本性支出，一个简单的方法就是计算历史资本性支出占销售收入的比率，然后以平均值作为未来资本性支出的计算基础。即根据预测的未来销售收入乘以预测的资本性支出占销售收入比例，计算预测的资本性支出。

需要注意的是，自由现金流与现金流量表中的现金及现金等价物的增加有所区分。现金及现金等价物的增加代表着当期现金的净增加，这部分现金流属于未流向资本提供者的部分。现金等价物是指企业持有的期限短、流动性强、易于转化为已知金额的现金、价值变动风险很小的投资。通常投资日起三个月内到期或清偿的国库券、货币市场基金、可转让定期存单、商业本票及银行承兑汇票等为现金等价物。现金等价物虽然不是现金，但其支付能力与现金的差别不大，可视为现金。现金及现金等价物的增加的来源主要有：一是未分配的经营活动创造的经营性现金的增加；二是债务或者权益融资带来的融资性现金的增加。

（三）自由现金流举例

为了更好地理解公司自由现金流，这里通过一个案例进行说明。表 7-1 和表 7-2 分别是 ValueGo 公司 2020 年的资产负债表和利润表。

表 7-1　ValueGo 公司 2020 年资产负债表（简表）

单位：百万元

项目	2020 年	2019 年	项目	2020 年	2019 年
流动资产：			流动负债：		
现金及现金等价物	140	107	应付账款	213	197
应收账款	294	270	应付票据	50	53
存货	269	280	应付薪酬	223	205
其他流动资产	58	50			
流动资产合计	761	707	流动负债合计	486	455
长期资产：			长期负债：		

项目	2020 年	2019 年	项目	2020 年	2019 年
固定资产	1 423	1 274	递延税款	117	104
无形资产	245	221	长期债务	471	458
折旧和摊销	−550	−460			
			长期负债合计	588	562
			股东权益：		
			实收资本	94	71
			资本公积	347	327
			留存收益	390	347
			库存股	−26	−20
长期资产合计	1 118	1 035	股东权益合计	805	725
资产总计	1 879	1 742	负债和股东权益总计	1 879	1 742

表 7-2　ValueGo 公司利润表（简表）

单位：百万元

项目	2020 年
营业收入	2 262
营业成本	−1 655
销售费用、一般费用及管理费用	−327
折旧和摊销	−90
营业利润	190
其他利润	29
息税前利润	219
息前税后利润（法定所得税税率为 25%）	164.25
利息费用	−49
税前利润	170
所得税	−84
当期税款	−71
递延税款	−13
净利润	86
留存收益	43
现金股利	43

根据 ValueGo 公司资产负债表和利润表的数据，我们可以逐步计算出 ValueGo 公司在 2020 年的自由现金流。

第一步，计算营运资本的增加。2020年营运资本的增加 = [应收账款的增加（294–270）+ 存货的增加（269–280）+ 其他流动资产的增加（58–50）] – [应付账款的增加（213–197）+ 其他应计负债的增加（50–53+223–205）] = –10（百万元）。

第二步，计算经营性现金流。首先，以法定所得税税率25%计算2020年的息前税后利润。息前税后利润 = 息税前利润（219）– 以息税前利润为基础计算的所得税（219×25%）= 164.25（百万元）。其次，计算2020年的经营性现金流。经营性现金流 = 息前税后利润（164.25）+ 折旧和摊销（90）– 营运资本的增加（–10）= 264.25（百万元）。

第三步，计算资本性支出。2020年资本性支出 = 长期资产的期末值（1 118）– 长期资产的期初值（1 035）+ 折旧和摊销（90）= 173（百万元）。

我们可以通过2020年资本性支出计算当年资本性支出占销售收入的比例，比例 =173÷2 262×100%=7.65%。

第四步，计算自由现金流。2020年自由现金流 = 经营性现金流（264.25）– 资本性支出（173）= 91.25（百万元）。

第二节　公司自由现金流预测

（一）销售百分比法

预测公司自由现金流的起点是预测营业收入，因为大部分的财务数据与营业收入存在内在的联系。销售百分比法（Percentage-of-Sales Method）是编制预计利润表的一种方法。下面主要说明销售百分比法的原理、假设和应用步骤。

1. 销售百分比法的原理

对于外部投资者来说，由于财务报表不披露销量和价格等数据，无法直接预测各种产品的销量和价格，因此在对企业进行收入预测时，只能直接以基期的收入对营业收入的增长率进行预测，即根据基期财务报表中营业收入与资产负债表和利润表各个项目之间的比例关系进行预测。例如，表 7-1 到表 7-3 中，ValueGo 公司 2020 年的营业收入为 2 262（单位：百万元），其应收账款为 294（单位：百万元），则应收账款占营业收入的比例是 13.00%（294÷2 262）。若预计 2021 年营业收入增至 2 488（单位：百万元），那么，ValueGo 公司的应收账款将为 323.44（2 488×13%）（单位：百万元）。

根据 ValueGo 公司的历史资料，我们可以得知其营业收入在 2017—2019 年的年均复合增长率（Compound Annual Growth Rate，CAGR）为 15.37%，但是其所在行业的平均年均复合增长率仅为 10%，我们预计该行业未来三年（2021—2023 年）的营业收入增长率随着行业的竞争和市场的饱和会逐年下降，预计分别为 10%、8%、5%；而 2024 年的市场不确定更大，我们预计该行业 2024 年的营业收入增长率降至通货膨胀率（3% 左右）水平。由于营业收入增长率是基于历史数据的预测，在实际预测中若影响销售的实际情况发生了变动，如行业环境和宏观环境发生了变化，我们也应当相应地对营业收入增长率进行调整。最后根据估计出的营业收入和销售百分比计算得出其他项目的数值。

表 7-3　ValueGo 公司营业收入增长率预测情况

金额单位：百万元

项目	历史阶段					预测阶段			
年份	2017	2018	2019	CAGR (2017— 2019)	2020	2021	2022	2023	2024
营业收入	1 510	1 780	2 010	15.37%	2 262	2 488	2 687	2 822	2 906
营业收入增长率		17.88%	12.92%		12.54%	10%	8%	5%	3%

2. 销售百分比法的假设和应用步骤

应用销售百分比法需要满足以下假设：各项资产、负债和成本费用与营业收入保持稳定的百分比关系。

应用销售百分比法的一般步骤如下。

（1）根据公司和行业的历史数据，预测公司未来各年的营业收入增长率。

（2）基于基期的利润表和资产负债表，计算各项资产、负债和成本费用占营业收入的比例。

（3）基于计算出来的各项销售百分比，预计未来的利润表数据、营运资本的变动及资本性支出。

（4）最后，计算企业的自由现金流。

（二）预计利润表

我们以 ValueGo 公司为例，基于其 2020 年的利润表数据，估计 2021 年及之后年度的预计利润表。编制预计利润表的主要步骤如下。

（1）根据 ValueGo 公司和行业的历史数据，我们预计未来三年（2021—2023 年）的营业收入增长率分别为 10%、8%、5%，而 2024 年降至 3%。因此，2021—2024 年的营业收入如表 7-4 "营业收入"行所示。

（2）基于 2020 年基期的利润表计算利润表各项目与营业收入的比例。我们可以计算出 ValueGo 公司 2020 年利润表里每一项占营业收入的比例，如表 7-4 第 3 列所示，由于四舍五入，数据可能会略有误差。

（3）将各年度的预计营业收入乘以各个项目对应的比例即可列示出 2021—2024 年的利润表数据，如表 7-4 所示。

表 7-4　ValueGo 公司 2021—2024 年的预计利润表（简表）

金额单位：百万元

项目	2020 年	占比(%)	2021 年	2022 年	2023 年	2024 年
营业收入	2 262	100	2 488	2 687	2 822	2 906
营业成本	−1 655	73.2	−1 821	−1 967	−2 066	−2 127
销售费用、一般费用及管理费用	−327	14.4	−358	−387	−406	−418
折旧和摊销	−90	4.0	−100	−107	−113	−116
营业利润	190	8.4	209	226	237	245
其他利润	29	1.3	32	35	37	38
息税前利润	219	9.7	241	261	274	283
息前税后利润（法定所得税税率为 25%）	164.25	7.3	180.75	195.75	205.5	212.25

项目	2020 年	占比(%)	2021 年	2022 年	2023 年	2024 年
利息费用	−49	2.2	−55	−59	−62	−64
税前利润	170	7.5	186	202	212	219
所得税	−84	−3.7	−91	−99	−104	−107
当期税款	−71	−3.1	−78	−84	−88	−91
递延税款	−13	−0.6	−13	−15	−16	−16
净利润	86	3.8	95	103	108	112
留存收益	43	1.9	47.5	51.5	54	56
现金股利	43	1.9	47.5	51.5	54	56

（三）预计自由现金流时需考虑的因素

在预计自由现金流时，需要考虑以下几个因素。

（1）历史绩效的可靠性。预测自由现金流是基于历史绩效进行的，企业历史的营业收入增长率情况和行业平均营业收入增长率情况是预计企业未来营业收入增长率时需要考虑的因素。因此，历史绩效的可靠性会对预测结果产生影响。

（2）预测期的区分性。在预测自由现金流的过程中，一般假定企业是持续经营的，即无限期地持续经营。但是，预测无限期存在较大不确定性，预测期间越长，预测就可能越不可靠。因此，在预测自由现金流时，我们应该根据企业自身、行业整体和宏观环境将企业的发展阶段进行区分。

发展阶段包括快速发展阶段和稳定发展阶段。快速发展阶段有多长，预测期就应该有多长，这个预测期是一个有限预测期，这种情况下需要对每年的自由现金流进行详细预测。而在稳定发展阶段，企业进入了"永续期"，即企业进入可持续增长的状态，自由现金流的增长率也是稳定的。稳定发展阶段的判断标志是两个指标：一是稳定的销售增长率，二是稳定的权益收益率。这两个稳定的指标意味着企业的销售业务稳定且给股东带来的回报率也是平稳的。

（3）实际情况的调整性。预测的自由现金流并不是一成不变的，而是应该根据市场变化、行业周期等随时调整估计的各项参数和修正相关的假设，以使得预测的自由现金流更加准确，避免公司估值产生较大的错误。

（四）预计自由现金流

在理解了销售百分比法及预计自由现金流需要考虑的因素后，我们可以逐年逐步计算出公司的预计自由现金流。这里仍以 ValueGo 公司为例。根据 ValueGo 公司 2020 年资产负债表（表 7-1）及其预计利润表（表 7-4）的数据，我们可计算出 ValueGo 公司 2021 年至 2024 年的预计自由现金流，以 2021 年为例。

第一步，计算营运资本的增加。

（1）2020 年的营运资本 = ［应收账款（294）+ 存货（269）+ 其他流动资产（58）］－［应付账款（213）+ 其他应计负债（50+223）］

$$= 135（百万元）$$

（2）2021 年的营运资本 = 基期的营运资本 ÷ 基期的营业收入 × 预计期的营业收入

$$= 基期的营运资本 ×（预计期的营业收入 ÷ 基期的营业收入）$$

$$= 基期的营运资本 ×（2\ 488 ÷ 2\ 262）$$

$$= 基期的营运资本 × 1.10$$

$$= 135 × 1.10$$

$$= 149（百万元）$$

（3）2021 年营运资本的增加 = 2021 年的营运资本 － 2020 年的营运资本

$$= 149 － 135$$

$$= 14（百万元）$$

第二步，计算经营性现金流。

2021 年的经营性现金流 = 息前税后利润（180.75）+ 折旧和摊销（100）－ 营运资本的增加（14）

$$= 266.75（百万元）$$

第三步，计算资本性支出。

（1）2021 年营业收入 = 2020 年营业收入 ×（1 + 营业收入增长率）

$$= 2\ 262 ×（1 + 10\%）$$

$$= 2\ 488（百万元）$$

（2）2021年资本性支出 = 2021年营业收入 ×2020年资本性支出占营业收入比例

$$= 2\ 488 \times 7.6\%$$
$$= 189（百万元）$$

第四步，计算自由现金流。

2021年自由现金流 = 经营性现金流（266.75）– 资本性支出（189）= 77.75（百万元）

● 本章小结

通过本章的学习，我们了解了自由现金流的基本概念，理解了自由现金流的计算公式，学习了销售百分比法及其在预测财务报表和自由现金流里的应用。自由现金流预测是公司估值中的难点之一，学习本章知识可以为我们理解公司估值打下重要的基础。

● 关键术语

自由现金流（Free Cash Flow）

经营性现金流（Operating Cash Flow）

息前税后利润（Earning Before Interest After Tax，EBIAT）

息税前利润（Earning Before Interest and Tax，EBIT）

息税折旧摊销前利润（Earning Before Interest, Tax, Depreciation and Amortization，EBITDA）

资本性支出（Capital Expenditure）

折旧和摊销（Depreciation and Amortization）

销售百分比法（Percentage-of-Sales Method）

● 重要公式

经营性现金流 = 息前税后利润 + 折旧和摊销 − 营运资本的增加

息前税后利润 = 息税前利润 x（1 − 所得税税率）

营运资本的增加 = 非现金流动资产的增加 − 非带息流动负债的增加 =（应收账款 + 存货 + 预付账款 + 其他流动资产等）的增加 −（应付账款 + 其他应计负债 + 其他流动负债等）的增加

资本性支出 = 长期资产的期末值 − 长期资产的期初值 + 折旧和摊销

自由现金流 = 经营性现金流 − 资本性支出 = 息前税后利润 + 折旧和摊销 − 营运资本的增加 − 资本性支出 = 息税前利润 − 息税前利润 x 所得税税率 + 折旧和摊销 − 营运资本的增加 − 资本性支出 = 息税折旧摊销前利润 − 所得税费用 − 营运资

● 自测题

1. 根据销售增长与资产增长之间的关系，预测未来资金需求量的方法是（ ）。

A. 回归分析法

B. 资金增长趋势预测法

C. 因素分析法

D. 销售百分比法

正确答案：D。根据销售增长与资产增长之间的关系，预测未来资金需求量的方法是销售百分比法。

2. 以下表示有现金流入的是（ ）。

A. 加速折旧法下增加的折旧金额

B. 应收账款的减少

C. 应付账款的减少

D. 购买设备

正确答案：B。应收账款的减少意味着客户欠款的回收，当期存在现金流入。

3. 公司自由现金流指的是可供股东和债权人自由分配的现金流。（ ）

A. √

B. ×

正确答案：A。自由现金流 = 流向股东的现金流 + 流向债权人的现金流。

4. 海盐公司 20×1 年营业收入为 15 万元，预计 20×2 年增长 5%；20×1 年公司营运资本为 1 000 万元。

要求：根据销售百分比法，测算 20×2 年海盐公司营运资本的增加额。

参考答案：

（1）20×2 年营运资本。

20×2 年营运资本 = 基期的营运资本 ÷ 基期的营业收入 × 预计期的营业收入

$\qquad$ = 基期的营运资本 ×（预计期的营业收入 ÷ 基期的营业收入）

$\qquad$ = 基期的营运资本 ×［15 ×（1+5%）÷ 15］

$\qquad$ = 1 000 × 1.05

$\qquad$ = 1 050（万元）

（2）20×2 年营运资本的增加。

20×2 年营运资本的增加 = 20×2 年营运资本 − 20×1 年营运资本

$\qquad$ = 1 050 − 1 000

$\qquad$ = 50（万元）

● 案例讨论及分析

2019 年上半年空调行业表现疲软，格力电器经营业绩稳健增长。2018 年格力电器以 20.6% 的全球市场占有率位列家用空调领域榜首，自 2005 年起连续 14 年领跑全球。

根据格力电器的年度报告，其相关数据如表 7-5 和表 7-6 所示。

表 7-5　格力电器的相关数据（1）

金额单位：亿元

项目	历史期				复合平均增长率
年份	2016 年	2017 年	2018 年	2019 年	（2016—2019 年）
营业收入	1 101	1 500	2 000	2 005	22%
增长率		36.2%	33.3%	0.25%	下降后趋于稳定
营业成本	915	1 247	1 693	1 707	23%
占收入百分比	83.1%	83.1%	84.7%	85.1%	平均占收84%
EBITDA	186	253	307	298	17%
占收入百分比	16.9%	16.9%	15.4%	14.9%	平均占收16%

项目	历史期				复合平均增长率
年份	2016 年	2017 年	2018 年	2019 年	（2016—2019 年）
折旧和摊销	18	20	31	32	
占收入百分比	1.6%	1.3%	1.6%	1.6%	平均占收 1.5%
EBIT	168	233	276	266	17%
所得税	27	37	44	43	
资本性支出		−13	40	81	
占收入百分比		−0.9%	2.0%	4.0%	平均占收 1.7%
营运资本变化量		96	55	116	
自由现金流量		133	168	58	

表 7-6　格力电器的相关数据（2）

金额单位：亿元

项目	历史期			
年份	2016 年	2017 年	2018 年	2019 年
应收账款	30	58	77	85
存货	90	166	200	241
预付账款和其他应收	41	143	196	255
非现金流动资产	161	367	473	581
占收入百分比	14.6%	24.5%	23.7%	29.0%
应付账款	295	346	390	417
应付工资	17	19	25	34
预收账款和其他应付	720	777	778	734
非带息流动负债	1 032	1 142	1 193	1 185
占收入百分比	93.7%	76.1%	59.7%	59.1%
营运资本＝非现金流动资产－非带息流动负债	−871	−775	−720	−604
占收入百分比	−79%	−52%	−36%	−30%

思考：根据格力电器的上述材料和数据，以 2019 年 12 月 31 日作为评估基准日，根据自由现金流的计算公式，对格力电器未来五年的自由现金流进行预测。

参考答案：

自由现金流

= 息前税后利润 + 折旧和摊销 − 营运资本的增加 − 资本性支出

= 息税前利润 − 所得税费用 + 折旧和摊销 − 营运资本的增加 − 资本性支出

= 息税折旧摊销前利润 − 所得税费用 − 营运资本的增加 − 资本性支出

因此，预测自由现金流主要在于预测息税折旧摊销前利润、所得税费用、营运资本的增加、资本性支出，其中所得税费用是以息税前利润为基数，乘以所得税税率直接计算的。

（1）EBITDA 预测。

从表 7−5 可以看出，格力电器 2016 年至 2019 年营业收入的复合平均增长率为 22%，2017 年及 2018 年的增长率较为强劲且保持平稳，2019 年的营业收入基本与 2018 年持平。根据 Wind 数据库，我们可以获得 2020 年至 2024 年的营业收入增长率的预测数据，其中，2023 年至 2024 年，考虑到行业成熟以及市场需求的饱和程度，分别给予 3% 的增长率。

表 7−7 为在假设营业收入的基础上，按照往年的平均收入占比计算出的 2020 年至 2024 年 EBITDA 的预测值。

表 7−7　EBITDA 预测

金额单位：亿元

项目	历史期				预测期				
年份	2016年	2017年	2018年	2019年	2020年	2021年	2022年	2023年	2024年
营业收入	1 101	1 500	2 000	2 005	1 955	2 160	2 247	2 314	2 383
增长率		36.2%	33.3%	0.25%	−2.5%	10.5%	4.0%	3.00%	3.00%
营业成本	915	1 247	1 693	1 707	1 642	1 815	1 887	1 944	2 002
EBITDA	186	253	307	298	313	345	360	370	381

（2）资本性支出预测。

结合公司 2017 年至 2019 年各年的资本性支出增长情况，假设资本性支出在预测期占收入的比例保持 1.7% 不变，根据销售百分比法，对 2020 年至 2024 年的资本性支出的预测如表 7-8 所示。

表 7-8　资本性支出预测

金额单位：亿元

项目	历史期					预测期				
年份	2016年	2017年	2018年	2019年		2020年	2021年	2022年	2023年	2024年
资本性支出		-13	40	81		33	37	38	39	41
占收入百分比		-0.9%	2.0%	4.0%	平均占入1.7%	1.7%	1.7%	1.7%	1.7%	1.7%

（3）营运资本增加额预测。

整理公司 2016 年至 2019 年各年的营运资本占收入的比重的数据，假设非现金流动资产和非带息流动负债在预测期占收入的比例保持不变，根据销售百分比法，对 2020 年至 2024 年的营运资本预测如表 7-9 所示。

表 7-9　营运资本预测

金额单位：亿元

项目	历史期					预测期				
年份	2016年	2017年	2018年	2019年		2020年	2021年	2022年	2023年	2024年
应收账款	30	58	77	85						
存货	90	166	200	241						
预付账款和其他应收款	41	143	196	255						
非现金流动资产	161	367	473	581		448	495	515	530	546
占收入百分比	14.6%	24.5%	23.7%	29.0%	平均占收入22.9%	22.9%	22.9%	22.9%	22.9%	22.9%

项目	历史期					预测期				
年份	2016年	2017年	2018年	2019年		2020年	2021年	2022年	2023年	2024年
应付账款	295	346	390	417						
应付工资	17	19	25	34						
预收账款和其他应付	720	777	778	734						
非带息流动负债	1 032	1 142	1 193	1 185		1 412	1 560	1 622	1 671	1 721
占收入百分比	93.7%	76.1%	59.7%	59.1%	平均占收入72.2%	72.2%	72.2%	72.2%	72.2%	72.2%
营运资本	−871	−775	−720	−604		−964	−1 065	−1 108	−1 141	−1 175
占收入百分比	−79%	−52%	−36%	−30%	平均占收入 −49%	−49%	−49%	−49%	−49%	−49%

（4）自由现金流预测。

根据公司自由现金流计算的简化公式，自由现金流 = 息前税后利润 + 折旧和摊销 − 营运资本的增加 − 资本性支出 = 息税前利润 − 所得税费用 + 折旧和摊销 − 营运资本的增加 − 资本性支出 = 息税折旧摊销前利润 − 所得税费用 − 营运资本的增加 − 资本性支出，以及上述估计的各项数据，格力电器未来五年的自由现金流量如表 7−10 所示。

表 7−10　自由现金流预测

金额单位：亿元

项目	预测期				
年份	2020 年	2021 年	2022 年	2023 年	2024 年
营业收入	1 955	2 160	2 247	2 314	2 383
增长率	−2.5%	10.5%	4.0%	3.00%	3.00%
营业成本	1 642	1 815	1 887	1 944	2 002
占收入百分比	84.0%	84.0%	84.0%	84.0%	84.0%
EBITDA	313	345	360	370	381
占收入百分比	16.0%	16.0%	16.0%	16.0%	16.0%
折旧和摊销	29	32	34	35	36

项目	预测期				
年份	2020 年	2021 年	2022 年	2023 年	2024 年
占收入百分比	1.5%	1.5%	1.5%	1.5%	1.5%
EBIT	283	313	326	336	346
所得税	45	50	52	54	55
资本性支出	33	37	38	39	41
占收入百分比	1.7%	1.7%	1.7%	1.7%	1.7%
营运资本变化量	−360	−101	−43	−33	−34
自由现金流量	595	361	312	310	320

第 8 章

公司估值分析

扫码即可观看
本章微视频课程

本章知识背景和学习目的

公司估值是本书的核心，因此理解和应用公司估值方法便是本书的重中之重。通过本章的学习，我们可以了解公司估值的过程，整体包括四个方面：公司环境分析、公司盈利预测、资本成本率预计和公司价值评估；理解公司估值中的三个重要原则：自由现金流预测时点的准确性、资本成本率估计的匹配性和估值模型选择的合理性。在理解了公司估值的整体过程和原则后，我们将学习绝对估值模型和相对估值模型的原理、方法和案例应用，学习如何运用两大类估值模型对公司进行估值，以把握公司估值中的细节和关键点，理解公司估值的本质，为投资决策提供重要依据。

本章学习要点

1. 了解公司估值的过程和原则；
2. 理解绝对估值模型的各类方法和公式；
3. 理解相对估值模型的各类方法和公式；
4. 熟练掌握公司估值的具体应用。

（一）公司估值过程

1. 公司环境分析

分析公司环境是公司估值的第一步，我们首先可以通过 SWOT 分析法分析公司内部的优势、劣势，面临的机会和威胁。而对于外部环境而言，我们可以通过 PEST 分析模型，分析公司面临的政治、经济、社会和技术环境；同时，也可以通过波特五力模型，分析公司面临的行业环境，关注其行业竞争环境的变化；通过竞争者分析，准确判断竞争对手的战略定位和发展方向，并在此基础上预测竞争对手未来的战略，准确评价竞争对手对本公司的战略行为的反应，估计竞争对手在实现可持续竞争优势方面的能力。公司环境分析将为我们理解公司在行业中的战略地位提供依据，为公司估值做好准备。

2. 公司盈利预测

公司的内在价值等于其未来创造的自由现金流的现值，因此，公司盈利预测是公司估值中最重要的步骤之一。公司盈利预测在公司估值中主要在于估计公司的自由现金流，公司自由现金流是公司经营活动创造出来的满足值得投资的项目等所需资金之外的可用于向股东和债权人自由分配的现金流。公司层面的自由现金流（Free Cash Flow，FCF）表达式如下。

自由现金流 = 经营性现金流 − 资本性支出

其中：

经营性现金流 = 息前税后利润 + 折旧和摊销 − 营运资本的增加

息前税后利润 = 息税前利润 × (1− 所得税税率)

在实践中，我们也经常使用现金流量表里的数据来估计公司的自由现金流，其公式如下。

自由现金流 = 经营性现金流 − 资本性支出

　　　　 ≈ 经营活动产生的现金流量净额 − 投资活动产生的现金流量净额

3. 资本成本率预计

如前所述，公司的内在价值等于其未来创造的自由现金流的现值，因此，资本成本率预计是公司估值中另外一个重要的步骤。预计资本成本率通常有以下五个步骤。

（1）确定公司的目标资本结构。由资本结构理论可知，在存在税收的现实世界里，资本结构影响着公司的权益资本成本率和加权平均资本成本率。公司的目标资本结构体现了一个公司长期的筹资战略。一个公司若没有目标资本结构，则需要结合公司当前和历史的债务资本比率，以及同行业的资本结构情况，确定公司的目标资本结构。最优的目标资本结构有利于实现股东和公司价值最大化。

（2）预计债务资本成本率。债务资本成本率一般表现为已发行的债务工具的平均成本。债务的来源主要包括银行贷款和公司债券等有息负债，因此一般根据公司的利息支出除以期初与期末平均有息负债来估计债务资本成本率。

（3）预计权益资本成本率。对于上市公司，可以通过资本资产定价模型直接估计其权益资本成本率，如下。

$$r_s = r_f + \beta(r_m - r_f)$$

其中，r_s 是权益资本成本率，r_f 是无风险收益率，r_m 是市场收益率，β 为贝塔系数。

对于非上市公司，则需要借鉴 MM 理论调整的贝塔系数，进而将估计出来的贝塔系数带入资本资产定价模型，间接估计其权益资本成本率。

$$\beta_S = \beta_U \times \left[1 + \frac{(1-T_c)D}{S}\right]$$

（4）加入一些调整项，如规模溢价、国家风险溢价，进而调整公司的权益资本成本率，使其更加能反映公司的内部环境和面临的宏观环境。

（5）计算加权平均资本成本率。

在完成了上述步骤后，我们便可以计算公司的加权平均资本成本率。根据修正的 MM 理论，由于负债的抵税效应，公司的加权平均资本成本率的计算公式如下。

$$r_{wacc} = \frac{S}{D+S} \times r_s + \frac{D}{D+S} \times r_D \times (1-T_C)$$

其中，r_{wacc} 是加权平均资本成本率，r_s 是权益资本成本率，r_D 是债务资本成本率，S 是权益的市值，D 是债务的市值（一般等于账面价值），T_C 为企业所得税税率。

4. 公司价值评估

通过公司环境分析、自由现金流预测和资本成本率预计，我们便可以估计出公司的内在价值，然后根据下述公式计算股权价值。

股权价值 = 公司价值 – 债务价值 – 优先股 – 少数股东权益价值 + 现金及现金等价物

一般来说，我们可以将估计出来的股权价值与其市场定价或者卖方给出的价格进行比较，判断该公司目前的市场价值或者卖价是被高估还是被低估。如果被低估，则应该买入该资产；反之，则应该拒绝此项投资。

在公司价值评估的过程中，同时也需要进行敏感性分析，估计公司价值对现金流和资本成本率变化的敏感度，以尽可能地降低估值中的风险。我们可以通过调整预测公司自由现金流的参数，估计公司在不同自由现金流水平下的价值波动情况；我们也可以通过调整公司资本成本率预计的相关参数，如系统性风险的变化，估计公司在不同资本成本率水平下的价值波动情况。如果一个公司的价值对现金流或者资本成本率较敏感，则表明该公司对外部环境变化较敏感，相关投资风险较大，在做投资决策时需要更加谨慎。

（二）公司估值原则

1. 自由现金流预测时点的准确性

首先，预测自由现金流需要明确的是，我们是在当期对企业未来自由现金流进行预测，即预测时点从 $t+1$ 期开始。

其次，我们一般假设企业能够永续经营，即预测期限为无限期。如此能够简化我们的估值过程。

最后，自由现金流预测时点一般可分为两段：正常期预测和终值预测。在正常期里，我们一般对企业未来 5~10 年的自由现金流进行详细预测；而对终值预测，我们一般采用永续（或永续增长）现金流或退出乘数法的方式估算。假设正常期为 5 年，先计算出 $t+6$ 期（正常期最后一年后的一期）的自由现金流，进而以此为基础，计算从 $t+6$ 期开始的永续（增长）现金流的现值。在采用退出乘数法的情形下，则根据最后一年的息税折旧摊销前利润（EBITDA）乘以相应的行业估值乘数，得到终值。通常情形下，也可以采用投资收购时相同的乘数作为退出乘数。

2. 资本成本率估计的匹配性

资本成本率的估计需要和现金流的估计相匹配。首先，若是针对公司层面的自由现金流的估计，则应该匹配公司层面的加权平均资本成本率，进而对其进行折现估值。其次，若是针对股东层面的自由现金流的估计，则应该匹配股东层面的权益资本成本率，进而对其进行折现估值。

3. 估值模型选择的合理性

公司价值评估是一项综合性的资产评估，是对公司整体经济价值进行判断、估计的过程，公司估值模型可分为绝对估值模型和相对估值模型。

绝对估值模型主要采用的是现金流贴现和股利贴现的方法，包括公司自由现金流（Free Cash Flow of Firm，FCFF）、股权自由现金流（Free Cash Flow of Equity，FCFE）和股利贴现模型（Dividend Discount Model，DDM）。绝对估值模型运用收益的资本化定价方法来决定普通股票的内在价值。按照收益的资本化定价方法，任何资产的内在价值都是由拥有这种资产的投资者在未来时期中所接受的现金流决定的。由于现金流是未来时期的预期值，因此必须按照一定的贴现率计算为现值，也就是说，一种资产的内在价值等于预期现金流的贴现值。对于股票来说，这种预期的现金流即在未来预期支付的股利。

因此，绝对估值模型是一套很严谨的估值方法，是一种绝对定价方法。若想利用绝对估值模型得出准确的估值，需要对企业未来发展情况有清晰的了解，得出估值的过程就是判断企业未来发展的过程。就准确判断企业的未来发展来说，判断成熟稳定的企业相对容易一些，处于扩张期的企业未来发展的不确定性较大，准确判断其价值较为困难；再加上绝对估值模型本身对参数的变动很敏感，所以估值的可变性很大。但得出估值的过程会反映研究员对企业未来发展的判断，并在此基础上做出假设。有了绝对估值模型的估值过程和结果，以后如果假设有变动，即可通过修改参数得到新的估值。

相对估值模型即市场模型，又称乘数估值模型，指的是在证券市场上经常使用的市盈率法、市净率法、市销率法等比较简单通用的比较方法。它是利用类似企业的市场价值或价格来确定目标企业价值的一种评估方法。这种方法是假设存在一个支配企业市场价值的主要变量，而市场价值与该变量的比值对各企业而言是类似的、可比较的。由此可以在市场上选择一个或几个跟目标企业类似的企业，在分析比较的基础上，修正、调整目标企业的市场价值，最后确定被评估企业的市场价值。通常来说，可以和国内同行业企业的数据进行对比，确定被评估企业的位置，也可以和国际上的同行业重点企业的数据进行对比。

因此，相对估值模型最显著的优点就是简单、透明。选择一个可比企业，以相同的市盈率或市净率等进行对比，很快就能得出被评估企业的价值或价格；但是使用这种方法的难点在于没有两家完全相同的企业，所以完全可比的企业是非常难以寻找的。退一步讲，即使找到一组非常相似的企业进行比较，这些可比企业之间的市场定价是否合理，合理的情况下又是否能作为目标企业的参照等问题都无法确定；另外，一组可比企业之间各自的市场定价可能存在很大的差别，这样相对估值模型在准确性、可信度方面存在一定的欠缺。

总之，绝对估值模型的优点在于能够较为精确地揭示企业股票的内在价值，可以通过一系列比较系统的、完整的模型运算来全面了解一个企业的财务状况和经营情况，同时如果模型的建立是正确的，模型的假设是准确的，那么运用这种方法可以得到一个非常精准的结果；其缺点在于结果过多地依赖于假设，假设条件过多而且比较复杂，并且往往不能得到充足的支撑这些假设的信息，因此这些假设的准确性就打了折扣。相对估值模型更贴近市场，更好地反映了股票市场对该行业内企业的喜好，所以受到大多数基金和投资银行的欢迎，也是实际估值时使用较多的一种方法。

（一）绝对估值模型

1. 股利贴现模型

股利贴现模型（Dividend Discount Model, DDM）是一种基本的股票内在价值评价模型。威廉姆斯（Williams）和戈登（Gordon）于1938年提出了公司（股票）价值评估的股利贴现模型（DDM），为定量分析虚拟资本、资产和公司价值奠定了理论基础，也为证券投资的基本分析提供了强有力的理论根据。

内在价值是指股票本身应该具有的价值，而不是它的市场价格。股票内在价值可以用股票每年股利收入的现值之和来评价；股利是发行股票的股份有限公司给予股东的回报，按股东的持股比例进行利润分配，每股股票所分得的利润就是每股股票的股利。这种评价方法的根据是，如果永远持有该股票，那么逐年从公司获得的股利的贴现值就是该股票的价值。根据这个思想来评价股票的方法称为股利贴现模型。其公式如下。

$$P = \sum_{t=1}^{t} \frac{Div_t}{(1+r)^t}$$

其中，P 为每股股票的内在价值，Div_t 是第 t 年每股股票股利的期望值，r 是股票的期望收益率或贴现率。公式表明，股票的内在价值是其逐年期望股利的现值之和。

我们通过下述简单的模型，来推导股利贴现模型。股票的价格等于：①支付的股利和股票售价的现值；或②未来所有股利的现值。那么，对于在 t_0 时点买入的投资者而言，其股票价格 P_0 为 t_1 年的股利的现值和股票售价的现值之和，公式如下。

$P_0 = Div_1 / (1+r) + P_1 / (1+r)$

对于在 t_1 时点买入的投资者而言，其股票价格 P_1 为 t_1 年的股利的现值和股票售价的现值之和，公式如下。

$P_1 = Div_2 / (1+r) + P_2 / (1+r)$

对于在 t_2 时点买入的投资者而言，其股票价格 P_2 为 t_2 年的股利的现值和股票售价的现值之和，公式如下。

$P_2 = Div_3 / (1 + r) + P_3 / (1 + r)$

以此类推，通过迭代，可以推导出以下等式。

$$P_0 = Div_1 / (1 + r) + Div_2 / (1 + r)^2 + Div_3 / (1 + r)^3 + \cdots Div_t / (1 + r)^t = \sum_{t=1}^{t} \frac{Div_t}{(1+r)^t}$$

这也说明即使投资者目光短浅，不会关心长期的股利，想尽早卖出股票以得到现金，但他必须找到另一个愿意购买股票的投资者，而另一个投资者愿意支付的价格则取决于以后的股利。因此，即使投资者的投资期限较短，股利贴现模型仍然成立。

若股利是固定的，就意味未来现金流量是固定的，股利零增长的股票的价格是一个永续年金的现值，则固定股利贴现模型可简化为以下公式。

$$P = \frac{Div_1}{r}$$

其中，P 为每股股票的内在价值，Div_1 是第 1 年每股股票股利的期望值，r 是股票的期望收益率或贴现率。

若股利是以固定比率 g 增长的，就意味未来现金流量以固定比率永续增长，固定增长率股票的价值是永续增长年金的现值，则股利增长贴现模型可简化为以下公式。

$$P = \frac{Div_1}{r-g}$$

其中，P 为每股股票的内在价值，Div_1 是第 1 年每股股票股利的期望值，r 是股票的期望收益率或贴现率，g 是股利的增长率。

那么，接下来一个问题便是，g 怎么估计？我们知道只有公司的净投资（总投资－折旧）为正，公司的盈利才可能增长。根据融资优序理论，公司首先选择内部资金进行融资，为了增长，那么公司必须留存一些盈利（只有留存盈利 >0，净投资才可能持续为正）。这得出以下等式。

下一年的盈利 = 今年的盈利 +（今年的留存盈利 × 留存盈利的回报率）

两边同除以今年的盈利，得到以下等式。

$$\frac{\text{下一年的盈利}}{\text{今年的盈利}} = 1 + \frac{\text{今年的留存盈利}}{\text{今年的盈利}} \times \text{留存盈利的回报率}$$

$$\frac{\text{今年的盈利} \times (1+g)}{\text{今年的盈利}} = 1 + \text{留存盈利比率} \times \text{留存盈利的回报率}$$

即：

$$g = \text{留存盈利比率}(b) \times \text{留存盈利的回报率}(ROE)$$

其中，留存盈利的回报率可以用公司历史的股东权益回报率估计。当然，g 的估计是不精确的。因为我们假设留存盈利比率一直保持不变，且留存盈利的再投资回报率等于历史的股东权益回报率。

举个例子：

如果其公司可以永续地把 5 美元盈利的 40% 用于派息、60% 用于再投资，资本成本率为 12.5%，ROE 为 15%，则该公司的股价是多少？

首先，$Div_1 = 5 \times 40\% = 2$（美元）；其次，股利增长率 $= ROE \times b = 15\% \times 60\% = 9\%$；最后，公司的股价 $= \dfrac{Div_1}{r-g} = \dfrac{2}{12.5\% - 9\%} = 57.14$（美元）。

2. 现金流折现模型

现金流折现模型是通过预测公司将来的现金流量并按照一定的折现率计算公司的现值，从而确定股票发行价格的方法。投资股票为投资者带来的收益主要包括股利收入和最后出售股票的差价收入。使用此法的关键：第一，预期公司未来存续期各年度的现金流量；第二，要找到一个合理的、公允的折现率，折现率的大小取决于取得未来现金流量的风险，风险越大，要求的折现率就越大。

（1）公司自由现金流折现模型。

公司整体价值可以使用该公司加权平均资本成本率对公司预测现金流进行折现得到。任何资金都是有成本的，即有时间价值。而就公司经营本质而言，实际上是以追求财富的增加为目的的现金支出行为。在经济货币化乃至金融化后，财富的增加表现为现金或者金融资产的增加。现金一旦投入运营，其流动性完全或部分丧失，随着经营的进行或时间的延续，其流动性又不断提高，并最终转化为现金。因此，公司的经营实际上是一个完整的现金流动过程。未来各个特定经营期间的现金流量的折现就是公司自由现金流折现模型（Free

Cash Flow Model），计算公式如下。

$$V = \sum_{t=1}^{t} \frac{FCF_t}{(1+r_{wacc})^t}$$

其中，V 为公司的内在价值，FCF_t 是第 t 年的预计公司层面的自由现金流，r_{wacc} 是加权平均资本成本率。如前述，在实践中，自由现金流通常用以下公式进行计算。

自由现金流 = 经营性现金流 − 资本性支出

　　　　　= 息前税后利润 + 折旧和摊销 − 营运资本的增加 − 资本性支出

　　　　　≈ 经营活动产生的现金流量净额 − 投资活动产生的现金流量净额

加权平均资本成本率为债务资本成本率和权益资本成本率的加权平均数，其公式如下。

$$r_{wacc} = \frac{S}{D+S} \times r_S + \frac{D}{D+S} \times r_D \times (1-T_c)$$

其中，r_{wacc} 是加权平均资本成本率，r_s 是权益资本成本率，r_D 是债务资本成本率，S 是权益的市值，D 是债务的市值（一般等于账面价值），T_c 为企业所得税税率。

将公司经过审计的现金流量表分明细项目进行细化分析，结合公司经营的历史、现状和预测分析得出的公司预计现金流量，应该具有相当强的科学性和准确性，以此为基础计算出的自由现金净流的可信程度是很高的。而且自由现金流不受会计方法的影响，受到操纵的可能性较小，可在很大程度上避免净利润和经营活动现金净流量指标在衡量上市公司业绩上的不足。在此基础上，可结合多方信息，综合股东利益及公司持续经营的因素，有效衡量上市公司基于价值创造能力的长期发展潜力。自由现金流是评价上市公司利润质量的有效工具，具有非常旺盛的生命力。

但需要注意的是，公司自由现金流折现模型的基石是未来的自由现金流和折现率。但它的使用要有一定的假设：公司在被估价时有正的现金流，并且未来的现金流可以较可靠地估计，同时，又能根据现金流相关特征确定恰当的折现率。但现实情况与模型的假设条件往往大相径庭，特别是对于陷入财务困境的公司、拥有未被利用资产的公司、拥有未被利用专利或产品选择权的公司、涉及并购事项的公司和非上市公司，自由现金流折现模型运用存在其局限性。

因此，我们也要正确使用公司自由现金流折现模型对公司的价值做出评估，必须充分考虑影响公司自由现金流的基本因素及其对预期自由现金流的影响。在实际运用时，我们要利用与公司相关的一切财务信息，甚至还要利用一些非财务信息，并将这些信息所引起的变化反映在预期现金流及其增长状况中，使估值结果更符合实际。

（2）股权自由现金流折现模型。

股权自由现金流（Free Cash Flow of Equity，FCFE）是公司支付所有营运资本、资本性支出、所得税和债务（债务本金和利息）后可分配给公司股东的自由现金流，公司股权价值可以使用股权资本成本率对预期股权自由现金流进行折现得到，其计算公式如下。

$$V_s = \sum_{t=1}^{t} \frac{FCFE_t}{(1+r_s)^t}$$

其中，V_s 为公司股权的内在价值，$FCFE_t$ 是第 t 年的预计股东层面的自由现金流，r_s 是股权资本成本率。在实践中，股权自由现金流通常用以下公式进行计算。

股权自由现金流 = 经营性现金流 − 资本性支出 − 债务本金和利息的偿还

　　　　　　　= 息前税后利润 + 折旧和摊销 − 营运资本的增加 − 资本性支出 − 债务本金和利息的偿还

　　　　　　　≈ 经营活动产生的现金流量净额 − 投资活动产生的现金流量净额 − 债务本金和利息的偿还

股权资本成本率可通过资本资产定价模型进行估计。资本资产定价模型建立在资本市场有效，投资者理性、厌恶风险，并且投资组合分散程度充分和有效等假设基础之上，因此只考虑补偿系统性风险因素，用单一的 β 来反映证券市场的系统性风险程度。根据资本资产定价模型计算公司股权资本成本率的公式如下。

$$r_s = r_f + \beta(r_m - r_f)$$

其中，r_s 是股权资本成本率，r_f 是无风险收益率，r_m 是市场收益率，$r_m - r_f$ 为风险溢价，β 为系统性风险。公司在估算资本成本率时，可参考注册估值分析师协会颁布的《中国企业资本成本参数估计表（2020 版）》，2020 年市场风险溢价为 6.7%。β 的预测方法较多，常用的有以下三种方法：

①利用可比公司的 β 估算目标公司的 β；

②估算 β 的历史值，用历史值代替下一时期的 β；

③用回归分析法估测 β。

FCFE 和 FCFF 的最大区别就是：前者只是公司股权拥有者（股东）可分配的最大自由现金额，后者是公司股东及债权人可供分配的最大自由现金额。因此 FCFE 要在 FCFF 基础上减去供债权人分配的现金（利息支出和债务本金偿还等）。现金流折现模型的原理就是：买入的是公司未来自由现金流（可供分配的现金，不等同于股息，但是理论上，这些现金都是可以分配的）在当期的折现值。这和早期的股利贴现模型最大的区别就是：股利贴现模型并不符合实际，因为很多高成长型公司有理由不分配股利而将资金投入新项目。

总之，公司的价值是公司预期产生的自由现金流按公司资本成本率折现的净现值。所以自由现金流是公司的价值创造之源，公司的任何一项管理活动和决策必须满足以下四项条件中的一项或多项，才能为公司创造价值：增加现有资产产生的现金流；提高现金流的预期增长率；增加公司高速增长期的长度；优化融资决策及资本结构管理，降低资本成本率。

不管是公司自由现金流折现模型还是股权自由现金流折现模型，现金流量折现法是西方企业价值评估方法中使用最广泛、理论上最健全的方法，而在我国企业价值评估中受到一定的限制。现金流量折现法中要求对未来现金流量进行预测，而完善的企业会计制度是预测的基础。从理论上讲只有当市场完善、会计制度健全、信息披露能够较为真实地反映公司的过去和现状时，运用这种方法才合理。虽然我国目前还没有达到理想的适用条件，但不论是理论界还是实务界都已经开始尝试这种方法。从长远发展趋势看鼓励运用这种方法。

3. 终值预测

我们通过现金流折现模型对公司价值进行预测时，一般只对未来若干年的自由现金流进行预测，以减少预测的偏差。一般来说，我们会把预测分为两个阶段。

（1）5~10 年的快速成长期，使用现金流折现模型估计这一期间公司的价值。

（2）之后公司进入稳定期，稳定期内则可以使用终值（Future Value，TV）预测的模型，简化稳定期内的估值过程。

两个阶段估值的现值之和便是公司的内在价值，公式如下。

$$V = \sum_{t=1}^{T \leqslant 10} \frac{FCF_t}{(1+r_{wacc})^t} + \frac{TV}{(1+r_{wacc})^T}$$

设置终值计算假设时要谨慎，因为终值是一个非常大的数值，对于一家成熟公司而言，终值可以占到公司价值的 65% ~ 80%。对于无法立即实现现金流增长的初创企业，应该将预测期设置得足够长，以包含所有的经营期，这样终值在公司价值中的占比会比较小。终值的折现方法与自由现金流的折现方法一样，使用年末折现。下面是两种预测终值的方法。

（1）退出乘数法。

退出乘数法假设被估值公司在正常预测期期末被出售，出售该公司所能得到的价值一般按照一定的估值乘数进行估算，公式如下。

$$TV = EBITDA \times 退出乘数$$

其中，*EBITDA* 是正常预测期期末息税折旧摊销前的利润，是价值驱动变量，退出乘数是正常预测期期末的乘数。我们假设退出乘数时，可以按照现有的市场价格来进行假设，退出乘数也可以说是市场认可的乘数，即 15 倍的公司价值 /*EBITDA*。这里需要注意的是，终值占公司价值的比例可能较高。终值在公司价值中占了重要的部分，而且根据过往的经验，终值占公司价值的比例往往在 65%~80%。如果改变假设的退出乘数，那么就会直接影响估值，从而对结果造成比较大的影响。所以说，就估值而言，很多时候追求的并不是一个绝对值，而是一个大致的范围。因为任何一个假设条件的变化，都会对估值造成影响，而且这些假设条件在很多情况下，又不是唯一的确定值。

（2）永续增长法。

永续增长法假设在稳定期里，公司每年的自由现金流将以一个恒定的比率增长下去，则稳定期内公司的终值计算公式如下。

$$TV = \frac{FCF_{t+1}}{r_{wacc} - g}$$

其中，*g* 是永续增长率，FCF_{t+1} 是稳定期第一期的自由现金流，r_{wacc} 为加权平均资本成本率。在这个数学公式中，我们可以发现，增长率的微小变化就可以明显改变终值，而且增长率越是接近折现率，增长率变化带来的影响就越大。对于永续增长率的确定，通常有两个经验法则。一是增长率的上限不应该超过经济增长率，因为任何企业都不可能永远以超过整体经济增长率的速度增长。二是增长率不应该超过无风险利率的取值。在长期内，无风险利率会收敛于经济的实际增长率。对于国内的企业来说，通常会假设永续增长率为2%~3%。

（二）相对估值模型

1. 市盈率法

（1）基本模型。

市盈率法是简洁有效的估值方法，运用市盈率估价的模型如下。

市盈率 = 每股市价 ÷ 每股收益

目标企业每股价值 = 可比企业平均市盈率 × 目标企业每股收益

该模型假设股票市价是每股收益的一定倍数。每股收益越大，则股票价值越大。同类企业有类似的市盈率，所以目标企业的股权价值可以用每股收益乘以可比企业的平均市盈率计算。

直观上看，如果公司未来若干年每股收益为恒定值，那么市盈率代表了公司保持恒定盈利水平的年限。这有点像实业投资中回收期的概念，只是忽略了货币的时间价值。实际上，保持恒定的每股收益几乎是不可能的，每股收益的变动往往取决于宏观经济和企业的生命周期所决定的波动周期。所以在运用市盈率的时候，每股收益的确定显得尤为重要，由此也衍生出具有不同含义的市盈率。每股收益有两个方面，一个是历史的每股收益，另一个是预测的每股收益。对于历史的每股收益来说，可以用不同的时点值，可以用移动平均值，也可以用动态年度值，这取决于想要反映的内容。对于预测的每股收益来说，预测的准确性尤为重要，在实际市场中，每股收益的变动趋势对股票投资往往具有决定性的影响。

市盈率是非常直观的估值指标，它表达的意思是该公司每赚1元的资产，你愿意以多少钱收购。15倍市盈率代表着能赚1元的资产，市场的出价是15元。市盈率是15倍，代表股价是每股收益的15倍。

市盈率也就是本益比，即本金收益比，就是指投入的本金相对于每股净利润的比例，其代表的含义是多少年可以收回本金。10倍市盈率代表10年收回本金。所以市盈率越小越好，越小说明投资回收期越短，风险越小，投资价值一般就越高。市盈率越大，说明投资回收期越长，风险越大，投资价值一般就越低。一般不要买市盈率大于 30 的股票。市场平均市盈率是市场平均收益率的倒数。如市场平均收益率约为 10%，市场平均市盈率为 10（100/10）。预期市盈率是个人预期收益率的倒数，假设无风险收益率为 4%，个人预期收益率是无风险收益率的两倍，即 8%，则个人预期市盈率为 12.5（100/8）。合理市盈率（估值）衡量的是未来比较长的一段时间（如未来 5 年），能不能赚取合理的收益，从这个角度来说，合理市盈率就是个人预期市盈率。但对大部分人来说，合理市盈率就是无风险收益率的倒数。

市盈率是公司市值与公司净利润之比，也可以是每股市价与每股收益之比，无论采取哪种计算方式，都需要剔除非经常性收益，如处置非流动资产收益、非经常性政府补助。此外，净利润也要剔除分配给少数股东的现金股利或利润。总之，计算市盈率需要剔除非经常性收益后的归属于母公司所有者的净利润。从公式理解，市盈率的含义是买入这只股票，多少年可以收回成本，但这么理解似乎容易产生歧义，人们会误以为市盈率低的股票就是好股票，因为收回成本更快。但是我国上市公司中，分红比较多的大都为银行、保险、石油、电器等行业的公司，所以人们购买股票的目的在于获取资本利得而非股利。为了获得资本利得，价值投资者会买入低估股等待其股价回到合理估值，因此不能对市盈率高低泛泛而谈，不同行业的合理市盈率因行业性质不同而不具有可比性。但我们可以判断某只股票的市盈率和同行业可比公司（假设估值合理）相比是高还是低，或者与自身的历史市盈率相比是处于较高还是较低的位置。

（2）模型的优点及局限。

市盈率模型的优点：首先，计算市盈率的数据容易获得，并且计算简单。其次，市盈率把价格和收益联系起来，直观地反映投入和产出的关系。最后，市盈率涵盖了风险补偿率、增长率、股利支付率的影响，具有很强的综合性。

市盈率模型的局限：如果收益是负值，市盈率就失去了意义。市盈率易受会计处理的影响，因每股净利润受会计处理的影响非常大，公司管理层很可能在短期内用一个"好看"的每股净利润来欺骗投资者。市盈率除了受企业本身基本面的影响以外，还受整个经济景气程度的影响。整个经济繁荣时，市盈率上升；整个经济衰退时，市盈率下降。如果目标企业的 β 为 1，则评估价值正确反映了对未来的预期。如果目标企业的 β 显著大于 1，经济繁荣时评估价值会被放大，经济衰退时评估价值会被缩小。如果目标企业的 β 明显小于 1，经济繁荣时评估价值会偏低，经济衰退时评估价值会偏高。如果是一个周期性的企业，则企业价值可能被歪曲。因此，市盈率模型主要适用于连续盈利，并且 β 接近于 1 的企业。

2. 市净率法

（1）基本模型。

市净率适合于周期的价值判断，运用市净率估价的模型如下。

市净率 = 每股市价 ÷ 每股净资产

目标企业每股价值 = 可比企业平均市净率 × 目标企业每股净资产

这种方法假设股权价值是每股净资产的函数，类似企业有相同的市净率，每股净资产越大则股权价值越大。因此，股权价值是每股净资产的一定倍数，目标企业的股权价值可以用每股净资产乘以平均市净率计算。

对于股票投资来说，准确预测每股净资产是非常重要的，每股净资产的变动趋势往往决定了股价是上行还是下行。但股价上升或下降到多少是合理的呢？可以根据市净率和净资产收益率进行判断。比如，对于一个有良好历史净资产收益率的企业，在业务前景尚可的情况下，市净率低于 1，这表明其股权价值有可能被低估。如果企业的盈利前景较稳定，没有表现出明显的增长性特征，企业的市净率显著高于行业（或企业历史）的最高市净率，其股价触顶的可能性就比较大。这里涉及三个与周期相关的概念：市场的波动周期、股价的变动周期和周期性行业的变动周期。这里的市净率也包括三种：整个市场的总体市净率水平、单一股票的市净率水平和周期性行业的市净率变动。当然，有效应用市净率的前提是合理评估资产价值。提高负债比率可以扩大企业创造利润的资源规模，增加负债有提高净资产收益率的效果，所以根据市净率和净资产收益率进行估值的时候需考虑偿债风险。

（2）模型的优点及局限。

市净率模型的优点：首先，净利润为负值的企业不能用市盈率进行估价，而企业净资产极少为负值，市净率可用于大多数企业。其次，净资产账面价值容易取得，并且容易理解。再次，净资产账面价值比净利润稳定，也不像净利润那样经常被人为操纵。最后，如果会计标准合理并且各企业会计政策一致，市净率的变化可以反映企业价值的变化。

市净率模型的局限：首先，账面价值受会计政策的影响，如果各企业执行不同的会计标准或会计政策，市净率会失去可比性。其次，固定资产很少的服务性企业和高科技企业，净资产与企业价值的关系不大，比较市净率没有什么实际意义。最后，少数企业的净资产是负值，市净率没有意义，无法用于比较。因此，这种方法主要适用于需要拥有大量资产、净资产为正值的企业。

3. 市销率法

（1）基本模型。

市销率法是假设影响企业价值的关键变量是销售收入，企业价值是销售收入的函数的一种方法，销售收入越大则企业价值越大。既然企业价值是销售收入的一定倍数，那么目标企业的价值可以用销售收入乘以平均收入乘数估计。运用市销率（Price-to-Sales Ratio，PS）估价的模型如下。

市销率 = 股权市价 ÷ 销售收入 = 每股市价 ÷ 每股销售收入

目标企业每股价值 = 可比企业平均市销率 × 目标企业的销售收入

（2）模型的优点及局限。

市销率模型的优点：首先，销售收入不会出现负值，对于亏损企业和资不抵债的企业，也可以计算出一个有意义的收入乘数。其次，市销率比较稳定、可靠，不容易被操纵。最后，收入乘数对价格政策和企业战略变化敏感，可以反映这种变化的后果。

市销率模型的局限：不能反映成本的变化，而成本是影响企业现金流量和价值的重要因素。因此，这种方法主要适用于销售成本率较低的服务类企业，或者销售成本率趋同的传统行业的企业。

4. PEG 估值法

PEG 估值法是彼得·林奇最爱用的一种估值方法。市盈率相对盈利增长比率（Price/Earnings to Growth Ratio，PEG）是用市盈率（PE）除以公司未来五年的每股收益复合增长率得到的。PEG 估值法常被用来比较不同增长期公司的价值。PEG 估值法的模型如下。

PEG=PE/（未来五年的每股收益复合增长率 ×100）

彼得·林奇认为 *PEG* 等于 1 就是公道价（Fair Value），如阿里巴巴 2019 年 *PE* 是 40，那么只要其未来五年的预计收益复合增长率达到 40%，它的定价就不是虚的。PEG 超过 1 表明公司价值被高估，低于 1 表明公司价值被低估。PEG 估值法是美国华尔街大部分公司钟爱的估值方法之一。美林证券曾经做过一个调查，询问基金经理们最喜欢使用的一个估值指标，候选的指标里包括 PE、PB、PS、PEG 等，结果发现基金经理们对 PEG 情有独钟。

5. 企业价值乘数估值法

企业价值乘数（EV/EBITDA）是大部分行业的估值标准，它的优点在于独立于资本结构、税项以及因为各公司之间折旧和摊销不同可能产生的失真影响。比如一家公司发生了大额的资本性支出，而另外一家公司则将大额资本性支出推迟到未来某个时期，这会导致两家公司的息税前利润产生巨大差异。因此，在实务中，企业价值乘数会考虑负债和资本性支出的影响，在一定程度上企业价值乘数会比市盈率更适合用于估值。在该估值方法中，企业价值是息税折旧摊销前利润（EBITDA）的函数，EBITDA 越大则企业价值越大。既然企业价值是 EBITDA 的一定倍数，那么目标企业的价值可以用 EBITDA 乘以平均企业价值乘数进行估计。其中，企业价值的估算方式可以用前文估计企业价值的公式进行变换，得到以下公式。

企业价值 = 股权价值 + 债务价值 + 优先股 + 少数股东权益价值 − 现金及现金等价物

运用企业价值乘数估价的模型如下。

企业价值乘数 = 企业价值 ÷ 息税折旧摊销前利润

目标企业的企业价值 = 可比企业平均企业价值乘数 × 目标企业的息税折旧摊销前利润

第三节 案例分析

我们将以小米公司为例，对本章及之前章所学习的内容进行应用。

北京小米科技有限责任公司（以下简称为"小米"），正式上市时间为 2018 年 7 月 9 日，而小米的成立时间为 2010 年，从创立到上市，小米用了约 8 年的时间。小米是香港交易及结算所有限公司（以下简称"港交所"）上市制度改革后首家采用"同股不同权"的上市企业。小米设置 AB 股制度，A 类股持有人为雷军（小米集团执行董事、创始人、董事长及首席执行官）及林斌（小米集团执行董事、总裁及联合创始人）。在表决权方面，A 类股每股代表 10 票表决权，而公开发行的 B 类股每股代表 1 票表决权。小米是高科技公司，需要进行多轮融资来维持其正常运营，在不断融资的过程中雷军的股权一直被稀释，最终占公司股权的比例只有 28.5%，如果不算员工期权池的情况，雷军持股比例也只有 31.5%。采取 AB 股制度之后，雷军的表决权比例就超过了 50%，避免了因股权比例降低而造成创始人掌控权丧失的情况。

（一）环境分析

我们首先对小米的宏观环境、行业环境和自身环境进行分析。

1. 宏观环境

小米首次公开募股的时期，恰逢港股低迷，小米首次提交招股说明书之后的两个月，恒生指数最高跌幅达 11%，内地 A 股市场也发生了一轮"小股灾"，跌幅达 14%。股市持续低迷，市场处于悲观情绪之中，投资者变得更为谨慎。2018 年上半年赴港上市的内地公司里，有 13 家在上市首日就跌破了发行价，占比高达 68.42%。天源集团、天平道合、汇付天下、欣融国际、杉杉品牌、雅生活服务和猎聘网都遭遇了上市首日破发的窘境。同时美联储加息等复杂的国际环境也给市场带来不确定性，投资者对资本市场比较担忧。

2. 行业环境

小米对自己的定义是一家以手机、智能硬件和物联网（Internet of Things，IoT）平台为核心的互联网公司。由于港交所对上市公司没有强制的行业划分规定，由上市公司自行选择所属行业，所以小米选择的行业是电讯设备（HS）。

①《国民经济行业分类》的标准：当一个单位对外从事两种以上的经济活动时，占其单位增加值份额最大的一种活动称为主要活动。如果无法用增加值确定单位的主要活动，可依据销售收入、营业收入或从业人员确定主要活动。②中国证券监督管理委员会（以下简称"证监会"）《上市公司行业分

类指引》的标准：营业收入的比重≥50%；没有一类业务的营业收入的比重≥50%，但某类业务的收入和利润均在所有业务中最高，而且均占到公司总收入和总利润的30%以上（包含本数），则该公司归属该业务对应的行业类别；不能按照上述分类方法确定行业归属的，由上市公司行业分类专家委员会根据公司实际经营状况判断公司行业归属；归属不明确的，划为综合类。

根据小米2017—2019年收入构成，智能手机收入占比分别为70%、65%、59%，虽然呈下降趋势，但是均大于50%，所以小米现行的行业分类为通信设备制造业（智能手机）更合理。

智能手机行业处于激烈的市场竞争环境中，行业具备价格竞争激烈、新品推出频繁、产品生命周期较短、行业标准不断演进等特点。行业竞争者不断采用新的技术，使得产品性能持续提升；同时，消费者对产品的价格敏感度较高。公司的竞争力在很大程度上取决于公司能否持续推出创新的、高性价比的产品，而以上能力主要取决于公司的创新能力和高效运营能力。新产品和技术的研发过程较为复杂，耗时较长且成本较高，研发成果存在较大的不确定性。如果公司未能持续完成新产品和技术的研发，公司维持竞争优势的能力可能受到不利影响。高效运营能力取决于团队的管理能力及对投入公司生态体系中的各类资源的优化组合能力。如果该等能力的发展未能适应公司与环境的变化，公司的竞争优势可能遭到削弱。

同时，小米在智能手机领域面临着苹果、三星、华为等竞争对手的激烈竞争，前述竞争对手亦具备较为丰富的经验和较高的品牌知名度，拥有核心技术、销售渠道及其他资源优势，并可能试图通过降低销售价格、提供更好的产品等方式来增强竞争地位。竞争对手持续开发新产品，可能使得小米的产品面临过时甚至被淘汰的风险。竞争对手对一些产品可能采用较为激进的定价策略，从而使得小米需要投入更多的营销力量、更高效地组织各类资源。上述因素均有可能对小米的竞争优势造成影响，从而对小米的经营业绩和财务状况造成一定的不利影响，对小米的创新能力和高效运营能力均构成重要挑战。

（1）智能手机市场。

近年来，全球智能手机用户规模迅速壮大。根据互联网数据中心（Internet Data Center，IDC）的统计数据，2015年至2017年，全球智能手机用户数量从28.71亿人次增长到36.66亿人次，年均复合增长率为13.0%。预计至2022年，全球智能手机用户数量将达到47.99亿人次，2017年至2022年年均复合增长率为 5.5%。

全球智能手机出货量延续增长的态势，其中新兴市场增长率最高。根据 IDC 的统计数据，2015 年至 2017 年全球智能手机出货量从 14.38 亿台增长至 14.65 亿台，年均复合增长率为 0.9%。受印度市场（2017 年为第三大智能手机市场，2020 年成为第二大智能手机市场）等新兴市场增长的推动，预计至 2022 年，全球智能手机出货量将达到 16.54 亿台，2017 年至 2022 年年均复合增长率为 2.5%。

根据 IDC 的统计数据，2015 年至 2017 年全球智能手机销售额从 4 258 亿美元增长至 4 583 亿美元，年均复合增长率为 3.7%。预计至 2022 年，全球智能手机销售额将突破 5 980 亿美元，2017 年至 2022 年年均复合增长率为 5.5%。

由上述数据分析，智能手机市场增长已经比较缓慢，市场竞争已然进入存量市场竞争阶段，产品生命周期已在成熟期。因此，本部分业务虽能支持公司的收入，但考虑到存量市场竞争的残酷性，获利情况将不可避免地受到限制。如果投资是投资未来，很显然增量市场更容易获得投资人的认可，因此，对公司估值的提升来讲，本部分市场已经不是公司"讲故事"的重点领域。

（2）消费物联网行业。

2015 年至 2017 年，全球消费物联网硬件的销售额从 3 063 亿美元增长至 4 859 亿美元，年均复合增长率为 26.0%，预计至 2022 年将达到 15 502 亿美元，2017 年至 2022 年年均复合增长率为 26.1%。

其中，2015 年至 2017 年境内消费物联网硬件的销售额自 715 亿美元增长至 1 188 亿美元，年均复合增长率为 28.9%。预计至 2022 年，境内消费物联网硬件规模将达到 3 118 亿美元，2017 年至 2022 年年均复合增长率为 21.3%。

全球物联网智能硬件设备数量呈快速上涨的态势。根据艾瑞咨询的统计数据，2015 年至 2017 年，消费物联网硬件数量从 30 亿台增长到 49 亿台，年均复合增长率为 27.8%。预计至 2022 年，全球消费物联网硬件数量将达到 153 亿台，2017 年至 2022 年年均复合增长率为 25.6%。

根据艾瑞咨询的统计，截至 2018 年 3 月 31 日，以连接互联网设备（不包括智能手机及笔记本电脑）的数量的口径统计，小米在全球物联网厂商中处于领先地位。2018 年第一季度，全球主要消费物联网硬件厂商市场份额（联网设备数量）情况如下。

小米（1.9%）、亚马逊（1.2%）、苹果（1.0%）、谷歌（0.9%）、三星（0.8%）。

由上述数据可知，物联网市场正处于增长期，主要市场供应商市场份额均不大，市场拥有广阔的潜力。对于新增市场，产品未必完全标准化，定价也会稍高，是很好的利润来源，而较快的增长和较高的利润正好可以提高公司估值。

（3）互联网服务行业。

2015 年至 2017 年，全球互联网服务市场规模从 10 106 亿美元增长至 15 409 亿美元，年均复合增长率为 23.5%，预计至 2022 年将达到 26 009 亿美元，2017 年至 2022 年年均复合增长率为 11.0%。

其中，境内互联网服务市场取得了举世瞩目的成长。根据艾瑞咨询的统计数据，境内互联网服务市场在 2015 年至 2017 年从 1 891 亿美元增长至 3 202 亿美元，年均复合增长率为 30.1%，预计 2022 年将达到 6 692 亿美元，2017 年至 2022 年年均复合增长率为 15.9%。

由上述数据可知，互联网市场增速虽然已呈下降趋势，但增长率已然比较可观，而与传统硬件厂商相比，互联网企业的估值要远远高于前者，因此，小米将自己定位为互联网公司是能够理解的。

3. 自身环境

小米的商业模式是"铁人三项"，即硬件、新零售、互联网。硬件以手机为主，包括电视、路由器和生态链。新零售包括小米商城、有品商城、小米之家、全网电商。互联网包括 MIUI、互娱、云服务、影业、金融。小米的盈利模式是：以成本价卖硬件，通过用户的软件付费获利。小米声称，硬件产品的净利润率将保持在低于 5% 的水平，如果利润率高出这一水平，将回馈给消费者。

从业务看，小米 2015 年至 2017 年大部分收入来源于硬件收入，比重分别为 80.4%、71.3%、70.3%。因此小米更应该定位为硬件公司，而不是互联网公司。按照目前营收情况来看，应将小米视为硬件公司，而不是高利润的互联网公司。小米主营的低端手机业务，引发了投资机构有关未来盈利增长的担忧。因为硬件属于规模不经济类型，投资界对这类企业的估值不高。

2016 年至 2019 年上半年，小米总收入及毛利额均保持增长，但增速自 2017 年以来呈现下降趋势。2019 年上半年，小米总收入为 957.1 亿元，同比增长 20.2%；毛利为 124.7 亿元，同比增长 25.3%；经调整后的净利润为 57.2 亿元，同比增长 49.8%。

小米坚持硬件综合净利率低于 5% 的策略，总的毛利率和净利率在行业内都处于较低水平。2018 年小米综合毛利为 221.9 亿元，增长 31.7%，综合毛利率为 12.7%，比上一年略有下滑；相比同样提供硬件和互联网服务的苹果公司，小米的毛利率不到其 1/3。

在小米的各项业务中，贡献最多收入的依旧是智能手机业务，但总营收对智能手机的依赖程度逐渐下降。2019 年上半年，小米智能手机收入为 590.3 亿元，占总营收的比例为 61.7%，较 2016 年的 71.3% 减少了 9.6 个百分点。收入占比不断上升的是 IoT 与生活消费品业务，相关收入占比从 2016 年的 18.1% 增加到 2019 年上半年的 28.2%。互联网服务收入相对稳定，其占营收的比例一直维持在 9% 左右。

与苹果公司相比较，二者最主要的收入来源均为手机销售。2018 财年小米手机收入占比为 65.1%，苹果手机收入占比为 62.1%，二者比例相当，但从手机收入的绝对数量来看，苹果手机收入约为小米的 10 倍。2018 财年小米的互联网服务收入占比为 9.1%，但苹果公司的互联网服务收入占比为 15.0%，比小米高出约 6 个百分点。虽然近年来，小米营收结构逐渐优化，但其互联网服务业务规模相对较小，还有较大提升空间。

从小米各业务的毛利率来看，毛利率较高的恰好是营收占比较少的互联网服务，2016 年以来该业务毛利率均保持在 60.0% 以上，2019 年上半年增长至 66.7%。收入占比最大的智能手机业务在 2018 年的毛利率仅为 6.2%，且受 2019 第一季度产品促销成本影响，2019 年上半年智能手机毛利率为 5.9%。IoT 与生活消费品毛利率持续上涨，2019 年上半年该业务毛利率为 11.6%。

从偿债能力指标来看，由于其硬件业务性质，小米在 2017 年及以前的资产负债率一直畸高，尽管从 2015 年的 321% 开始下降，但 2017 年的资产负债率依然高达 241.6%。这一情况在 2018 年有所改善，资产负债率下降到了 100% 以下，降至 50.9%，长期偿债风险大幅下降。2019 年上半年资产负债率为 51.4%，与 2018 年末的水平相当。在短期偿债能力方面则一直表现良好，流动比率和速动比率呈持续上升趋势，2019 年上半年流动比率和速动比率分别为 1.67 和 1.29，短期偿债风险较低。在营运能力方面，2015 年和 2016 年，小米的应收款周转天数分别为 7 天和 9 天，反映回款速度较快。2017—2018 年，公司应收款周转天数由于海外业务和互联网服务收入的增长而有所增加。小米平均四十多天的存货周转天数也在行业中非常突出。根据 Gartner 公布的 2017 年全球供应链 25 强榜单，某百货公司的存货周转天数为 45 天，某快消时尚品牌的存货周转天数为 121 天，这意味着小米作为一家硬件零售企业，其存货周转效率与某百货公司几乎持平，供应链管理效率出色。

2015 年至 2019 年上半年，公司经营活动产生的现金流量净额分别为 –26.0 亿元、45.3 亿元、–10.0 亿元、–14.1 亿元、11.0 亿元，其中 2017 年与 2018 年连续两年为负主要是因为小米开展互联网金融服务产生的应收贷款利息以及应收贷款减值准备增长，随着互联网金融业务逐步剥离，公司经营性现金流净额将会转正。2019 年上半年小米投资活动现金净支出为 56.6 亿元，接近 2018 年全年投资净支出的 75.4%。从具体结构来看，2019 年上半年按公允价值计入损益的短期投资净支出为约 43 亿元，占当期总投资支出的 76.0%，一定程度上反映出小米在加大力度扩大生态链企业规模。2016 年到 2018 年，公司总现金及现金等价物的净增加额为正，且持续增加，从 2016 年的 7.24 亿元增至 2018 年的 176.52 亿元，但这一趋势高度依赖于筹资活动带来的正向现金流。2017 年和 2018 年，小米分别通过融资获得 62.15 亿元和 265.74 亿元的现金流入。

（二）估值分析

1. 盈利预测

企业价值的精髓在于它的盈利能力，只有当企业具备这种能力，它的价值才会被市场认同，因此通常把现金流折现模型作为企业价值评估的首选方法。评估小米的价值分为两个阶段，第一阶段为 2020—2024 年，为高速增长期，2024 年以后为稳定阶段。

表 8-1 中，历史期数据为 2015—2019 年数据，第一阶段（2020—2024 年）的预测数据基于历史期的数据进行相关的假设和预测。

（1）营业收入：一般预测期的营业收入增长率按历史期的均值进行预测，但我们发现小米 2019 年营业收入增长 17.7%，相对于 2017 年和 2018 年有所下降，保守起见，按照每年增长 15% 计算，进而我们根据此比例，计算出预测期的各项数据。

（2）营业成本及费用：假设预测期的成本费用增长率与收入增长率保持一致，设定为 15%，进而我们根据此比例计算出预测期的各项数据。

（3）折旧和摊销、利息：假设预测期的折旧和摊销、利息等占营业收入的比重为历史期间其占收入的比重的平均值，分别为 0.4% 和 0.2%，进而我们根据此比例，计算出预测期的各项数据。

（4）所得税税率：预测期的所得税税率为 25%，进而我们根据此比例，计算出预测期的各项数据。

（5）资本性支出：2016 年的变化较大，可能存在较为特殊的资本性支出，因此取最近 3 年比较稳定的资本性支出占收入百分比的平均值，约为 1.7%，进而我们根据此比例，计算出预测期的各项数据。

（6）营运资本的增加：营运资本的增加的估计如表 8-2 所示。通过小米的资产负债表，我们可以计算出历史期内非现金流动资产占收入百分比的均值为 26.4%，非带息流动负债占收入百分比的均值为 33.2%，进而我们根据此比例，计算出预测期的各项数据。最后，计算出每年的净营运资本（非现金流动资产 – 非带息流动负债）和营运资本的变化。当然我们也可以进一步细化营运资本增加的估计：对于应收账款、存货和应付账款，可以根据历史平均的应收账款周转天数、存货周转天数和应付账款周转天数来估计未来预计期的应收账款、存货和应付账款的期末余额；对于预付款、其他流动资产、其他应计负债和其他流动负债则可以按照其占营业收入的比例进行保守预测。

（7）根据上述假设和预测，我们便可计算出预测期每年的自由现金流，如表 8-1 所示，每年的自由现金流根据以下等式预计得出。

自由现金流 = 息前税后利润 + 折旧和摊销 – 营运资本的增加 – 资本性支出
= 息税前利润 – 所得税费用 + 折旧和摊销 – 营运资本的增加 – 资本性支出
= 息税折旧摊销前利润 – 所得税费用 – 营运资本的增加 – 资本性支出

以 2020 年和 2021 年为例，2020 年的自由现金流 = 125 – 28 – 34 – 40 = 23（亿元），2021 年的自由现金流 = 144 – 32 –（–24）– 46 = 90（亿元）。

第二阶段的终值预测基于第一阶段最后一期的自由现金流进行，我们假

设在稳定期小米能够保持 3% 的增长水平，因此稳定期第一期的自由现金流为
140 ［136 × （1+3%）］亿元。

表8-1 自由现金流量预测

金额单位：亿元

项目	历史期					预测期				
年份	2015年	2016年	2017年	2018年	2019年	2020年	2021年	2022年	2023年	2024年
营业收入	668	684	1 146	1 749	2 058	2 367	2 722	3 131	3 600	4 140
增长率		2.4%	67.5%	52.6%	17.7%	15.0%	15.0%	15.0%	15.0%	15.0%
营业成本及费用	660	660	1 028	1 743	1 949	2 241	2 578	2 964	3 409	3 920
增长率		0.0%	55.8%	69.6%	11.8%	15.0%	15.0%	15.0%	15.0%	15.0%
息税折旧摊销前利润	75	−12	−418	−139	−122	125	144	166	191	219
折旧和摊销	2	3	4	8	8	9	11	12	14	17
占收入百分比	0.3%	0.4%	0.3%	0.5%	0.4%	0.4%	0.4%	0.4%	0.4%	0.4%
息税前利润	73	−15	−422	−147	−130	116	133	154	177	202
所得税	2	7	21	4	21	28	32	37	43	49
资本性支出	3	49	24	34	22	40	46	53	61	70
占收入百分比		7.2%	2.1%	2.0%	1.1%	1.7%	1.7%	1.7%	1.7%	1.7%
营运资本的增加		−37	−31	77	−173	34	−24	−28	−32	−37
自由现金流量		−31	−432	−254	8	23	90	104	119	137

表 8-2　营运资本的增加预测

金额单位：亿元

项目	历史期					预测期				
年份	2015年	2016年	2017年	2018年	2019年	2020年	2021年	2022年	2023年	2024年
应收账款	15	21	55	56	69					
存货	86	84	163	295	326					
预付账款和其他应收	31	47	114	209	198					
非现金流动资产	132	152	332	560	593	624	718	826	949	1 092
占收入百分比	19.8%	22.2%	29.0%	32.0%	28.8%	26.4%	26.4%	26.4%	26.4%	26.4%
应付账款	142	176	340	463	595					
客户预付款	5	18	34	45	82					
预收账款和其他应付	13	19	42	63	91					
保修准备	3	7	15	11	20					
非带息流动负债	163	220	431	582	788	786	903	1 039	1 195	1 374
占收入百分比	24.4%	32.2%	37.6%	33.3%	38.3%	33.2%	33.2%	33.2%	33.2%	33.2%
净营运资本	−31	−68	−100	−22	−195	−161	−185	−213	−245	−282
占收入百分比	−5%	−10%	−9%	−1%	−9%	−7%	−7%	−7%	−7%	−7%
营运资本变化量		−37	−31	77	−173	34	−24	−28	−32	−37

2. 资本成本率估计

由于之前几年小米的权益存在负数，因此我们以最近一期，即 2019 年的资本结构作为小米在预测期的资本结构，资本成本率预测如表 8-3 所示。此时，无风险利率为 4%，风险溢价为 7.1%，根据小米历史股价数据估计出的系统性风险（贝塔系数）为 1.82，规模溢价为 1.7%，根据资本资产定价模型，我们可以计算出小米的权益资本成本率为 18.6%（4% + 1.82 × 7.1% + 1.7%）。小米近几年平均的利息支出除以有息负债的均值为 5.1%，税收的债务资本成本率为 3.9%。根据其资本结构的情况，我们便可以计算出小米的加权平均资本成本率。

$$r_{wacc} = \frac{S}{D+S} \times r_S + \frac{D}{D+S} \times r_D \times (1-T_c)$$

$$= 55.5\% \times 3.9\% + 44.5\% \times 18.6\% = 10.4\%$$

表 8-3 资本成本率预测

目标资本结构	
债务比例	55.5%
权益比例	44.5%
债务股本比	**124.9%**
权益资本成本率	
无风险利率	4.0%
风险溢价	7.1%
贝塔系数	1.82
规模溢价	1.7%
权益资本成本率	**18.6%**
债务资本成本率	
税前债务资本成本率	5.1%
所得税税率	25%
税后债务资本成本率	**3.9%**
加权平均资本成本率	**10.4%**

3. 公司价值评估

我们通过计算出来的预计期的现金流和终值预测中的现金流及资本成本率，再根据下述公式计算小米的内在价值。

$$V = \sum_{t=1}^{T \leqslant 5} \frac{FCF_t}{(1+r_{wacc})^t} + \frac{TV}{(1+r_{wacc})^T}$$

因此，我们可以得出小米的内在价值。

$$V = \sum_{t=1}^{T \leqslant 5} \frac{FCF_t}{(1+r_{wacc})^t} + \frac{TV}{(1+r_{wacc})^T}$$

$$= \frac{23}{1+10.4\%} + \frac{90}{(1+10.4\%)^2} + \frac{103}{(1+10.4\%)^3} + \frac{119}{(1+10.4\%)^4} + \frac{136}{(1+10.4\%)^5}$$
$$+ \frac{TV}{(1+10.4\%)^5}$$

其中，

$$TV = \frac{(1+g) \times FCF_T}{r_{wacc} - g} = \frac{136(1+3\%)}{(10.4\% - 3\%)} \approx 1893 （亿元）$$

因此，我们可以得出小米公司的内在价值如下。

$$V = \sum_{t=1}^{T \leqslant 5} \frac{FCF_t}{(1+r_{wacc})^t} + \frac{TV}{(1+r_{wacc})^t} \approx 1\ 490 （亿元）$$

进一步，我们计算其当下的股权价值。

股权价值 = V − 2019 年年末的债务价值 + 2019 年年末的现金及现金等价物

　　　　 = 1 490 − 1 020 + 547 = 1 017 （亿元）

目前小米的股数为 237 亿股，为此，小米每股的内在股价为 4.29 元。

最后，在价值评估的过程中，我们同时也需要进行敏感性分析，如表 8-4 所示。

表 8-4 敏感性分析

金额单位：亿元

项目		永续增长率				
		2.0%	2.5%	3.0%	3.5%	4.0%
资本成本率	8.4%	1 805	1 935	2 090	2 276	2 504
	9.4%	1 542	1 635	1 742	1 868	2 017
	10.4%	1 342	1 411	1 490	1 579	1 683
	11.4%	1 185	1 238	1 297	1 364	1 439
	12.4%	1 059	1 100	1 146	1 197	1 254

当公司的加权平均资本成本率和永续增长率发生变化时，公司的整体价值也会发生相应的变化。如果公司的价值对资本成本率和永续增长率较敏感，则表明该公司对外部环境的变化较敏感，在做投资决策时需要更加谨慎。

● 本章小结

通过本章的学习，我们了解了公司估值的四个过程，理解了公司估值的三个原则，学习了两大类估值方法的计算公式，并通过小米的案例理解了公司估值的方法和具体使用。公司估值是本书的核心，通过本章的学习，我们将已经学习的内容进行了综合应用，真正理解估值的奥秘。

● 关键术语

自由现金流（Free Cash Flow）

股利贴现模型（Dividend Discount Model）

自由现金流折现模型（Free Cash Flow Model）

股权自由现金流（Free Cash Flow of Equity）

市销率（Price-to-Sales Ratio）

市盈率相对盈利增长比率（Price/Earnings to Growth Ratio，PEG）

企业价值乘数（EV / EBITDA）

● 重要公式

企业价值 = 股权价值 + 债务价值 + 优先股 + 少数股东权益价值 − 现金及现金等价物

股权价值 = 企业价值 − 债务价值 − 优先股 − 少数股东权益价值 + 现金及现金等价物

股利贴现模型：$P = \sum_{t=1}^{t} \dfrac{Div_t}{(1+r)^t}$

固定股利贴现模型：$P = \dfrac{Div_1}{r}$

股利增长贴现模型：$P = \dfrac{Div_1}{r-g}$

股利增长率（g）= 留存盈利比率（b）× 留存盈利的回报率（ROE）

公司自由现金流折现模型：$V = \sum\limits_{t=1}^{t} \dfrac{FCF_t}{(1+r_{wacc})^t}$

股权自由现金流折现模型：$V_s = \sum\limits_{t=1}^{t} \dfrac{FCFE_t}{(1+r_s)^t}$

两阶段估值之和：$V = \sum\limits_{t=1}^{T \leq 0} \dfrac{FCF_t}{(1+r_{wacc})^t} + \dfrac{TV}{(1+r_{wacc})^T}$

终值预测：$TV = EBITDA \times$ 退出乘数，或 $= \dfrac{FCF_{t+1}}{r_{wacc}-g}$

市盈率法：市盈率 = 每股市价 ÷ 每股收益；目标企业每股价值 = 可比企业平均市盈率 × 目标企业每股收益

市净率法：市净率 = 每股市价 ÷ 每股净资产；目标企业每股价值 = 可比企业平均市净率 × 目标企业每股净资产

市销率法：市销率 = 股权市价 ÷ 销售收入 = 每股市价 ÷ 每股销售收入；目标企业每股价值 = 可比企业平均市销率 × 目标企业的销售收入

PEG 估值法：$PEG = PE/$（未来五年的每股收益复合增长率 ×100）

企业价值乘数估值法：企业价值乘数 = 企业价值 ÷ 息税折旧摊销前利润；目标企业的企业价值 = 可比企业平均企业价值乘数 × 目标企业的息税折旧摊销前利润

● 自测题

1. 下列属于绝对估值模型的是（　　）。

A. 股利贴现模型

B. 市盈率法

C. 市净率法

D.PEG 估值法

正确答案：A。股利贴现模型属于绝对估值模型。

2. 下列属于相对估值模型的是（　　）。

A. 股利贴现模型

B. 公司自由现金流折现模型

C. 市净率法

D. 终值预测模型

正确答案：C。其他选项都属于绝对估值模型。

3. 若行业的平均市盈率（PE）是 15，公司 A 的每股收益是 5 元，则公司 A 的股价是（　）元。

A.15

B.5

C.75

D.3

正确答案：C。目标公司的股价 = 行业的平均市盈率 × 目标公司的每股收益 =15×5=75（元）。

4. 公司 A 预计在第 5 年之后进入稳定期，从第 6 年开始其自由现金流是 700 万元，预计永续增长率为 3%，公司预计的资本成本率为 10%，则公司 A 在稳定阶段的价值是（　）万元。

A.7 000

B.1 000

C.4 350

D.6 209

正确答案：D。稳定阶段的终值 =700÷(10%–3%)=10 000（万元），终值的现值 =10 000÷（1+10%）^{5}=6 209（万元）

● 案例讨论及分析

在行业周期震荡的背景下，格力电器的营收下滑，2019 年实现营收 1 981.53 亿元，同比增长 0.02%；归属于母公司所有者的净利润 246.97 亿元，同比降低 5.75%，期间费用率降低 1.90% 至 12.75%。由于公司产品结构改变，公司毛利率降低 2.65% 至 27.58%，净利率降低 0.78% 至 12.53%。

2020 年第一季度由于疫情影响再加上行业周期震荡，实现营收 203.96 亿元，同比降低 49.70%；归属于母公司所有者的净利润 14.29 亿元，同比降低 72.04%。从 2019 年年报及 2019 年第一季度季报，我们似乎看到了"空调顶"。

2019 年"双十一"，格力电器发起价格战，低价抢占市场，可即使如此，营业收入竟然不升反降。2019 年末预收账款 82 亿元，同比下降 16 亿元，该金额是多年来的低位，销售及市场承压；2019 年第四季度净利率大幅下滑，也就呼应了销售返利并未大量使用。

2019 年公司小家电业务营收 55.76 亿元，同比增长 46.97%；通过收购及设立行业上游企业，公司零部件及原材料销售业务分别增长 31.22% 及 40.20%，产品品类实现纵横扩张。2020 年，公司推进冰箱、洗衣机及其他生活电器品类在全渠道的销售，并将其打造为第二主业板块，同时进一步提升空调上游产品的行业竞争力，培育新的增长点。

线上布局加速，打造全渠道销售平台。2019 年公司加强线上布局，"董明珠的店"注册分销店超十万家，全年零售额突破 14 亿元，同比增长 660%。公司坚持在第三方平台走"品质电商"的发展路线，线上空调销售同比增长 16%。公司将继续加强线上线下两种渠道的互补深度融合，打造全渠道销售平台。

思考：结合第 6 章和第 7 章有关格力电器资本成本率和自由现金流预测的分析，采用自由现金流折现模型对格力电器进行估值分析。

参考答案：

首先，根据第 6 章和第 7 章预测的资本成本率和各年度的自由现金流预测数据，得到各年的自由现金流的现值数据如表 8-5 所示。

表 8-5　预测的自由现金流的现值

金额单位：亿元

项目	预测期				
年份	2020 年	2021 年	2022 年	2023 年	2024 年
自由现金流量	594	360	312	310	320
WACC=7.48%					
折现期	1.0	2.0	3.0	4.0	5.0
折现系数	0.93	0.87	0.81	0.75	0.70
自由现金流量现值	552	313	253	233	224

其次，根据未来五年自由现金流的现值和终值，计算出企业价值和股权价值，如表 8-6 与表 8-7 所示。我们预计格力电器的企业价值为 6 696 亿元，股权价值为 5 251 亿元，每股价值为 87.52 元。

表 8-6　终值预测

金额单位：亿元

名称	预测值
预测期最后一年自由现金流量	320
永续增长率	3.0%
永续增长法计算的终值	7 351
折现期	5.0
折现系数	0.70
终值的现值	5 146

表 8-7　预计格力的每股价值

金额单位：亿元

名称	预测值
自由现金流量现值之和	1 571
终值的现值	5 125
企业价值	6 696
减：2019 年末债务价值	1 709
加：2019 年年末现金及现金等价物	264
股权价值	5 251
2019 年年末股数（亿股）	60
每股价值	87.52

思考：采用市盈率法对格力电器进行估值分析。

参考答案：

2019 年 12 月 31 日格力的收盘价为 65.58 元，2019 年每股收益为 4.11 元，理论上 2019 年末格力电器的市盈率为 15.96，远远低于行业均值。表 8-8 中，目前（2020 年 5 月 8 日）格力电器的市盈率为 52.57，股份总数为 60 亿股，实际市值约为 3 276 亿元，通过对比行业平均市盈率，格力电器的市盈率高于行业平均值，且高于与之市值相近的美的集团。

表 8-8　格力相对估值情况

公司名称	股票代码	市盈率	总市值	单位
格力电器	（股票代码：000651）	52.57	3 276	亿元
行业样本算术平均值		46.98		
行业样本加权平均资本成本率平均值（总市值为权数）		27.81		
哈空调	（股票代码：600202）	76.74	16.10	亿元
海尔智家	（股票代码：600690）	23.05	986.93	亿元
海信家电	（股票代码：000921）	76.90	133.96	亿元
澳柯玛	（股票代码：600336）	54.81	45.47	亿元
三花智控	（股票代码：002050）	72.03	608.93	亿元
迪贝电气	（股票代码：603320）	28.00	15.95	亿元
美的集团	（股票代码：000333）	19.74	3 799.38	亿元
微光股份	（股票代码：002801）	24.58	42.39	亿元

由此可以看出，由于受到疫情影响，2020 年第一季度格力电器的业绩大幅度下降，使得格力电器的每股收益变为 0.26 元，大大影响了其市盈率。但是投资者对其盈利能力的信任度并未因此而降低，因此股价并没有大幅度下降，这也反映了作为相对估值依据的市盈率由于容易受到市场波动的影响，或者股价变动的滞后性等问题，并不一定能真实反映企业的实际价值。

格力电器是一家非常优秀的企业毋庸置疑，通过 30 年发展，成为空调这个细分领域的世界级企业。格力电器品牌树立也非一朝一夕之功。人们耳熟能详的广告语就有多个："好空调，格力造""格力——掌握核心科技""格力——让世界爱上中国造"。可以说格力电器通过持续不断地发声，让人们把格力空调与高科技、生活品质联系到了一起。

格力电器具备极强的上下游整合能力，通过并购控股上游空调零部件生产企业，把控了产品质量，并保障货源稳定。通过先货后款、让下游经销商参股、销售返利等政策，深度绑定下游经销商，并且形成一个巨大资金池，来缓解空调销售存在的淡旺季对企业的影响，也可以降低资金成本。

第**9**章

公司融资工具

银行贷款
公司债券
可转换债券
债务融资

商业信用
资产证券化
融资租赁
认股权证

公司融资工具 — 其他融资工具

首次公开募股
股权再融资
普通股与优先股
股权融资

扫码即可观看
本章微视频课程

本章知识背景和学习目的

公司融资情况制约着公司的发展，因此公司的融资工具是公司金融重要的知识点。公司常用的融资工具有债务融资、股权融资、混合融资和其他融资工具等，理解各类融资工具的优缺点可以更好地评估公司融资决策和资本结构的合理性。在理解了各类融资工具的优缺点后，我们将了解各类融资工具在国内资本市场的情况，以理解国内资本市场的融资工具概况。学习公司的融资工具有助于把握公司的资本结构和进行资本成本率估计，进而为公司的融资决策和估值等投资决策服务。

本章学习要点

1. 理解公司债券和可转换债券的优缺点；
2. 理解首次公开募股和股权再融资的优缺点；
3. 理解普通股和优先股的区别；
4. 理解融资租赁、资产证券化和商业信用的优缺点；
5. 了解认股权证的优缺点。

第一节 债务融资

（一）银行贷款

1. 定义

银行贷款（Bank Loan）是指资金需求者向银行提出贷款申请，银行根据国家政策以一定的利率将资金贷放给资金需求者，并约定期限归还的一种经济行为。银行贷款一般要求提供担保、房屋抵押或者收入证明、个人征信情况等。

2. 优点

银行贷款的主要优点有：资金量充足，资金来源稳定可靠；目前银行贷款优惠政策比较多，尤其是对中小企业的扶持政策；利率为市场利率，较为公平，且贷款的利率一般是根据具体情况来定的，信用好的贷款者一般贷款利率低，信用差的贷款者一般贷款利率高。

3. 缺点

银行贷款跟其他融资工具相比，主要不足在以下几方面。

（1）条件苛刻，限制性条款多，手续复杂，费时费力。

（2）借款期限相对较短，长期投资很少能贷到款。

（3）借款额度相对较小，通过银行解决企业发展所需要的全部资金较难。特别对于在起步和创业阶段的企业，贷款的风险大，较难获得银行贷款。

（4）抵押物要求较为严格，对于中小企业，银行贷款需要抵押物或第三方担保，而且其对抵押物要求严格。

（5）对信用要求较高。企业及企业法定代表人需要具有良好的信用记录，否则很难通过审核。

4. 国内情况

总体来说，我国银行贷款业务比较稳定：第一，我国银行业金融机构本币和外币资产、负债规模平稳增长；第二，银行业继续加强金融服务，在涉农贷款、小微企业贷款、信用卡消费等方面同比增长都非常明显；第三，信贷资产质量稳定，不良贷款率环比平稳，关注类贷款占比低；第四，利润增长基本稳定；第五，风险替补能力较为充足，贷款损失准备余额增加明显；第六，流动性水平保持稳健。我国上市银行贷款相关数据如表 9-1 所示。

表 9-1 我国上市银行贷款相关数据

项目	2018 年	2019 年	差额
存款增速	8.00%	8.10%	0.10%
存款占比	74.65%	74.15%	−0.50%
贷款增速	11.70%	12.90%	1.20%
个人贷款占比	25.30%	40.35%	15.05%
不良贷款率	1.52%	1.46%	−0.06%
贷款逾期率	1.87%	1.63%	−0.24%
不良贷款率	79.37%	69.98%	−9.39%
拨备覆盖率	205.78%	220.25%	14.47%
拨贷比	3.13%	3.21%	0.08%

上市银行贷款逾期率变动趋势。2019 年年末，上市银行的贷款逾期率由 2018 年年末的 1.87% 下降至 2019 年年末的 1.63%。其中，大型商业银行由 1.61% 下降至 1.36%，全国性股份制银行由 2.35% 下降至 2.07%，而城商行由 2.46% 下降至 2.20%，农商行由 1.91% 上升至 2.08%。

上市银行不良贷款率。2019 年年末全部上市银行逾期 90 天以上贷款与不良贷款比率同比有所下降，由 2018 年年末的 79.37% 下降至 69.98%。其中，大型商业银行由 71.95% 下降至 65.15%；全国性股份制银行由 91.65% 下降至 78.62%；城商行由 92.60% 下降至 74.75%；农商行由 81.27% 下降至 70.24%。

上市银行拨备覆盖率。2019 年年末上市银行加权平均拨备覆盖率较上年年末上升 14.47 个百分点至 220.25%。

上市银行拨贷比。2019 年年末上市银行加权平均拨贷比较上年末上升 0.08 个百分点至 3.21%。除全国性股份制银行拨贷比较上年年末小幅下降 0.03 个百分点至 3.16%，大型商业银行、城商行、农商行拨贷比均较上年末有所上升。

（二）公司债券

1. 定义

公司债券（Corporate Bonds）是私人公司或公众公司举借债务时使用的工具，是公司依照法定程序发行的，约定在一定期限还本付息的有价证券。公司债券是指股份有限公司在一定时期内（10 年或 20 年等）为追加资本而发行的借款凭证。对于持有人来说，它只是向公司提供贷款的证书，所反映的只是一种普通的债权债务关系。持有人虽无权参与股份有限公司的管理活动，但每年可根据票面规定向公司收取固定的利息，且收息顺序要先于股东分红，股份有限公司破产清算时持有人亦可优先收回本金。公司债券期限较长，一般在 10 年以上，债券一旦到期，股份有限公司必须偿还本金，赎回债券。

2. 优点

（1）资本成本率较低。与股票的股利相比，公司债券的利息允许在所得税前扣除，公司可享受税收利益，故公司实际负担的债券成本一般低于股票成本。

（2）可利用财务杠杆。无论发行公司的盈利多少，持有人一般只收取固定的利息，若公司用资后收益丰厚，增加的收益大于支付的债息额，则会增加股东财富和公司价值。

（3）保障公司控制权。持有人一般无权参与发行公司的管理决策，因此发行债券一般不会分散公司控制权。

（4）便于调整资本结构。在公司发行可转换债券以及可提前赎回债券的情况下，公司可主动合理调整资本结构。

（5）利率限制。《企业债券管理条例》第十八条规定：企业债券的利率不得高于银行相同期限居民储蓄定期存款利率的 40%。

（6）发行时间更为宽泛，可分期发行。《公司债券发行与交易管理办法》第二十五条规定：公开发行公司债券，可以申请一次注册，分期发行。自中国证监会注册之日起，发行人应当在十二个月内完成首期发行，剩余金额应当在二十四个月内发行完毕。

3. 缺点

（1）财务风险较高。公司债券通常有固定的到期日，需要定期还本付息，财务上始终有压力。在公司不景气时，还本付息将成为公司严重的财务负担，有可能导致公司破产。

（2）限制条件多。发行公司债券的限制条件较长期借款、融资租赁的限制条件多且严格，从而限制了公司对债券融资的使用，甚至会影响公司以后的筹资能力。

（3）筹资规模受制约。公司利用债券筹资一般受一定额度的限制。《中华人民共和国公司法》规定，发行公司流通在外的债券累计总额不得超过公司净资产的40%。

4. 国内情况

公司债券作为一种直接融资的手段，在我国从无到有，规模从小到大，特别是近几年发展较快，品种不断增加，市场逐步规范。随着我国经济进入重大转型期，我国企业债券违约压力逐年增加。2019年全国债券市场违约规模再创新高，首次突破1 400亿元。

2017—2019年，我国新增债券违约的主体数量分别为10家、44家和39家，其中民营企业分别占据了高达100%、86.05%和82.05%的比重，2019年民营企业以不足9%的信用债存量占据了约80%的债券违约规模。

表9-2中，2017—2019年前三季度，我国A股上市公司债券融资规模整体呈现上升的趋势，且每年发债规模季节性周期上涨特征明显。2017年、2018年，我国A股上市公司发债规模分别为25 000.37亿元、31 852.47亿元，而2019年前三季度达到32 624.39亿元，这意味着，A股上市公司2019年前三个季度的发债融资规模超过了2018年全年的融资额。此外，2019年第三季度的发债规模为12 756.9亿元，达到近三年季度债券融资规模峰值。

表9-2 我国A股上市公司债券融资规模

项目	2017年	2018年	2019年前三季度	2019年第三季度
发债融资规模（亿元）	25 000.37	31 852.47	32 624.39	12 756.9

表 9-3 中，2019 年前三季度，A 股上市公司发行债券的次数分别为 431 次、508 次和 513 次，呈逐季上升态势。而 2018 年同期上市公司发行债券的次数分别为 332 次、431 次和 509 次，合计发行债券 1 272 次。可以看出，2019 年前三季度，A 股上市公司发行债券次数较去年同期有较大幅度的提升。2019 年前三季度，我国 A 股上市公司共完成发行债券 1 452 次，同比上升 14.15%；共涉及交易金额 32 624.39 亿元，同比上升 55.87%。总体来看，2019 年上市公司发行债券频率较为平均地分散在各个季度，单笔平均交易金额约为 22.47 亿元。

表 9-3　我国 A 股上市公司债券融资次数

时间段	2018 年（次）	2019 年（次）	增长率
第一季度	332	431	29.82%
第二季度	431	508	17.87%
第三季度	509	513	0.79%

2017—2019 年前三季度，非金融 A 股上市民营企业的发债融资额占比分别为 74.89%、73.75% 和 51.46%，逐年下滑。2019 年前三季度，非金融 A 股上市民营企业的发债融资额合计 1 551 亿元，同比下滑 31.97%。进一步按企业性质划分，如表 9-4 所示，2019 年前三季度 A 股上市民营企业通过发债进行直接融资的金额合计 3 014 亿元，占所有 A 股上市公司债券融资总额的比重为 9.24%。这一比重在 2017 年、2018 年分别为 15.47%、13.04%。

表 9-4　我国 A 股上市民营企业债券融资情况

项目	2017 年	2018 年	2019 年前三季度
民营企业发债占比	15.47%	13.04%	9.24%

从发债规模来看，A 股上市公司发债融资主要集中在货币金融服务、资本市场服务、电力、热力生产和供应业、房地产业和土木工程建筑业等行业，发债规模排名前十的行业中，上市公司涉及发债总额合计 28 339 亿元，占比达 86.86%。此外，按省份划分，2019 年前三季度，发债活跃度排名前五的区域分别是北京、广东、上海、江苏和福建，融资金额合计占比 83.08%。A 股上

市民营企业中，发债类型以金融债、可转换债、短期融资券和公司债为主，如表 9-5 所示，发债规模占比分别为 36.99%、24.92%、15% 和 13.57%，资产证券化和中期票据的占比合计不到 10%。

表 9-5　我国 A 股上市民营企业债券融资情况

项目	金融债	可转换债	短期融资券	公司债	资产证券化和中期票据
发债规模占比	36.99%	24.92%	15%	13.57%	10%

2019 年前三季度 A 股上市民营企业中，期限为 1 年内（包含 1 年）的债券融资规模合计 727 亿元，占比 24.12%；期限为 1—5 年（包含 5 年）的债券融资规模合计 1 077 亿元，占比 35.73%；期限为 5—10 年（包含 10 年）的债券融资规模合计 1 181 亿元，占比 39.22%；期限为 10 年以上的债券融资规模合计 28 亿元，占比 0.93%。目前上市公司发行长期债券的还是少数，具体如表 9-6 所示。

表 9-6　不同期限债券融资规模及占比

项目	金额（亿元）	占比
1 年内（包含 1 年）的债券融资	727	24.12%
1—5 年（包含 5 年）的债券融资	1 077	35.73%
5—10 年（包含 10 年）的债券融资	1 181	39.22%
10 年以上的债券融资	28	0.93%

（三）可转换债券

1. 定义

可转换债券（Convertible Bond）是可转换公司债券的简称，又简称可转债，是一种可以在特定时间、按特定条件转换为普通股股票的特殊企业债券。可转换债券兼具债权和股权的特征。

可转换债券是债券持有人可按照发行时约定的价格将债券转换成公司的普通股股票的债券。如果债券持有人不想转换，则可以继续持有债券，直到偿还期满收取本金和利息，或者在流通市场出售变现。如果持有人看好发债公司股票增值潜力，在宽限期之后可以行使转换权，按照预定转换价格将债券转换成股票，发债公司不得拒绝。可转换债券利率一般低于公司的普通债券利率，公司发行可转换债券可以降低筹资成本。可转换债券持有人还享有在一定条件下将债券回售给发行人的权利，发行人在一定条件下拥有强制赎回债券的权利。

2. 优点

（1）筹资灵活性。将传统的债务筹资功能和股票筹资功能结合起来，筹资性质和时间具有灵活性。

（2）资本成本率较低。可转换债券的利率低于同一条件下普通债券的利率，降低了公司的筹资成本；此外，在可转换债券转换为普通股时，公司无须另外支付筹资费用，又节约了股票的筹资成本。

（3）筹资效率高。可转换债券在发行时，规定的转换价格往往高于当时本公司的股票价格。如果这些债券将来都转换成了股权，这相当于在债券发行之际，以高于当时股票市价的价格新发行了股票，以较少的股份代价筹集了更多的股权资金。

（4）可转换债券使投资者获得最低收益权。可转换债券与股票最大的不同就是它具有债券的特性，即便它失去转换意义，也可作为一种低息债券，投资者以债权人的身份，可以获得固定的本金与利息收益。可转换债券对投资者具有"上不封顶，下可保底"的优点，当股价上涨时，投资者可将债券转为股票，享受股价上涨带来的盈利；当股价下跌时，则可不实施转换而享受每年的固定利息收入，待期满时收回本金。

（5）可转换债券当期收益较普通股红利高。投资者在持有可转换债券期间，可以取得定期的利息收入，通常情况下，可转换债券当期收益较普通股红利高，如果不是这样，可转换债券将很快被转换成股票。

（6）可转换债券相比于股票有优先受偿权。可转换债券属于次等信用债券，在清偿顺序上，同普通公司债券、长期负债（银行贷款）等具有同等追索权利，但排在一般公司债券之后，同可转换优先股、优先股和普通股相比，可优先受偿。

3. 缺点

（1）存在不转换的财务压力。如果在转换期内公司股价处于恶化性的低位，投资者到期不会转股，会对公司造成集中兑付债券本金的财务压力。

（2）存在回售的财务压力。若公司股价长期低迷，在设计有回售条款的情况下，投资者集中在一段时间内将债券回售给发行公司，加大了公司的财务支付压力。

（3）股价大幅度上扬风险。如果债券转换时公司股票价格大幅度上扬，公司只能以较低的固定转换价格换出股票，这会降低公司的股权筹资额。

4. 国内情况

在债券收益率不断下降的情况下，可转换债券满足了市场的需求。我国的可转债规模在 2020 年 5 月 1 日达 123.4 亿元人民币。截至 2020 年 5 月，57 宗 IPO 中，个人投资者平均认购金额为 4.41 万亿元人民币，比去年上半年高出约 7 倍。我国的可转债市场日益具有投资性。2020 年 4 月和 5 月的首日平均涨幅分别为 16% 和 15%，而 2019 年上半年的涨幅为 9.4%。

第二节 股权融资

（一）首次公开募股

1. 定义

首次公开募股（Initial Public Offering，IPO）是指一家企业第一次将它的股份向公众出售。通常，上市公司的股份是根据向证监会出具的招股书或登记声明中约定的条款通过经纪商或做市商进行销售。一般来说，一旦首次公开上市完成，这家公司就可以申请到证券交易所或报价系统挂牌交易。有限责任公司在申请 IPO 之前，应先变更为股份有限公司。

2. 优点

IPO 的主要优点有：募集资金多；资金流通性强；利于提高公司知名度和员工认同感；回报创始人和风险投资；利于完善公司制度，便于管理。

3. 缺点

IPO 的主要缺点有：上市成本费用高昂；审计成本增加，公司必须符合证监会的规定；原控制人容易失去对公司的控制，风险投资者等容易获利退场。

4. 国内情况

2019 年 A 股 IPO 情况，如表 9-7 所示，A 股市场 IPO 规模大幅扩大。2019 年，A 股 IPO 规模为 203 家，同比上涨 91.43%，募资金额共计 2 489.82 亿元人民币，同比上涨 80.70%，占全球市场 IPO 募资金额的 48.37%，A 股市场成为全球资本市场中 IPO 募资规模最大市场，同时也创下近 8 年 A 股 IPO 募资规模新高。特别是 2019 年 A 股市场的焦点——上海科创板，自 2019 年 7 月成功开市以来，为我国的高科技和创新企业提供了更加包容便捷的融资渠道，并受到了市场的欢迎和认可。2019 年上海科创板 IPO 规模为 70 家，融资总额为 824 亿元人民币，占全年 A 股 IPO 市场融资总额的 32%。在不到 6 个月的时间里，上海科创板的融资额已远超过深圳的中小板和创业板全年融资额的总和。

表 9-7　2019 年 A 股 IPO 情况

项目	数据
IPO 企业规模	203 家
IPO 企业涨幅	91.43%
募资金额	2 489.82 亿元人民币
金额同比上涨	80.70%
募资金额占全球市场 IPO 募资金额的比率	48.37%

（1）传统 IPO 市场明显回暖，过会率大幅提升。

2019 年度发行审核委员会共审核 155 家企业，其中 138 家通过，16 家未通过，1 家暂缓表决，通过率高达 89.03%。与去年同期相比，过会率大幅提高，上会企业数量略减。

（2）新上市公司共 203 家，相比 2018 年的 105 家近乎翻一倍。

2019 年新上市公司共 203 家，其中主板新上市公司 55 家，占比为 27.09%；中小板上市公司 26 家，占比为 12.81%；创业板上市公司 52 家，占比为 25.62%；科创板上市公司 70 家，占比为 34.48%。可以看出，在科创板上市已成为企业登陆资本市场的重要渠道。

（3）新上市公司实际募资额 2 489.82 亿元人民币，远超去年同期。

2019 年首发上市公司融资金额总额有所攀升，募资总额约 2 489.82 亿元人民币，而 2018 年的 IPO 募资总额为 1 386 亿元人民币。

（4）计算机、通信和其他电子设备制造业上市企业数量最多。

从 2019 年上市企业行业分布来看，计算机、通信和其他电子设备制造业企业数量最多，有 36 家；专用设备制造业企业数量排名第二，有 24 家；软件和信息技术服务业企业排在第三，有 20 家。

（二）股权再融资

1. 定义

股权再融资（Seasoned Equity Offering，SEO）是指已上市的公司通过配股、增发的方式在证券市场上进行融资的行为。

2. 优点

（1）股权再融资的实际资金成本较低。我国证券市场在股利分配上长期存在重股票股利，轻现金股利的情况。在我国，由于上市公司的股利分配政策主要由大股东选出的董事会制定，股利分配政策成为管理层可以随意调控的政策，因此外部股权融资的实际成本成为公司管理层可以控制的成本，相对于债券融资的利息回报的硬约束，上市公司的管理层更愿意选择股利分配的软约束。

（2）配股由于不涉及新老股东之间利益的平衡，因此操作简单，审批快捷，是上市公司十分熟悉的融资方式。

（3）增发是向包括原有股东在内的全体社会公众发售股票，其优点在于限制条件较少，融资规模大。增发比配股更符合市场化原则，更能满足公司的筹资要求，但与配股相比，本质上没有大的区别，都是股权融资，只是操作方式上略有不同。

3. 缺点

增发和配股的共同缺点是：融资后由于股本大大增加，而投资项目的效益短期内难以保持相应的增长速度，公司的经营业绩指标往往被稀释而下滑，可能出现融资后效益反而不如融资前的现象，从而严重影响公司的形象和股价。并且，股权被稀释，还可能使老股东的利益尤其是控股权受到不利影响。

4. 国内情况

定向增发仍是股权再融资的主要方式。A股定向增发情况如表9-8所示。

表 9-8　A 股定向增发情况

项目	2016 年	2017 年	2018 年
定向增发占股权再融资总规模百分比	84.11%	76.36%	48.17%
定向增发次数（次）	796	583	237

虽然定向增发占股权再融资总规模的比重从 2016 年的高点 84.11% 下滑至 2018 年的 48.17%，但仍是股权再融资的主要方式。2018 年定向增发融资 7 322.51 亿元，比 2017 年下降 28.19%，2018 年共 214 家企业进行定向增发合计 237 次，比 2017 年下降 59.35%，相比 2016 年下降 70.23%。此外，2018 年定向增发市场仍以融资收购其他资产和项目融资类为主，合计占比为 76.36%。其中，不受 2017 年再融资新政影响的融资收购其他资产类型的项目数量占比提升至 43.88%，同比提升 11.79%；因并购配融规模受限，配套融资类项目下降至 18.14%，同比减少 7.1%。

（三）普通股与优先股

1. 定义

（1）普通股（Common Stock）是享有普通权利、承担普通义务的股份，是公司股份的最基本形式。普通股股东对公司的管理、收益享有平等权利，根据公司经营效益分红，投资风险较大。在公司的经营管理和盈利及财产的分配上享有普通权利的股份，代表满足所有债权偿付要求及优先股股东的收益权与求偿权要求后对企业盈利和剩余财产的索取权。普通股构成公司资本的基础，是股票的一种基本形式，也是发行量最大、最为重要的股票。目前在上海和深圳证券交易所中交易的股票，都是普通股。

（2）优先股（Preferred Stock）是享有优先权的股份。优先股股东对公司资产、利润分配等享有优先权，投资风险较小。但是优先股股东对公司事务无表决权。优先股股东没有选举及被选举权，一般来说对公司的经营没有参与权。优先股股东不能退股，其股份只能通过优先股的赎回条款被公司赎回。

2. 优点

（1）普通股。

通过发行普通股筹措的资本具有永久性，无到期日，不需归还。这对保证公司对资本的最低需要、维持公司长期稳定发展极为有益。因此，普通股可以作为公司长期股权激励的一种形式。

发行普通股筹资没有固定的股利负担，股利的支付与否和支付多少，视公司有无盈利和经营需要而定，经营波动给公司带来的财务负担相对较小。由于普通股筹资没有固定的到期还本付息的压力，所以筹资风险较小。

发行普通股筹集的资本是公司最基本的资金来源，它反映了公司的实力，可作为其他方式筹资的基础，尤其可为债权人提供保障，增强公司的举债能力。

由于普通股的预期收益较高并可一定程度地抵消通货膨胀的影响（通常在通货膨胀期间，不动产升值时普通股也随之升值），因此普通股筹资容易吸收资金。

（2）优先股。

财务负担轻。由于优先股股利不是发行公司必须偿付的一项法定债务，如果公司财务状况恶化，这种股利可以不付，从而减轻了公司的财务负担。

财务上灵活机动。由于优先股没有规定最终到期日，它实质上是一种永续性借款。优先股的收回由公司决定，公司可在有利条件下收回优先股，具有较大的灵活性。

财务风险小。从债权人的角度看，优先股属于公司股本，从而巩固了公司的财务状况，提高了公司的举债能力，因此，财务风险小。

不减少普通股收益和控制权。与普通股相比，优先股每股收益是固定的，只要公司净资产收益率高于优先股成本率，普通股每股收益就会上升；另外，优先股股东无表决权，因此，优先股不影响普通股股东对公司的控制权。

3. 缺点

（1）普通股。

普通股的资本成本率较高。首先，从投资者的角度讲，投资普通股的风险较高，相应地要求有较高的投资报酬率。其次，对于筹资公司来讲，普通股股利从税后利润中支付，不像债券利息那样作为费用从税前支付，因而不具抵税作用。此外，普通股的发行费用一般也高于其他证券。最后，以普通股筹资会增加新股东，这可能会分散公司的控制权。此外，新股东会分享公司未发行新股前积累的盈余，降低普通股的每股净收益，从而可能引发股价下跌。

（2）优先股。

资金成本高。由于优先股股利不能抵减所得税，因此其成本高于债务成本。这是优先股筹资的最大不利因素。

股利支付的固定性。虽然公司可以不按规定支付股利，但这会影响公司形象，进而对普通股市价产生不利影响，损害普通股股东的权益。当然，如在公司财务状况恶化时，这是不可避免的；但是，如公司盈利很多，想更多地留用利润来扩大经营时，由于股利支付的固定性，优先股股利便成为一项财务负担，影响公司的扩大再生产。

4. 国内情况

自 2014 年证监会批准发行优先股至 2018 年，成功完成发行加正在申请发行的投票中，只有 45 只优先股。作为股权再融资的方式之一，优先股可谓"小众"。45 只优先股全部为非公开发行，且发行人有赎回权；目前市场上经发行或者尚在申请发行过程中的优先股，银行类发行人占据了绝大多数（70%），股息率又以浮动股息率为主（80%）。

优先股虽然在 A 股"扎根"了，但还处在"蹒跚学步"的试点阶段，运用还受到很多限制，包括发行主体、与普通股的转换、剩余财产分配等方面的限制，在实际使用中几乎成了银行业上市公司的专属。在成熟的资本市场，上市公司之间以优先股作为支付对价早已司空见惯，但在国内却鲜有出现。这说明优先股在我国还有非常广阔的发展空间。

（一）商业信用

1. 定义

商业信用（Commercial Credit）是指在商品交易中由于延期付款或预收货款所形成的企业间的借贷关系。商业信用的具体形式包括应付账款、应付票据、预收账款等。

2. 优点

商业信用的主要优点有：容易取得，方便及时；如果没有现金折扣或使用不带息票据，商业信用筹资不负担成本。

3. 缺点

商业信用的主要缺点有：在放弃现金折扣时所付出的成本较高；商业信用规模受个别企业商品数量和规模的影响；商业信用一般由卖方提供给买方，受商品流转方向的限制；商业信用受生产和商品流转周期的限制，一般只能是短期信用；商业信用一般局限在企业之间；分散和不稳定。

4. 国内情况

（1）商业信用销售总规模小，贷款机构单一。

我国商业信用销售对消费增长的促进作用远没有发挥出来。信用体系不健全，导致企业赊销账款回收困难，形成了大量不良债务。目前，国内企业 70% 的账款逾期天数在 60 天以上，远远高于国际上平均 30 天的水平。坏账过高、拖欠成风和整个市场经济秩序严重紊乱，导致国民经济运行效率低下，严重制约了商业信用销售对经济增长的贡献。据测算，我国金融部门的信用规模每增长 1 亿元人民币，拉动 GDP 增长 4 753 万元；商业信用销售规模每增长 1 亿元，GDP 反而下降 8 852 万元。

（2）企业信用管理水平低。

从总体上看，目前我国企业信用管理水平较低，尚不能满足经济发展的需要。主要表现在：信用管理意识、信用培训不够；财务报表不能按照国际通用准则编制，不愿意向其他机构公开本企业的信用资料；在交易过程中缺乏风险评估调查，客户信用档案不健全、更新不快，较少使用信用管理工具。2019年，我国只有17.6%的企业建立了信用管理部门。其中，我国大型企业信用销售管理好于中小企业。尤其是国内500强的很多企业建立了信用风险制度，而中小企业的信用管理水平与大型企业存在明显的差距，信用风险管理和信用销售尚处于萌芽和起步阶段。企业的信用管理重点落在"追账"上，信用管理部门远远不能满足经济发展的需要。

（二）资产证券化

1. 定义

资产证券化是指以基础资产未来所产生的现金流为偿付支持，通过结构化设计进行信用增级，在此基础上发行资产支持证券（Asset-Backed Securities，ABS）的过程。它是以特定资产组合或特定现金流为支持，发行可交易证券的一种融资形式。

2. 优点

（1）增强资产的流动性。资产证券化提供了将相对缺乏流动性、个别的资产转变成流动性高、可在资本市场上交易的金融商品的手段。通过资产证券化，发起者能够补充资金，进行另外的投资。

（2）获得低成本融资。因为发起者通过资产证券化发行的证券具有比其他长期信用工具更高的信用等级，等级越高，发起者付给投资者的利息就越低，所以降低了筹资成本。

（3）减少风险资产。资产证券化有利于发起者将风险资产从资产负债表中剔除，有助于发起者改善各种财务比率，提高资本的运用效率，满足风险资本指标的要求。

（4）便于进行资产负债管理。资产证券化使发起者可以更好地进行资产负债管理，取得精确、有效的资产与负债的匹配。

3. 缺点

（1）存在基础资产质量风险。基础资产的构成太复杂，很难做到像贷款一样仔细审查具体的资信情况；另外，基础权益人也有可能为了让基础资产看上去很"美"而有所隐瞒。

（2）存在现金流风险。有时就算基础资产质量很好，也不存在披露上的问题，但市场存在风险，遇上小概率的"黑天鹅"事件，谁也扛不住。

（3）存在系统性风险。一种产品发生了违约，其他与其相关的金融产品的违约风险也会增加。

4. 国内情况

对于我国现状而言，资产证券化可能是一个化解地方债务高启、解决银行信贷资产风险累积问题、提高资本运作效率、盘活存量的可行渠道。我国资产证券化市场起步较晚，目前已经形成了三类资产证券化市场。一是信贷资产证券化，二是企业资产证券化，三是资产支持票据。

我国资产证券化在推进过程中，还存在一些没有能够很好解决的问题。首先，需要明确哪些资产可以证券化；其次，存在证券化资产的定价问题、资产证券化相关法律体系及监管体系的问题、投资者参与方面的问题等。

（1）资产证券化市场继续保持快速增长的态势。

2020 年我国资产证券化市场共发行产品 2 229 单，发行规模共计30 707.21 亿元，同比分别增长 55.77% 和 32.00%。其中，企业资产证券化产品共发行 1 524 单，发行规模共计 16 510.50 亿元，同比分别增长 52.40% 和 52.02%；信贷资产证券化产品共发行 192 单，发行规模共计 8 628.06 亿元，同比分别增长 6.08% 和 −9.17%；交易商协会资产支持票据共发行 513单，发行规模共计 5 568.65 亿元，同比分别增长 100.06% 和 91.79%。总的来看，2020 年资产证券化产品发行规模继续扩大，但各市场表现有所不同。企业资产证券化市场规模仍然保持最大，且发行增速较上年有所上涨；信贷资产证券化市场发行规模与去年基本持平；交易商协会资产支持票据市场延续了去年的高速增长态势，在市场中的占比迅速提升，从 2019 年的 12.48% 提升至 23.01%。

具体来看，企业资产证券化中，上交所的发行规模占比最大，为70.02%，深交所的发行规模占比 29.82%，与 2019 年相比，2020 年深交所的发行规模快速提升。此外，机构间私募产品报价与服务系统占比 0.16%。从基础资产类别看，应收账款类资产证券化产品发行规模占比最大，为 24.08%，其余依次为保理融资（18.52%）、个人消费贷款（15.82%）、融资租赁（10.98%）等产品。从管理人发行规模来看，前三名分别是中信证券、平安证券和中金公司。

银行间信贷资产证券化产品中，占比最大的三类基础资产分别为个人住房抵押贷款 RMBS（49.19%）、个人汽车贷款（26.95%）和企业贷款（15.85%）。其中 RMBS 依旧是发行量最大的基础资产类型。从信贷资产证券化产品相关的信托计划（SPV）管理人发行规模看，前三名分别为建信信托、外贸信托和中海信托。

交易商协会资产支持票据方面，全年发行规模快速增长，其中票据收益类资产占据了超过一半的发行量（57.21%），其次是融资租赁（13.2%）、保理融资（12.2%）和应收账款债权（5.9%）。从资产支持票据产品管理人发行规模来看，前三名分别为华能贵诚信托、建信信托和光大兴陇信托。

2020 年企业资产证券化产品发行利率在第一、二季度呈现震荡下降趋势，三、四季度利率回升，但全年仍较上年整体下行。截至 2020 年 12 月 31 日，2020 年企业资产证券化产品（AAA）平均发行利率为 4.153%，最高为 7.8%，最低为 1.8%，中位数为 3.98%。相较于信贷资产证券化产品，企业资产证券化产品发行利率更加分散，各类型资产证券化产品和同类型短融中票利差出现明显分化。总体来说，2020 年三、四季度年信用分化逐步减少，资质较好的企业资产证券化产品得到投资者的认可，保持收益率下行，利差也处于较低的位置，不存在明显的超额收益，并且利差还有进一步收缩的空间；资质较弱的企业资产证券化产品则发行困难，利率较高。

（2）发行利率总体下行。

2020 年信贷资产证券化产品发行利率继续保持较低水平。截至 2020 年 12 月 31 日，2020 年信贷资产证券化产品（AAA）平均发行利率为 3.465 1%，最高为 5%，最低为 1.65%，中位数为 3.5%。RMBS、汽车贷款资产证券化产品、信用卡资产证券化产品等信贷资产证券化产品收益率年初呈快速下行趋势，第三、四季度以来利率有所回升，但全年看仍较上年整体下行，产品分化的程度增加，票息分散的程度也随之加剧；由于信贷资产证券化产品发行利率整体变动稍显滞后，2020 年第一、二季度国债收益率下行期间，AAA 级证券发行利率无明显下行，发行利差有所增大。

（3）二级市场交易概况。

2020 年，企业资产证券化产品二级市场的成交额合计 5 850.95 亿元，同比增长 115.93%。其中上交所成交金额 4 481.58 亿元，同比增长 137.85%，深交所成交金额 1 369.37 亿元，同比增长 65.89%。信贷资产证券化产品全年成交金额 3 958.97 亿元，同比减少 8.8%；交易商协会资产支持票据全年成交金额 3 077.25 亿元，同比增长 73.16%。

（三）融资租赁

1. 定义

融资租赁（Financial Lease) 是目前国际上非常普遍、基本的非银行金融形式。它是指出租人根据承租人 (用户) 的请求，与第三方 (供货商) 订立供货合同，根据此合同，出租人出资向供货商购买承租人选定的设备；同时，出租人与承租人订立一项租赁合同，将设备出租给承租人，并向承租人收取一定的租金。

2. 优点

（1）筹资速度较快。融资租赁会比借款更快获得企业所需设备。

（2）限制条款较少。相比其他长期负债筹资形式，融资租赁所受限制的条款较少。

（3）设备淘汰风险较小。融资租赁期限一般为设备使用年限的 75%。

（4）财务风险较小。分期负担租金，不用到期归还大量资金。

（5）税收负担较轻。租金可在税前扣除。

3. 缺点

融资租赁的主要缺点有：资金成本较高，租金较高，成本较大；筹资弹性较小，当租金支付期限和金额固定时，增加企业资金调度难度。

4. 国内情况

（1）发展速度很快，但潜力依然巨大。从绝对指标来看，全国各类融资租赁总规模位居世界第二。在某些细分领域，融资租赁已经成为非常重要的设备投资方式。从相对指标来看，融资租赁业的发展水平仍然偏低，显示出很大的发展潜力。以融资租赁 GDP 渗透率看（租赁的厂房和设备投资总额与 GDP 之比），我国和美国分别为 1.24% 和 1.86%；以融资租赁投资渗透率（租赁的厂房和设备投资总额占固定资产投资总额之比），我国和美国分别是 3.8% 和 22%，高速扩张但潜力仍然巨大。

（2）业务类型以单笔金额超过 3 000 万元的大型业务和单笔业务金额在 50 万元 ~3 000 万元的中型业务为主，单笔金额小于 50 万元的业务占据很小比重。融资租赁在我国的服务对象已经向中小企业扩展，但还没有被小微企业充分利用。

（3）融资租赁业务涉及的租赁物范围虽然日渐扩大，但仍以传统的项目为主，其中基础设施类融资租赁业务占比更是超过 1/4。相比之下，美国租赁业的租赁物范围更加广泛，基础设施类融资租赁业务占比仅为 1%。

（4）从行业平均数据看，回租业务占据主导地位，直租业务占比较小。融资租赁公司的功能发挥主要体现在融资方面，在"融物"方面的功能还有所欠缺。这一特征正与当前金融抑制背景下信贷资源仍是一种稀缺品的现实密切相关。

（四）认股权证

1. 定义

认股权证（Stock Warrant）是一种股票期权。权证是持有人在规定期间内或特定到期日，有权按约定价格（行权价）向发行人购买或出售标的股票，或以现金结算方式收取结算差价的有价证券。权证可分为认购权证和认沽权证。持有认购权证者，可在规定期间内或特定到期日向发行人购买标的股票，这与流行的可转债有权转换成股票相类似；而持有认沽权证者的权利是能以约定价格卖出标的股票。

2. 优点

认股权证是一种融资促进工具，它能促使公司在规定的期限内完成股票发行计划，顺利实现融资。

认股权证有助于改善上市公司的治理结构，有利于缓解代理问题。采用认股权证进行融资，融资的实现是缓期、分批的，与上市公司及其大股东的利益和投资者是否在到期之前执行认股权证密切相关。因此，在认股权证有效期间，上市公司管理层及其大股东任何有损公司价值的行为，都可能降低上市公司的股价，从而降低投资者执行认股权证的可能性，这可能损害上市公司管理层及其大股东的利益。认股权证能有效约束上市公司的败德行为，并激励他们更加努力地提升上市公司的市场价值。

作为激励机制的认股权证有利于推进上市公司的股权激励机制。认股权证是常用的员工激励工具，给予管理者和重要员工一定的认股权证，可以把管理者和员工的利益与企业价值成长紧密联系在一起，可以建立一个管理者与员工通过提升企业价值从而实现自身财富增值的利益驱动机制。

3. 缺点

对于股本权证而言，其寿命期可能是 1 ~ 5 年；但对于衍生权证而言，权证越靠近其终止日期，它的时间价值就越会消失。也就是说，如果相关资产还在，相关权证的价值会下降，无论是认购权证还是认沽权证。

认股权证持有人无资格参与相关资产发行公司的分红。权证对于大多数人而言是有风险的，有很多地方需要注意，权证市场的重要性体现在其是信息的集散地，而不是价格的反映。

与股票相比，权证交易不涉及印花税，这是一个优点；但权证交易的双方涉及资本利得税，这是一个劣势。

4. 国内情况

认购权证持有人有权在约定期间或到期日以协议价格买进约定数量标的资产，而认沽权证持有人有权在约定期间或到期日按照协议价格卖出约定数量的标的资产。国内权证市场基本上是按照这种方式来划分的。

认股权证早在 20 世纪 90 年代就已经出现在国内的证券市场上，只是由于诸多因素，认股权证市场没有很好地发展。在 1992 年到 1996 年期间，我国先后推出了多只权证。沪市推出了大乐飞股票的配股权证、宝安 93 认股权证、江苏悦达认股权证、福州东百认股权证等，深市也相继推出了桂柳工、闽闽东、厦海发等股票的认股权证。但是由于在这期间，认股权证的价格暴涨暴跌，出现严重的投机现象，证监会最终于 1996 年 6 月底终止了认股权证的交易。造成这种现象的原因主要有当时关于权证的政策不稳定、管理层风险防范意识淡薄、管理机制不够完善等。随着股权分置改革的推进，认股权证的发行又被提上了日程。认股权证由于具有看涨或看跌的特性，成为保护流通股股东利益的有效方法，同时也增加了非流通股股东对价支付的灵活性。2006 年 9 月在沪、深上市的认股权证已经有 27 只，其中 10 只为认购权证，17 只为认沽权证。

● 本章小结

通过本章的学习，我们了解了公司的各类融资工具，学习了各类债务融资工具的优缺点，学习了各类股票融资工具的优缺点，学习了商业信用、资产证券化等其他融资方式的优缺点。在掌握这些工具的理论知识的基础上，进一步了解国内资本市场的实际情况，将有利于投资者了解我国目前的融资工具的整体情况。公司融资工具的选择反映了公司的财务政策，影响其资本结构，理解各类融资工具，将有助于投资者更好地理解公司的资本结构和资本成本率的估计。

● 关键术语

银行贷款（Bank Loan）

公司债券（Corporate Bonds）

可转换债券（Convertible Bond）

首次公开募股（Initial Public Offering，IPO）

股权再融资（Seasoned Equity Offering，SEO）

普通股（Common Stock）

优先股（Preferred Stock）

资产支持证券（Asset-Backed Securities，ABS）

融资租赁（Financial Lease）

认股权证（Stock Warrant）

● 自测题

1. 相对于普通股筹资而言，属于债务筹资特点的是（　　）。

A. 资本成本率高

B. 没有固定偿还期限

C. 形成企业固定的利息负担

D. 会分散投资者对企业的控制权

正确答案：C。债务筹资是与普通股筹资性质不同的筹资方式。与后者相比，债务筹资的特点表现为：筹集的资金具有使用上的时间性，需到期偿还；不论企业经营好坏，需固定支付债务利息，从而形成企业固定的负担；其资本成本率一般比普通股筹资成本低，且不会分散投资者对企业的控制权。

2. 下列关于可转换债券和认股权证的说法中，不正确的是（　　）。

A. 可转换债券的持有者，同时拥有 1 份债券和 1 份股票的看涨期权

B. 可转换债券转换和认股权证行权都会带来新的资本

C. 对于可转换债券的持有人而言，为了执行看涨期权必须放弃债券

D. 可转换债券的持有人和认股权证的持有人均具有选择权

正确答案：B。可转换债券转换时只是债务资本转换为股权资本，这是资本之间的转换，不会带来新的资本。

3. 下列关于优先股筹资特点的说法中，不正确的是（　　）。

A. 不支付股利会导致公司破产

B. 与普通股相比，发行优先股一般不会稀释股东权益

C. 优先股股利不可以税前扣除

D. 优先股股利会增加公司的财务风险并进而增加普通股的成本

正确答案：A。与债券相比，不支付优先股股利不会导致公司破产，所以选项 A 的说法不正确。

● 案例讨论及分析

美国次贷风暴卷起的"金融海啸"愈演愈烈，除了令全球股市面目全非之外，华尔街银行也一家接一家倒下，幸存者也要通过与传统银行合并来自保。远在美国的投资银行雷曼兄弟（Lehman Brothers）在寻求外援失败后宣布申请破产保护，有关雷曼兄弟迷你债券的投诉数千封，涉及 20 家银行。投诉人表示，银行在代理销售与雷曼兄弟相关的零售结构性产品时，存在误导和不良销售手法，导致不少中老年投资者血本无归。

大量投资者表示，银行在知晓他们的储蓄到期时，随即将雷曼兄弟迷你债券当作一个保本、低风险、高利息的稳健型理财产品向他们推销。而在推销时，银行没

有提及这些产品与雷曼兄弟的关系，以及产品存在的风险，也没有就产品的章程做详尽的解释，有的甚至在双方签署购买协议后才把章程交给投资人，有的代理人还拒绝把当时签署的购买协议交还给投资人。投资人很大一部分是中老年人，对金融产品了解甚少，一直以定期储蓄为主要理财手段，亦从未进行过任何股票和债券方面的投资。一位用毕生积蓄购买雷曼兄弟迷你债券的老人甚至连字也不识。

为何持有雷曼兄弟迷你债券的投资者有可能会血本无归呢？迷你债券的性质及其最终命运又会是怎样？

首先，看看债券是什么。债券是由政府、半官方机构和私人公司发行的票据，向公众集资，然后按时向投资者还息还本。债券的息口是按其信贷评级即收不回本金的风险来厘定的。**AAA** 级的美国国库债券 (US Treasury Bonds) 一向被认为是无风险的投资，其息口低；半官方机构如房利美所付出的利率较高，但有政府包底，投资者收不回本金的概率也不大；公司债券的评级越低，所付的利息也越多，理论上所有私人公司都有可能破产。几个月前大家以为不会发生的事情，随着雷曼兄弟倒下，也有可能发生。

雷曼兄弟破产，其发行的债券就很有可能变为"墙纸"，令投资者损失惨重。据统计，雷曼兄弟发行的 1 100 亿美元优先债券在其破产前一星期，每 1 美元值 95 美元，到 9 月 24 日只剩 18 美元，稍后更可能变得一文不值……

让我们看看，令个人投资者"中招"的雷曼兄弟的迷你债券是什么东西。原来此"债券"不同于彼债券，"迷你"的意思是把原来 100 万美元的投资额拆到数万美元，以方便零售给银行客户。不过，债券的内容已不同，迷你债券其实是衍生投资产品中的结构性票据 (Structure Notes，SN)，有识之士认为根本不应该拿来作零售用。如果 SN 的所有抵押品都是 AAA 级的国库券，那问题就不大，但近年投资银行讲求金融创新，SN 的抵押品又是一堆衍生工具，包括抵押债务证券 (CDO) 以及差点令 AIG 的百年基业毁于一旦的信贷违约掉期安排 (CDS) 等。这些衍生工具连投资专家都未必在短时间之内搞得清楚，更何况银行柜位的"不专业人员"和一般存户呢？

接下来，再细看雷曼兄弟所发行的迷你债券。它属于 SN 中的信贷挂钩票据，即其回报及赎回安排同相关发行机构的信贷挂钩，如其中一家公司未能偿还贷款，需要重组债务甚至不幸破产，都会严重影响这一类债券的派息和继续运作。

能让投资者稍感安心的是，SN 同基金一样，其抵押品等资产是由信托人托管的。理论上要在 SN 付息和到期时，信托人将抵押品出售套现后，才知道盈亏的金额，以及投资者最终可取回多少钱。由于不同 SN 系列的结构和抵押品不同，信托人需要逐一处理，个人投资者本金可取回的数额不能一概而论。但在公司被清盘时，迷你债券的索偿权次序比较靠后，其风险因此比一般的债券高，而且涉及 CDS 等衍生工具，绝不应被视为等同于存款的低风险投资。

以雷曼兄弟在 2008 年 4 月发行的最后一批迷你债券为例，招售书已列明债券绝不保本，用作信贷参考的七家公司只要一家有信贷问题，债券便会被提前赎回，届时抵押品的出售会根据市场情况，投资者本金遭受损失的概率很大。

其实，迷你债券玩的是对赌其他公司有没有信贷违约事件的"财技"，其运作过程是先由发行人和掉期安排行以较低的价钱向债券的投资者买入相关的 CDS，然后在市场高价出售平仓。安排行再把部分差价用于支付 AAA 级 CDO 的利息，让投资者可收取比其他同级债券稍高一些的息口。这在平静的日子是不错的安排，但在市场风高浪急，信贷严重收缩，CDO 可能无价又无市的情况下，CDS 的交易对手雷曼兄弟已瘫痪，要在此刻找人接手，谈何容易呢？一旦掉期对手无法向发行人支付所需现金，后者无法向债券持有人派息和偿还本金。

思考：雷曼兄弟的迷你债券风波受到社会各界的广泛关注，迷你债券风波对我国债券市场发展有何启示？

参考答案：

启示一：公司债券产品及其相应的信用衍生产品不应面向个人投资者。个人投资者通常缺乏专业的风险分析和辨别能力，面对公司债券及其复杂的信用衍生产品，难以准确辨别风险。雷曼兄弟的迷你债券产品招售计划虽然对产品运作模式做了比较详细的介绍，但众多个人投资者依然将迷你债券当成一种高收益、低风险的产品大量购买。此外，个人投资者的风险承受能力较弱，一旦风险变成实际损失，常常会导致严重后果，甚至影响社会稳定。因此，我国公司债券和信用衍生产品的发展应充分遵循市场规律，面向机构投资者。机构投资者的风险识别和承受能力相对较强，能够选择风险和收益相匹配的产品进行理性投资，并能通过交易分散和化解风险，反过来也促进了金融产品的优胜劣汰和金融市场的良性发展。

启示二：监管部门应正确处理好金融创新和风险控制的关系。发展金融市场需要鼓励金融创新，但并不意味着可以放松对风险的控制。多次打包和转让的金融产品存在过多的不确定性和风险，基础产品或任何中间环节出现问题都会导致连锁反应，加剧金融市场波动，必须加强这方面的监管。迷你债券中的抵押品——CDO，是将资产支持证券等债权分类打包的产品，发行人又对 CDO 进一步打包并包装后出售，其在谋取利润的同时廉价地将风险转移给对风险理解能力差、承受能力弱的大众投资者。在推动我国金融市场发展过程中，要对金融产品创新加以区分，鼓励那些能够有效分散和管理风险、降低市场交易成本、提高金融市场运行效率的金融产品创新，对于投资银行仅以自身盈利为目的设计的、收益与风险不相匹配、风险隐患较大的产品则要审慎对待。其中，面向个人投资者的创新产品更要慎之又慎。

启示三：一定要完善市场监管机制，加强信息披露。一直以来，发达国家或地区对场外市场的监管比较宽松，比较注重对机构的合规性监管，而对其所设计的产品本身以及其与客户交易的监管相对宽松，埋下了风险隐患。实际上，金融产品发行人和代理销售机构都具有趋利性的特点，在设计和销售产品时会有意回避产品风险信息披露。据雷曼兄弟迷你债券的众多个人投资者反映，雷曼兄弟发行迷你债券时并没有披露其持有的 CDO 的具体信息，商业银行在推销迷你债券时也没有充分揭示产品风险，而将其当作一个保本、低风险、高利息的稳健型产品向客户推销，这种做法都是不被允许的。可见，过于宽松的监管纵容了金融机构的冒险逐利行为，使金融市场的一些基本信息高度不透明，从而埋下风险隐患，这个教训非常深刻。我国投资者风险意识比较薄弱，完善监管体制，加强信息披露，提高市场透明度，对金融稳定运行和金融市场的健康发展显得更为重要。

第 **10** 章

公司股利政策

股利类型　　　　　　　　　　　　　　　　　　　　　股利政策的影响因素
股利理论　—　股利政策理论　—　**公司股利政策**　—　股利实证研究　　股利政策的经济后果

扫码即可观看
本章微视频课程

本章知识背景和学习目的

　　股利政策是公司重要的政策，也是投资者决策的重要参考因素，因此理解公司股利政策的类型和理论对公司估值和投资决策都十分重要。公司的股利类型包括现金股利、股票股利、股票分割和股票回购四种类型，通过理解各类股利的定义、优缺点，投资者可以更好地理解公司选择某股利政策的原因。随后，我们将学习股利理论，用股利理论分析公司制定不同股利政策可能的影响因素和后果，以更好地把握公司股利政策的某些规律与趋势，为利用股利折现模型进行估值等投资决策服务。

本章学习要点

1. 了解股利的类型和优缺点；
2. 理解股利相关理论；
3. 了解股利政策的影响因素和经济后果。

第一节 股利政策理论

（一）股利类型

1.现金股利

（1）定义。

现金股利（Cash Dividend）是股份有限公司以现金的形式从公司净利润中分配给股东的投资报酬，也称"红利"或"股息"。

（2）优点。

①提高公司的价值，使股东的权益需求得到满足。

②降低公司的代理成本。现金股利的支付能够给管理者带来一定的压力，可以避免管理者在管理过程中获取个人利益，有效地降低公司的代理成本。

③发放现金股利可以向投资者和市场传递公司正在稳步发展的信息，有利于吸引更多投资者的投资。

（3）缺点。

在公司营运资金和现金较少，而又需要追加投资的情况下，发放现金股利将会增加公司的财务压力，导致公司偿债能力降低。

2.股票股利

（1）定义。

股票股利（Stock Dividend）是股份有限公司以股票的形式从公司净利润中分配给股东的股利。股票股利会影响所有者权益的内部结构，使得股数增加，每股收益和每股净资产降低，每股价格有可能降低。但每股面值不变，每位股东享有财富不变，资产、负债和股东权益总额不变。

（2）优点。

①可以避免分配现金股利导致的公司支付能力下降、财务风险加大的缺点。

②发放股票股利往往会向社会传递公司将会继续发展的信息，从而提高投

资者对公司发展的信心，可以在一定程度上稳定股票价格。

③在纳税方面，相对于股利收入来说，投资者资本利得收入在纳税时间选择上更具有弹性，如果投资者出售股票，把股票股利变成现金收入，还会带来资本利得在纳税上的好处。

④有利于公司进行再投资。公司发放股票股利无须分配现金，留存的现金可以用于再投资，促进公司的发展。

（3）缺点。

①发放股票股利有时会被投资者认为公司缺乏现金，有可能导致公司股票价格下跌。

②股票股利会增加流通在外的股票数量，同时降低股票的每股价值。

③发放股票股利的费用比发放现金股利的费用多，在一定程度上会增加公司的负担。

（4）我国资本市场的情况。

我国上市公司的股利政策还存在较大问题。我国上市公司在发放股利时，往往采用的是股票股利，发放的现金股利较少，派现水平较低。不过从2008年起，我国证监会发布的《关于修改上市公司现金分红若干规定的决定》鼓励企业发放现金分红，越来越多的企业发放现金股利，发放的金额也逐年增加。

3．股票分割

（1）定义。

股票分割（Stock Split）是指将面值较高的股票分割为几股面值较低的股票。例如，将原来每股面值为10元的普通股分割为2股面值为5元的普通股。股票分割使得股数增加，使得每股收益、每股净资产和每股价格降低，导致每股面值变化。但资产、负债和股东权益总额不变，股东权益内部结构不变，每位股东享有的财富不变。

（2）优点。

①股票分割可以向投资者传递公司发展前景良好的信息，有助于提高投资者对公司的信心。

②有些公司股票价格过高，一些中小投资者由于资金量的限制不愿意购买高价股票，这样会使高价股的流动性受到影响；股票分割后，公司股票数量增加，股价降低，股票在市场上的交易会更加活跃。

③股票分割可以为公司发行新股作准备。

④股票分割带来的股票流通性的提高和股东数量的增加，会在一定程度上加大对公司股票恶意收购的难度。

（3）缺点。

股票分割既不会增加公司价值，也不会增加股东财富。

（4）我国资本市场的情况。

我国股份有限公司发行的普通股一般面值为1元，所以通常不进行股票分割。在实践中，我国公司常采用资本公积转增股本和发放股票股利的方式进行股本扩张，基本能达到与股票分割同样的目的。

4．股票回购

（1）定义。

股票回购（Stock Repurchase）是股份有限公司出资购回本公司发行在外的股票，将其作为库存股或进行注销的行为。股票回购使得资产和股东权益同时减少，导致现金流出、股数减少、每股收益和每股价格提高。通常回购股票后净利润和市盈率保持不变，则回购后的每股收益和每股价格的计算公式如下。

回购后的每股收益 = 原普通股股数 × 原每股收益 ÷ （原普通股股数 – 回购股数）

回购后的每股市价 = 原每股市价 ÷ 原每股收益 × 回购后的每股收益

（2）优点。

①由于投资者与管理层之间信息不对称，如果管理层认为本公司股票被严重低估，公司就可以通过股票回购行为来传递这种信号，从而促使公司股价上涨。

②由于现金股利的税率通常高于资本利得的税率，公司可以用股票回购的方式代替发放现金股利，从而为股东带来税收收益。

③股票回购可以维护原有股东对公司的控制权，预防或抵制敌意收购。

④股票回购可以使公司流通在外的股票数量减少，由于每股利润增加，在市盈率不变的情况下，股价会上涨，股东所持有的股票总市值会增加，这等于向股东分配了现金。

（3）缺点。

①股票回购需要支付回购的大量资金成本，易造成公司资金紧缺、资产流动性变差，影响公司后续的发展。

②股票回购容易导致公司操纵股价。

③回购股票可能使公司的发起人股东更注重创业利润的兑现，而忽视公司长远的发展，损害公司的根本利益。

（4）我国资本市场的情况。

我国自2005年开启股权分置改革，起初我国实施股票回购的上市公司数量很少，股票回购的规模也很小，2018年我国对《中华人民共和国公司法》中关于股份回购的内容进行了修订，对股票回购呈现积极态度，同时《中华人民共和国公司法》为上市公司实施股份回购提供了法律保障，越来越符合上市公司的实际情况需要，根据数据统计，越来越多的公司采取了股票回购的方式。

（二）股利理论

1. 传统股利理论

（1）一鸟在手理论（股利有关论）。

一鸟在手理论认为，由于公司未来的经营活动存在诸多不确定性因素，投资者会认为未来获得资本利得的风险要高于现在获得股利的风险，相对于资本利得而言，投资者更加偏好现金股利，因此，为了规避风险，股东更喜欢确定的现金股利。该理论认为公司价值与股利政策是相关的。

当公司支付较少的现金股利而留用较多利润时，就会增加投资的风险，股东要求的必要投资报酬率就会提高，从而导致公司价值和股票价值下降；反之，公司支付较多的现金股利时，就会促使公司价值和股票价值上升。

（2）MM理论（股利无关论）。

MM理论认为，在完美的资本市场条件下，如果公司的投资决策和资本结构保持不变，那么公司价值取决于公司投资项目的盈利能力和风险水平，而与股利政策不相关。公司价值是以投资者的必要投资报酬率为折现率对公司未来收益的折现值。

在公司有良好投资机会的情况下，如果股利分配较少，留用利润较多，投资者可以通过出售股票换取现金从而获得相当于股利的收益；如果股利分配较多，留用利润较少，投资者获得现金股利后可寻求新的投资机会，而公司也可以通过发行新股筹集所需资本。

（3）税收差别理论（股利有关论）。

税收差别理论认为，由于股利收入的所得税税率通常都高于资本利得的所得税税率，这种差异会对股东财富产生不同的影响。出于税收筹划的考虑，投资者更偏爱低股利支付率政策，公司实行较低的股利支付率政策可以为股东带来税收利益，有利于增加股东财富，促进股票价格上涨，而高股利支付率政策将导致股票价格下跌。该理论认为公司价值与股利政策是相关的。

2. 现代股利理论

（1）信号传递理论（股利有关论）。

信号传递理论认为，在投资者和管理层信息不对称的情况下，股利政策包含了公司经营状况和未来发展前景的信息，投资者通过对这些信息的分析来判断公司盈利能力的未来变化趋势，以决定是否购买其股票，从而引起股票价格的变化。该理论认为公司价值与股利政策是相关的。

如果公司提高股利支付水平，等于向市场传递了自身发展良好的信息，投资者会认为公司的未来盈利水平将提高，管理层对公司的未来发展前景有信心，从而购买股票，引起股票价格上涨；如果公司以往的股利水平一直比较稳定，现在突然降低股利支付水平，就等于向市场传递了不利于自身发展的信息，投资者会对公司做出悲观的判断，从而出售股票，导致股票价格下跌。

（2）代理成本理论（股利有关论）。

代理成本理论认为，股利政策有助于减缓管理者与股东之间的代理冲突，股利政策是协调股东与管理者之间代理关系的一种约束机制，高股利政策有助于降低股权代理成本，但同时增加了债权代理成本。因此，最优的股利政策应该使股权代理成本和债权代理成本之和最小。该理论认为公司价值与股利政策是相关的。

（3）行为理论（股利有关论）。

行为理论认为，投资者对于股利政策的偏好不同，有的投资者偏爱高股利支付率政策，有些投资者偏爱低股利支付率政策。所以，如果管理者能够制定合理的股利政策，将会吸引更多的投资者。当投资者偏好于发放现金股利的公司股票时，管理者会为迎合这种需求发放现金股利；当投资者偏好于不发放现金股利的公司股票时，管理者就不发放现金股利。该理论认为公司价值与股利政策是相关的。

第二节 股利实证研究

（一）股利政策的影响因素

1．法律因素

①资本保全的约束。股份有限公司只能用当期利润或留用利润来分配股利，公司支付股利不能侵蚀公司的资本，这样就可以保全公司的股权资本，维护债权人的利益。

②公司积累的约束。股份有限公司在分配股利前，应当先提取各种公积金。

③公司利润的约束。股份有限公司的当期利润或留用利润只有在以前年度亏损弥补完之后还有剩余利润的情况下，才能将剩余利润用于分配股利，以前亏损没有全部弥补时，不能发放股利。

④偿债能力的约束。公司在分配股利时，应该保持充分的偿债能力，即公司的现金需要充足。

2．债务契约因素

债权人为了防止公司过多发放现金股利，影响其偿债能力，增加债务风险，会在债务契约中制定限制公司发放现金股利的条款。比如公司的流动比率、利息保障倍数要达到一定的标准，低于该标准不得分配现金股利；再比如规定公司的盈利达到一定水平才可以发放现金股利等。这种限制性的条款均限制了公司的股利政策。

3．公司自身因素

①现金流量。股份有限公司在分配现金股利时，必须考虑现金流量以及资

产的流动性，一旦公司经营活动没有充足的现金流量，就会发生支付困难，对公司的发展产生不利影响。

②筹资能力。公司在分配现金股利时，应当根据自身的筹资能力来确定股利支付水平。如果公司筹资能力较强，就可以采取比较宽松的股利政策；如果公司筹资能力较弱，则应当采取比较紧缩的股利政策，增加留用利润，尽量少发放现金股利。

③投资机会。公司有良好的投资机会时，应当考虑少发放现金股利，增加留用利润，用于资本再扩张，有利于公司的发展；当公司没有好的投资机会时，则可以选择多发放现金股利。

④盈利状况。如果公司未来的盈利能力较强，并且盈利稳定性较好，则可以采用高股利支付率政策；反之，若公司未来的盈利能力较弱，盈利稳定性一般，则采用低股利支付率政策。

⑤资本成本率。如果公司一方面大量发放现金股利，另一方面又通过资本市场发行新股筹集资本，由于发行新股存在交易费用和所得税，所以会增加公司的综合资本成本率，会减少股东财富。

⑥公司所处的生命周期。公司的生命周期主要包括初创阶段、成长阶段、成熟阶段和衰退阶段四个时期，公司在不同的发展阶段应选择不同的股利政策。在初创阶段，由于公司规模小、盈利能力低、需要大量的现金流量，一般不发放现金股利；在成长阶段，公司资本需求量仍比较大，不过盈利逐步增加，可选择采用低股利支付率政策；在成熟阶段，公司规模基本稳定、盈利能力也比较稳定，可选择增加现金股利分配，采用稳定的股利支付率政策；在衰退阶段，公司资本需求量降低、盈利减少，可能会采用特殊的股利政策，即回购股票。

4．股东因素

不同的股东对股利政策的偏好也不同。

①追求稳定的收入，有规避风险的需要。有些股东，如退休者，依赖于公司发放的现金股利维持生活，他们倾向于多发放现金股利；还有一些股东，如一鸟在手理论的支持者，为了避免未来经营活动的一些不确定因素，也会倾向于多发放现金股利。

②担心控制权被稀释。公司中有些大股东担心其在公司的控制权会被稀释，会更倾向于公司少分配现金股利。

③税收筹划。根据我国税法规定，股东从公司分得的股利的税率高于从股

票交易获得的资本利得的税率，因而对股东来说，股票价格上涨获得的收益比分得现金股利更具有税收筹划功能。

5．行业因素

不同行业的股利支付率也不同：成熟行业的股利支付率通常比新兴行业的高；公用事业公司的股利支付率大多较高，高科技行业的公司股利支付率通常较低。

（二）股利政策的经济后果

公司的长远发展受股利政策的影响，股东投资回报的要求和资本结构的合理性也受到股利政策的影响，因此，股利政策对公司经营有着不可替代的作用，不同的政策会带来不同的经济后果。公司可以选择将盈利进行分配，也可以选择留存盈利进行再投资。

1．股价表现与公司价值

在不完全资本市场中，由于存在信息、权利的不对称以及税负、交易成本的差异，股利政策受到各利益相关主体的影响，不同的股东有着不同的观点，并且股利政策也是股东和管理层之间的矛盾之一。我国资本市场尚不完善，在现实的市场环境下，公司的股利分配会影响公司价值和股票价格。合理的、适合公司的股利政策有利于公司的发展，会对股价与公司价值产生积极的影响。例如采用高股利支付率政策的茅台公司，通过分析，茅台公司的高现金分红行为对股价产生了积极的影响；采用低股利支付率政策的长某影视公司选择了低现金分红政策，将留存资金用于公司的发展，改善公司业绩，但其认可度较低，股价走势持续下跌，公司价值不断下降。

2．机构投资者投资决策

上市公司股利政策能够向证券市场和投资者传递公司的发展信息，证券市场和投资者能够通过此信息得知上市公司的现金流及未来的盈利信息，其股利政策很有可能是机构投资者选择股票的重要参考依据。投资者有不同的股利支付率偏好，每种类型的投资者都偏好某种特定的股利政策，并喜欢购买符合其偏好的公司股票。比如受税率的影响，高收入的投资者希望公司少支付现金股利或不支付现金股利，低收入的投资者以及享受免税优惠的养老金等机构投资者则喜欢公司多支付现金股利。上市公司的股利政策在一定程度上对机构投资者的投资决策会造成影响，吸引或不吸引机构投资者持有其股票。

● 本章小结

通过本章的学习我们了解了四类股利类型，理解了各类股利的优缺点，学习了传统和现代的股利理论，学习了股利政策的影响因素和经济后果。股利政策反映了公司、大股东和外部投资者等多方的态度和博弈，理解公司的股利政策，将有利于我们更好地理解和学习关于公司未来股利预测和股利模型的相关知识。

● 关键术语

现金股利（Cash Dividend）

股票股利（Stock Dividend）

股票分割（Stock Split）

股票回购（Stock Repurchase）

● 自测题

1. 某公司目前的普通股股数为 100 万股，每股市价为 20 元，每股面值为 4 元，股本为 400 万元，资本公积为 1 000 万元，盈余公积为 200 万元，未分配利润为 900 万元，股东权益总计为 2 500 万元。现在打算按照 1 股换 2 股的比例进行股票分割，假定股票分割前后净利润不变，市盈率不变。则下列有关表述中，不正确的是（　　）。

A. 股票分割后每股面值为 2 元

B. 股票分割后股本为 200 万元

C. 股票分割后股东权益总计为 2 500 万元

D. 股票分割后每股市价为 10 元

正确答案：B。股票分割后普通股股数 = 100×2 = 200（万股），每股面值 = 400÷200 = 2（元），股本 = 200×2 = 400（万元），资本公积为 1 000 万元，盈余公积为 200 万元，未分配利润为 900 万元，股东权益总计为 2 500 万元，每股市价 = 20÷2 = 10（元）。

2. 以下股东中，更加偏好高股利支付率政策的是（　　）。

（1）退休工人

（2）养老基金

（3）捐赠型基金

（4）股利税率高，但是资本利得对应的税率较低的投资者

A.（2）、（4）

B.（1）、（2）、（3）

C.（1）和（2）

D.（1）、（2）、（3）和（4）

正确答案：B。（1）、（2）和（3）都是偏好高股利支付率政策的投资者，而（4）显然不希望公司支付高额股利。

3. 以下关于股票回购和现金股利的叙述中，正确的是（　　）。

A. 股票回购要求所有的股东都向公司卖出其持有股份的一部分

B. 在现实世界中，对于很多发放现金股利的公司而言，保持股利发放数额的稳定更利于投资者对公司形成经营良好的预期

C. 税收对股利政策的选定毫无影响

D. 股票回购将会增加公司的代理成本

正确答案：B。股票回购是公司的回购行为，不是强制性的；股利税率会影响股利政策；股票回购会减少自由现金流，有利于降低因管理人员与股东之间的代理冲突而引发的这种自由现金流的代理成本，有利于抑制管理人员随意支配自由现金流的代理成本。

4. 以下关于股利的表述中，正确的是（　　）。

A. 现金股利一定是恒定不变的

B. 公司已经连续发放了 5 年的现金股利，在接下来的时间里，其有义务继续向其股东派发现金股利

C. 发放现金股利会减少实收资本

D. 当公司宣布发放现金股利时，应付股利就形成了公司的一项负债

正确答案：D。现金股利是可以变化的；是否发放现金股利是公司的选择；发放现金股利不影响实收资本。

● 案例讨论及分析

　　浙江古越龙山绍兴酒股份有限公司由中国绍兴黄酒集团有限公司发起设立，于 1997 年 5 月 8 日在浙江省工商行政管理局登记注册，公司股票已于 1997 年 5 月 16 日在上海证券交易所挂牌交易。公司现有注册资本 55 872 万元。公司经营范围为黄酒、白酒、饮料、食用酒精、副食品及食品原辅料、玻璃制品的开发、制造、销售；经营本企业或成员企业自产产品及相关技术出口业务；经营本公司或成员公司生产科研所需原辅材料、机械设备、仪器仪表、零配件等商品及相关技术的进口业务；承办中外合资经营、合作生产及开展"三来一补"业务。主要产品为绍兴加饭酒、绍兴元红酒、绍兴香雪酒、绍兴善酿酒和绍兴花雕酒等。公司控股股东为中国绍兴黄酒集团有限公司，公司的实际控制人为绍兴市国有资产监督管理委员会。

　　公司与实际控制人之间的产权及控制关系如图 10-1 所示。

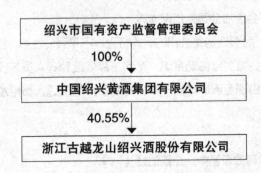

图 10-1　公司与实际控制人之间的产权及控制关系

（1）主要财务指标如表 10-1 所示。

表 10-1　公司主要财务指标

主要会计数据	2019 年	2018 年	本期比上年同期增减	2017 年
营业收入（元）	740 570 977.45	747 813 509.33	−0.97%	814 917 320.51
利润总额（元）	100 938 947.70	122 766 868.45	−17.78%	117 541 082.35
归属于上市公司股东的净利润（元）	76 497 162.62	98 112 103.74	−22.03%	89 317 956.91
归属于上市公司股东的扣除非经常性损益的净利润（元）	66 040 502.49	93 657 486.04	−29.49%	70 237 502.95
经营活动产生的现金流量净额（元）	107 904 796.76	207 444 010.84	−47.98%	70 935 038.43
总资产（元）	2 371 715 527.33	1 831 208 365.67	29.52%	1 900 846 118.94
所有者权益（或股东权益）（元）	1 332 748 931.17	1 256 206 216.89	6.09%	1 205 018 736.21
基本每股收益（元/股）	0.137	0.176	−22.16%	0.160
稀释每股收益（元/股）	0.137	0.176	−22.16%	0.160
扣除非经常性损益后的基本每股收益（元/股）	0.118	0.168	−29.76%	0.126
加权平均净资产收益率	5.91%	8.02%	减少 2.11 个百分点	7.54%
扣除非经常性损益后的加权平均净资产收益率	5.10%	7.66%	减少 2.56 个百分点	5.93%
每股经营活动产生的现金流量净额（元/股）	0.19	0.56	−66.07%	0.30
归属于上市公司股东的每股净资产（元/股）	2.39	3.37	−29.08%	5.18

注：2017 年、2018 年的每股收益调整为按 2019 年年底的总股本 55 872 万股计算。2017 年的每股净资产、每股经营活动产生的现金流量净额按总股本 23 280 万股计算，2018 年的每股净资产、每股经营活动产生的现金流量净额按总股本 37 248 万股计算，2019 年的每股净资产、每股经营活动产生的现金流量净额按总股本 55 872 万股计算。

（2）股份变动情况如表 10-2 所示。

表 10-2 公司股份变动情况

项目	本次变动前		发行新股	送股	公积金转股（股）	其他	小计（股）	总计（股）	比例(%)
	数量（股）	比例(%)							
一、有限售条件股份	151 022 400	40.55			75 511 200		75 511 200	226 533 600	40.55
1. 国家持股									
2. 国有法人持股	151 022 400	40.55							
3. 其他内资持股									
其中：境内非国有法人持股									
境内自然人持股									
4. 外资持股									
其中：境外法人持股									
境外自然人持股									
二、无限售条件流通股份	221 457 600	59.45			110 728 800		110 728 800	332 186 400	59.45
1. 人民币普通股	221 457 600	59.45			110 728 800		110 728 800	332 186 400	59.45
2. 境内上市的外资股									
3. 境外上市的外资股									
4. 其他									
三、股份总数	372 480 000	100.00			186 240 000		186 240 000	558 720 000	100.00

（3）公司 2016—2018 年分红情况如表 10-3 所示。

表 10-3　公司 2016—2018 年分红情况

分红年度	现金分红的数额（含税）（元）	分红年度合并报表中归属于母公司所有者的净利润（元）	占合并报表中归属于母公司所有者的净利润的比率 (%)
2016	46 560 000	31 657 791.32	147.07
2017	46 560 000	89 317 956.91	52.13
2018	0	98 112 103.74	0

注：上市公司当年收益分配的利润属于上年度属于母公司所有者的净利润。

（4）利润分配或资本公积金转增股本预案。

经审计，2019 年母公司实现净利润 43 027 189.57 元。根据公司章程规定，提取 10% 的法定盈余公积 4 302 718.96 元，加上上年度未分配利润 175 342 379.21 元，本年度实际可分配利润 214 066 849.82 元。

2019 年度利润分配预案为：从公司长远发展的需要和回报公司全体股东综合考虑，董事会决定按每 10 股派 0.50 元现金（含税）的方案向全体股东分配红利。2019 年度不进行资本公积金转增股本。

思考：现金股利的优缺点。

参考答案：

优点：满足投资者对现金流的偏好；减少上市公司经营管理者的代理成本；传递上市公司的未来信息。

缺点：企业要有足够未指明用途的可分配利润；企业要有足够的现金。即企业要支付现金股利除了要有累计盈余（特殊情况下可用弥补亏损后的盈余公积支付）外，还要在支付现金股利前筹备充足的现金。

思考：发放股票股利与现金股利比较后的优势。

参考答案：

发放股票股利只是需要在会计账务上进行相应的科目调整，不需要向股东支付现金，因此不会减少企业的货币资金。

发放股票股利以后增加了企业股票的总数，同时可以降低企业股票的市场价格。

当一些企业股票价格较高，缺少流动性不利于股票交易和流通时，企业可以通过发放股票股利来适当降低股价水平，以此提高股票的流动性。

发放股票股利之后，由于降低了企业的股价水平，所以可以传递企业未来发展前景良好的信息，增强股东的投资信心。

思考：该公司在收益分配过程中存在的问题主要有哪些？

参考答案：

现金股利政策的制定与实施存在较大的盲目性。2016 年至 2018 年这三年中，2018 年没有分配任何的现金股利给投资者，体现了很强的盲目性。

现金股利政策制定与实施的随意性。该公司 2016 年至 2018 年这三年中现金分红的数额占分红年度合并报表中归属于母公司所有者的净利润的百分比分别为147.07%、52.13%和 0，各年分配收益的百分比波动比较大，体现了很强的随意性。

2019 年度利润分配预案为：从公司长远发展的需要和回报公司全体股东综合考虑，董事会决定按每 10 股派 0.50 元现金（含税）的方案向全体股东分配红利，现金分红的数额占分红年度合并报表中归属于母公司所有者的净利润的百分比为14.84%。2019 年度不进行资本公积金转增股本。

思考：本案例对股利分配有何启示？

参考答案：

该公司现金股利政策的制定与实施存在较大的盲目性与随意性。连续、稳定的现金股利政策是上市公司良好发展前景的一种展示，也是公司形象的一种体现。但我国上市公司在制定现金股利政策时，短期行为严重，随意性较大，很少考虑这种随意性的现金股利政策给公司形象带来的损害，忽视现金股利政策与公司可持续发展之间的关系，缺乏远见。

再筹资行为成为左右上市公司现金股利政策的重要因素。在我国，上市公司的现金股利政策在很大程度上受再筹资行为制约，2018 年证监会提出把现金分红作为上市公司再融资的必要条件后，上市公司现金分红情况比 1997—2017 年的情况明显发生了好转，2017 年共有 880 家上市公司进行了现金分红，2018 年有 935 家上市公司进行现金分红，2019 年有 1 213 家上市公司进行了现金分红。

股利分配行为不规范具体表现在：首先，又派又配是我国上市公司股利分配中值得关注的问题。上市公司不分配股利的现象具有普遍性，但为了达到配股融资的目的大派股利，可能会出现又派又配的怪异现象。股东对公司的资产只有剩余索偿权，在相关利益者中，股东为公司承担最大的风险，因此给股东较高的投资回报作为对其承受高投资风险的补偿，是上市公司的责任，也是投资者投资股票的期望。其次，不分配公司比例大，股利支付率不高。我国上市公司 1997—2019 年有关资料统计表明，派现公司的平均股利支付率约为 42%，与国外上市公司的一般水平相差较多。

投资队伍整体素质较差。我国股市投资队伍中个人投资者所占比例较大，以投资基金为主的机构投资者严重缺乏，投资队伍的整体素质较差。较多的投资者缺乏正确的投资理念，投资通常较盲目，他们追求的往往是股价波动产生的价差收益，通常偏好股票股利的发放，而很少关注现金股利的发放，这在一定程度上加大了股票投资的投机性。

第 **11** 章

资本预算方法

本章知识背景和学习目的

　　资本预算方法是公司投资决策的基础，因此理解各种资本预算方法是公司金融的重点之一。公司的资本预算方法中，主要有三种：净现值法、内部收益率法和经济增加值法，理解净现值法、内部收益率法和经济增加值法的公式和优缺点可以更好地进行投资项目的选择，从而提高公司价值。在理解了三种主要的方法后，我们将学习另外三种资本预算方法：获利指数法、回收期法和会计收益法，学习这三种方法的原理，有助于在资本配置等方面进行决策。最后，我们通过一个案例来学习资本预算方法在实务中的运用，以便能够更好地运用公司金融的相关知识。

本章学习要点

1. 熟练掌握三种主要资本预算方法的公式和优缺点；
2. 了解其他三种资本预算方法的公式和优缺点；
3. 理解各种资本预算方法的异同；
4. 掌握内部收益率的估计方法和内部收益率法存在的问题；
5. 熟练掌握资本预算方法在实际中的应用。

（一）净现值法

1. 净现值法的公式和应用

净现值（Net Present Value，NPV）法是资本预算中十分重要的一个方法，净现值是项目产生的未来现金流量的现值减去初始投资以后的差额，其计算公式如下。

净现值 = 未来全部现金流量的现值 − 初始投资

数学表达式如下。

$$NPV = \sum_{t=1}^{t} \frac{C_t}{(1+r)^t} - C_0$$

式中，C_t 是 t 期的现金流，C_0 是初始投资成本，r 是折现率。

净现值法是决定是否实施投资的一个简单有效的判断标准：净现值 >0，方案可行；净现值 <0，方案不可行；多个项目的净现值 >0，则净现值最大的方案为最优方案。

接受净现值为正的项目符合股东的利益。如果公司实施具有正的净现值的投资项目，整个公司的价值将增加。公司的股东将因公司实施具有正的净现值的投资项目而获利，因为他们持有的公司股份的价值也会增加。

假定 ValueGo 公司现在有一个投资项目，其初始投资为 1 100 万元，折现率为 10%，该项目未来四年的现金收入和现金成本情况如表 11–1 所示，这个项目是否值得投资？

表 11-1 项目的现金流量

单位：万元

年度	现金收入	现金成本	现金流量
1	1 000	500	500
2	2 000	1 300	700
3	2 200	2 700	−500
4	2 600	1 400	1 200

我们可以画出这个项目每一年的现金流折现图，如图 11-1 所示。该项目的净现值计算如下，我们可以看到该项目的净现值 >0，那么该项目就值得投资。

$$NPV = -C_0 + C_1/(1+r) + C_2/(1+r)^2 + C_3/(1+r)^3 + C_4/(1+r)^4$$
$$= -1\,100 + 500/1.1 + 700/1.1^2 + (-500)/1.1^3 + 1\,200/1.1^4$$
$$= 377.02（万元）$$

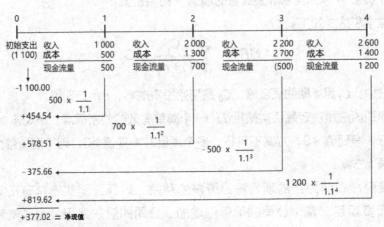

图 11-1 项目的净现值计算过程

2. 净现值法的优缺点

净现值法的优点：考虑了货币的时间价值，对现金流进行了合理的折现；考虑了全部的现金流量，并扣除了初始投资成本，体现了流动性与收益性的统一；考虑了投资风险，风险大则采用高折现率，风险小则采用低折现率。

净现值法的缺点：现金流量的测量和折现率存在人为的估计和判断；不能从动态角度直接反映投资项目的实际收益水平；当项目投资额不等时，无法准确判断方案的优劣。

（二）内部收益率法

1. 内部收益率法的公式和应用

内部收益率（Internal Rate of Return，IRR）法是资本预算中另一个重要的方法。内部收益率不受资本市场折现率的影响，而是完全取决于项目的现金流量，是项目的内生变量，且体现了项目的内在价值，因而被称为"内部收益率"。所谓内部收益率，就是资金流入现值总额与资金流出现值总额相等或净现值等于零时的折现率。内部收益率要用若干个折现率进行试算，直至找到使净现值等于零或接近于零的那个折现率。其计算公式如下。

$$NPV = 0 = \sum_{t=1}^{t} \frac{C_t}{(1+IRR)^t} - C_0$$

式中，C_t 是 t 期的现金流，C_0 是初始投资成本，IRR 是内部收益率。

内部收益率在投资决策中的一般判断标准是：若内部收益率＞折现率，项目可以接受；若内部收益率＜折现率，项目不能接受；多个项目的内部收益率＞折现率，则内部收益率最大的方案为最优方案。

假定 ValueGo 公司现在有一个投资项目，其初始投资为 200 万元，未来三年的现金流如图 11-2 所示，这个项目的内部收益率是多少？

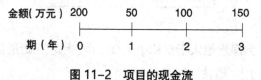

图 11-2　项目的现金流

当这个项目的净现值等于 0 时，有以下等式。

$$NPV = 0 = \frac{50}{(1+IRR)} + \frac{100}{(1+IRR)^2} + \frac{150}{(1+IRR)^3} - 200$$

我们可以通过试错法和插值法来计算 IRR，具体步骤有两步，不同折现率下的净现值如表 11-2 所示。

第一步，折现率试错。先预计一个折现率，并根据该折现率计算净现值。如果计算出的净现值大于 0，则表示该折现率估计得过小；如果计算出的净现值小于 0，则表示该折现率估计得过大。在经过多次测算之后，尽可能得到令净现值大于 0 和小于 0 且比较接近的两个预计的折现率。

第二步，根据上述两个比较接近的折现率，用插值法计算内部收益率。

表 11–2　不同折现率下的净现值

金额单位：万元

折现率	净现值
0%	100.00
4%	71.04
8%	47.32
12%	27.79
16%	11.65
20%	−1.74
24%	−12.88
28%	−22.17
32%	−29.93
36%	−36.43

表 11–2 中，会净现值大于 0 和小于 0，两个比较接近的折现率为 16% 和 20%，此时我们使用插值法计算内部收益率。

$$\frac{IRR - 16\%}{(20\% - 16\%)} = \frac{0 - 11.65}{(-1.74) - 11.65}$$

可以解的 IRR = 19.48%。我们也可以用图来形象说明如何通过试错法和插值法求出内部收益率。图 11–3 中净现值为折现率的因变量，曲线在内部收益率等于 19.48% 时净现值为 0。

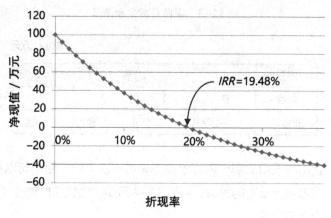

图 11-3　净现值和折现率关系

从图 11-3 中我们也可以看到，内部收益率法和净现值法一般情况下是等价的；当折现率小于内部收益率时，净现值为正；当折现率大于内部收益率时，净现值为负。这样，如果我们在折现率小于内部收益率时接受某一个项目，我们也就接受了一个净现值为正值的项目。在这一点上，内部收益率与净现值是一致的。但内部收益率法不是完美的，当现金流的流入流出变复杂时，内部收益率法的问题就出现了。

2. 内部收益率法的问题

（1）多重收益率问题。

在实际中，项目现金流量的正负方向可能会多次变化，比如在经营的过程中可能继续投入资金，就会造成经营年度的现金流不是流入而是流出，这些项目叫作非常规现金流量的项目。表 11-3 里的项目 C 就是这样一种情况，其从第 0 年到第 3 年的现金流分别是：−200 万元、200 万元、800 万元和 −800 万元，现金流的方向从负到正，从正到正，再由正到负，经历了两次变化。一旦现金流经历了方向的变动，内部收益率就不是唯一的，即存在多重收益率。根据代数理论，我们可以根据现金流方向变化了几次来判断有几个内部收益率：若现金流方向变化 N 次，那么就可能会有最多 N 个正的内部收益率。由于项目 C 的现金流方向变动了两次，项目 C 就有两个内部收益率，我们通过计算可以得到其两个内部收益率分别是 0% 和 100%。

表 11-3　项目 C 的现金流量

单位：万元

项目	内容			
年度	0	1	2	3
现金流	-200	200	800	-800

那么，我们应该根据哪个内部收益率来进行决策呢？我们可以类似地画出项目 C 的净现值和折现率的关系，如图 11-4 所示，曲线在内部收益率等于 0% 或 100% 时净现值为 0。

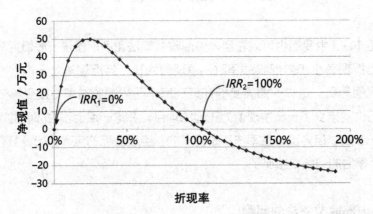

图 11-4　项目 C 的净现值和折现率关系

从图 11-4 中我们也可以看到，内部收益率法的一般判断法则是失效的。当折现率大于 0 且小于 100% 的时候，净现值为正，而且在 0~100% 是一个倒 U 形，随着折现率的增大，净现值先上升后下降，存在一个最大值，因此应根据折现率的位置判定净现值的大小；当折现率大于 100% 时，净现值为负。这样，对于非常规现金流量的项目，内部收益率法的判断法则是无效的，我们必须根据其关系图来进行判断。

特别注意，不管是哪种情况，净现值法的投资法则都是一致的。换言之，净现值法总是正确的。相比之下，内部收益率法只能在某种条件下使用。

（2）互斥项目下的问题。

如果公司同时拥有两个以上的互斥项目，至多只能采纳其中之一。当存在两个互斥项目时，内部收益率法也可能不适用。具体体现在项目的投资规模不同和现金流时间序列不同。

首先，内部收益率法忽略了项目的投资规模。比如，内部收益率分别是100%或50%的两个投资项目，选择投资哪一个？根据内部收益率法的一般法则会选择内部收益率为100%的项目。但如果内部收益率为100%的项目是1元投资，内部收益率为50%的项目是1 000元投资，选择投资哪一个？此时，当两个互斥项目初始投资不相等时，运用内部收益率法进行评估将会出现问题，较高的内部收益率就可能掩盖收益绝对值低的不足。那我们应该怎么办？

前文说过，不管哪种情况，净现值法的投资法则总是正确的，因此在面临互斥项目的投资规模问题时，我们可以采用比较净现值的方法来解决。表11-4中，项目A和项目B在初始投资规模上存在差异，项目B的初始投资规模大于项目A，两个项目除了投资规模外没有任何其他差异，其风险一致，折现率均为25%。通过计算，我们可以得到项目A的内部收益率高于项目B，如果按照内部收益率法的一般判断法则，我们应该选择项目A。但是在折现率是25%的情况下，项目B的净现值反而是大于项目A的，通过直接比较两个项目的净现值，可以发现其实选择初始投资大的项目B是更合适的。

表11-4　互斥项目的投资规模问题

金额单位：万元

项目	项目A	项目B	增量现金流（B-A）
第0年	-10	-25	-15
第1年	40	65	25
内部收益率	300%	160%	66.67%
折现率	25%	25%	25%
净现值	22	27	5

进一步，我们来看增加的这部分投资是否真的划算呢？我们可以计算出项目B和项目A的增量现金流。在初始投资上项目B多流出15万元，但是第一年的流入增加了25万元，这便是项目B相对于项目A的增量现金流。我们可以通过下述等式计算出增量现金流的增量内部收益率（incremental IRR，iIRR）为66.67%，大于折现率25%，说明这一增量投资是可以接受的。

$$NPV = 0 = \frac{25}{(1+iIRR)^1} - 15$$

我们还可以通过下述等式计算得出这部分增量现金流在折现率为 25% 下的增量净现值为 5，大于 0，因此这部分增量投资是划算的。

$$NPV = \frac{25}{(1+25\%)^1} - 15 = 5$$

其次，内部收益率法也忽略了项目现金流的时间序列问题。当两个互斥项目的现金流出现不同的时间序列模式时，运用内部收益率法进行评估也会遇到问题。表 11-5 中，项目 A 和项目 B 在初始投资规模上是一致的，但二者在未来的现金流的时间序列上存在差异：项目 A 前期的现金流入多，后期少；项目 B 则前期的现金流入少，后期多。通过计算，我们可以得到项目 A 的内部收益率高于项目 B，如果按照内部收益率法的一般判断法则，我们应该选择项目 A。但是，我们发现在不同的折现率下，项目 A 和项目 B 的净现值比较不一致：当折现率为 10% 时，项目 B 的净现值大于项目 A；但是当折现率为 15% 时，反而项目 A 的净现值更大。在出现时间序列问题时，仅仅使用内部收益率法而忽视折现率的大小就会使投资决策出现问题。解决这个问题的第一个办法就是直接比较项目 A 和项目 B 在不同折现率下的净现值，谁大则选谁。

表 11-5　互斥项目的时间序列问题

金额单位：万元

项目	项目 A	项目 B	增量现金流（B-A）
第 0 年	-10	-10	0
第 1 年	10	1	-9
第 2 年	1	1	0
第 3 年	1	12	11
内部收益率	16.04%	12.94%	10.55%
折现率 1	0%	0%	0%
净现值 1	2	4	2
折现率 2	10%	10%	10%
净现值 2	0.669	0.751	0.082
折现率 3	15%	15%	15%
净现值 3	0.109	-0.484	-0.593

此外，我们也可以通过计算项目 B 和项目 A 之间的增量现金流[①]，来分析哪个项目更好。表 11-5 中有项目 B 和项目 A 的增量现金流，两个项目在初始投资上没有差异，但是项目 B 第一年的流入减少 9 万元，第二年的流入与项目 A 一致，第三年的流入增加 11。我们可以通过下述等式计算出这部分增量现金流的增量内部收益率为 10.55%，所以只有当折现率小于增量内部收益率时，选择项目 B 才是更划算的。

$$NPV = 0 = \frac{11}{(1+iIRR)^3} + \frac{0}{(1+iIRR)^2} + \frac{-9}{(1+iIRR)^1} - 0$$

我们还可以通过计算这部分增量现金流在不同折现率下的增量净现值。当折现率为 0% 时，增量净现值为 2 万元，接受项目 B；当折现率为 10% 时，增量净现值为 0.082 万元，接受项目 B；当折现率为 15% 时，增量净现值为 -0.593 万元，接受项目 A。这和根据增量内部收益率做的决策是一致的。

综上，内部收益率法在互斥项目下会遇到投资规模问题和时间序列问题，当内部收益率法的一般判断法则失效时，我们可运用以下三种方法解决：直接比较净现值孰大孰小，计算增量净现值是否大于 0，比较增量内部收益率是否大于折现率。

3. 内部收益率法的优缺点

内部收益率法的优点：内部收益率法考虑了货币的时间价值，不依赖于折现率，反映了投资项目的真实报酬率，体现了项目的内在价值。用一个数字反映出一个复杂投资项目的特性，概念易于理解，方便沟通。

内部收益率法的缺点：这种方法的计算过程比较复杂，特别是每年现金流不相等的投资项目，一般要经过多次计算；内部收益率法不区分投资型项目和融资型项目，存在多个内部收益率，互斥项目中存在投资规模问题和时间序列问题。

---

① 在计算增量现金流时，建议用初始投资较大的项目减去初始投资较小的项目，如果初始投资额相等，应当确保第一个非零的现金流量为负值，这样可以确定增量现金流是投资型项目，这样便可以应用内部收益率法的基本法则。

（三）经济增加值法

1. 经济增加值法的公式和应用

企业在任何期间创造的经济价值不但要考虑会计里的成本费用，还要考虑投入的资本成本率，如此可以把企业的绩效评价结合起来，衡量经理层是否真正在为企业创造增量价值。经济增加值（Economic Value Added，EVA）指的是税后净经营利润中扣除包括股权和债务的全部投入资本成本率后的所得，其计算公式如下。

经济增加值 = 税后经营净利润 − 投入的股权和债权资本总额
        = 税后经营净利润 −（平均股权资本 + 平均债务资本）× 加
            权平均资本成本率

其中，

税后经营净利润 = 净利润 +（利息支出 + 研究开发费用 − 非经常性损益）×
（1 − 所得税税率）

平均股权资本 = （期初股东权益 + 期末股东权益）÷2

平均债务资本 = （期初有息负债 + 期末有息负债）÷2
        = [（期初短期借款 + 期初一年内到期的长期借款 + 期初
            长期借款 + 期初应付债券）+（期末短期借款 + 期末一年内
            到期的长期借款 + 期末长期借款 + 期末应付债券）]÷2

加权平均资本成本率 = 股权资本成本率 × 平均股权资本 ÷（平均股权资本 + 平均债务资本）+ 债务资本成本率 × 平均债务资本 ÷（平均股权资本 + 平均债务资本）×（1 − 所得税税率）

股权资本成本率 = 无风险收益率 +β ×（市场收益率 − 无风险收益率）

债务资本成本率 = 当期的利息支出 ÷ 平均债务资本

以 ValueGo 公司为例，ValueGo 公司经济增加值相关指标如表 11−6 所示。根据表 11−6，我们可以计算 ValueGo 公司 2020 年的经济增加值情况。

表 11-6　ValueGo 公司 2020 年各项经济增加值相关指标

金额单位：百万元

项目	2020 年	项目	2020 年
税后经营净利润	122.75	加权平均资本成本率	16.4%
净利润	86	股权资本成本率	20%
利息支出	49	无风险收益率	5%
研究开发费用	0	β	1.5
非经常性损益	0	市场收益率	15%
所得税税率	25%	股权资本占比	62.2%
平均股权资本	765	债务资本成本率	10.5%
期初股东权益	725	利息支出	49
期末股东权益	805	平均债务资本	464.5
平均债务资本	464.5	债务资本占比	37.8%
期初债务（短期借款 + 一年内到期的长期借款 + 长期借款 + 应付债券）	458	所得税税率	25%
期末债务（短期借款 + 一年内到期的长期借款 + 长期借款 + 应付债券）	471		

经济增加值 = 税后经营净利润 -（平均股权资本 + 平均债务资本）× 加权平均资本成本率

$$= 122.75 - (765 + 464.5) \times 16.4\%$$

$$= -78.89（百万元）$$

这表明 ValueGo 公司 2020 年的税后经营净利润无法弥补加权平均资本成本率为 16.4% 时占用资金所产生的资本成本率，从经济增加值的角度来说，ValueGo 公司在 2020 年并没有给股东创造增量财富。

2. 经济增加值法的优缺点

经济增加值法的优点：经济增加值法考虑了所有资本的占用成本，关注资本的投入规模、投入时间、投入成本和投资风险等重要因素，体现的是"经济利润"，而不是"会计利润"，更符合股东或者企业财富最大化的财务目标。经济增加值法改变了过去只有对外举债才需要支付利息而对股东的投入无须付息的传统观点，指出股东的投入也是需要计算机会成本的，企业的盈利必须要超出其资本成本率（包括股权资本成本率和债务资本成本率）才能为股东创造价值。经济增加值法把货币的时间价值和权责发生制下的会计利润统一起来，为业绩评价提供了比较好的标准，促进管理者利益和股东利益的统一，能够形成比较全面的激励框架。

经济增加值法的缺点：虽然经济增加值考虑了资本成本率，但是还是一种较为短期的指标，无法衡量企业的长远战略及价值创造。经济增加值是财务指标，且是一个绝对值指标，因此，不同行业、不同发展阶段和不同规模的企业在资本成本率上的估计可能存在较大差异，可比性较差。

第二节　其他资本预算方法

（一）获利指数法

1. 获利指数法的公式和应用

获利指数（Profitability Index，PI）又称现值指数，等于项目未来现金流量的现值和初始投资的比值，其计算公式如下。

$$PI = \sum_{t=1}^{t} \frac{C_t}{(1+r)^t} \div C_0$$

式中，C_t 是 t 期的现金流，C_0 是初始投资成本，r 是折现率。

获利指数法的一般判断标准：获利指数 >1，项目可以接受；获利指数 <1，项目必须放弃。

表 11-7 中，ValueGo 公司面临两个互斥的项目，项目 A 和项目 B 在未来两年的现金流按 12% 的折现率折现后的现值分别为 70.5 万元和 45.3 万元，分别除以二者的初始投资金额 20 万元和 10 万元，可计算出项目 A 和 B 的获利指数分别为 3.53 和 4.53。因此，从获利指数法的一般法则来看，应该选择项目 B。但是我们进一步计算出项目 A 和项目 B 的净现值后，可知项目 A 的净现值反而更大。这说明在两个互斥项目里，获利指数法不一定完全适用。

表 11–7 获利指数法的项目决策

金额单位：万元

项目	项目 A	项目 B	增量现金流（A–B）	项目 C
第 0 年	−20	−10	−10	−10
第 1 年	70	15	55	−5
第 2 年	15	40	−25	60
折现率	12%	12%	12%	12%
第 1 年 + 第 2 年的现金流量的现值	70.5	45.3	29.2	43.4
获利指数	3.53	4.53	2.9	4.34
净现值	50.5	35.3	19.2	33.4

那么，我们应该怎么办呢？类似内部收益率法在投资规模上的问题的解决，我们可以计算出项目 A 和项目 B 的增量现金流。项目 A 的初始投资多 10 万元，第一年的流入多 55 万元，第二年的流入少 25 万元。增量现金流部分的增量获利指数大于 1，增量净现值也大于 0，说明应选择项目 A。

虽然获利指数法有以上缺陷，但是它是净现值法的重要补充，因为它可以帮助我们进行资本分配。ValueGo 公司现在有第三个投资项目，项目 C 的现金流情况如表 11–7 所示。假设现在 ValueGo 公司总共只有 20 万元的投资资金，那么一旦 ValueGo 公司以净现值的大小来做投资决策，就只能选择项目 A。但其实我们发现，如果把这 20 万元向项目 B 和项目 C 各分配 10 万元，两个项目的净现值之和大于项目 A。这说明，在公司资金有限的情况下，进行资本配置时，不能依据项目的净现值进行排列，而应根据获利指数进行排列[①]。

2. 获利指数法的优缺点

获利指数法的优点：获利指数法能够帮助我们进行资本配置，当资金不足以满足所有净现值为正的项目时，就需要进行资本配置。资本配置不能依据项目的净现值进行排列，而应根据获利指数进行排列。

获利指数法的缺点：和内部收益率法类似，获利指数忽略了互斥项目在投

---

① 需要注意的是，获利指数不能解决跨期的资本配置问题。假设在第 1 年，ValueGo 公司的现金流处于紧张状态，其他项目需要大额现金，那么项目 C 可能会被放弃，因为其现金流是负数。

资规模上的差异，会产生误导。

（二）回收期法

1. 回收期法的公式和应用

回收期（Payback Period，PP）代表收回初始投资所需的年限。回收期越短，方案越有利。回收期法的一般判断标准：回收期 ≤ 目标回收期，项目可行；回收期 > 目标回收期，项目不可行。

表 11-8 中，ValueGo 公司面临三个项目，其目标回收期是 1 年，项目 A 和项目 B 的回收期都是 1 年，也就说在 1 年后项目 A 和 B 均能收回其初始投资成本，但是项目 C 的回收期是 2 年。因此，根据回收期法，ValueGo 公司应该选择项目 A 和项目 B。可以看出，回收期法最大的特点在于简单，目的在于寻找最快回收本金的项目。

表 11-8　回收期法的项目决策

金额单位：万元

项目	项目 A	项目 B	项目 C
第 0 年	-20	-10	-10
第 1 年	70	15	-5
第 2 年	15	40	60
回收期	1 年	1 年	2 年

2. 回收期法的优缺点

回收期法的优点：回收期法决策过程简便、易理解；回收期法便于管理控制，决策评估很快；回收期法对缺乏现金的公司比较重要；基于上述原因，回收期法常常被用来筛选大量的小型投资项目。

回收期法的缺点：回收期法不考虑回收期内的现金流量序列，忽略货币的时间价值；回收期法忽略了所有在回收期以后的现金流量，无法比较到底哪个项目好；回收期法决策依据主观臆断；根据回收期标准接受的项目可能没有正的净现值，不利于长期项目，在进行重大的投资项目决策时，回收期法很少被采用。

（三）会计收益法

1. 会计收益法的公式和应用

会计收益率（Average Accounting Return，AAR）是投资项目寿命周期内的平均投资报酬率，等于扣除所得税和折旧之后的项目平均净利润除以整个项目期限内的平均账面投资余额。尽管会计收益法存在很大的缺陷，但这种方法在实务中的使用频率很高。其计算公式如下。

$$会计收益率 = \frac{项目平均净利润}{项目平均账面投资余额} \times 100\%$$

会计收益法的一般判断标准：如果会计收益率＞目标会计收益率，则项目可以接受；如果会计收益率＜目标会计收益率，则项目将被放弃。这也决定了会计收益法是一种有吸引力但有致命缺陷的方法，因为目标会计收益由管理层设定。

ValueGo 公司目前投资的一个项目经营期限为 5 年，初始投资金额为 50 万元，用于购买设备，每年产生折旧 10 万元，每年的预计收入和费用如表 11-9 所示。

表 11-9　会计收益法的项目决策

金额单位：万元

项目	第 1 年	第 2 年	第 3 年	第 4 年	第 5 年
收入	43	45	26	20	20
费用	20	15	10	8	9
税前现金流量	23	30	16	12	11
折旧	10	10	10	10	10
税前利润	13	20	6	2	1
所得税费用（所得税税率为 25%）	3.25	5	1.5	0.5	0.25
净利润	9.75	15	4.5	1.5	0.75

首先，项目在这 5 年里的平均净利润计算如下。

$$\frac{9.75+15+4.5+1.5+0.75}{5}=6.3 （万元）$$

其次，折旧使设备的账面投资余额逐年递减。第 0 年年末的账面投资余额为初始投资 50 万元，年折旧额为 10 万元，于是第 1 年年末的账面投资余额就是 40 万元，以此类推。那么投资期间平均账面投资余额是多少呢？因为 50 万元发生在投资的第 1 年年初，而最终余额 0 相当于在第 6 年年初，所以按照 6 期计算。该项目的平均账面投资余额如下。

$$\frac{50+40+30+20+10+0}{6}=25 （万元）$$

最后，根据会计收益率的公式，计算该项目的会计收益率。

$$会计收益率 = \frac{6.3}{25} \times 100\% = 25.2\%$$

如果公司的目标会计收益率大于 25.2%，项目将被放弃；如果目标会计收益率低于 25.2%，则项目可以接受。

2. 会计收益法的优缺点

会计收益法的优点：数据容易从会计报表上获得，计算简便；平均会计收益法也常被用来作为净现值法的支持方法。

会计收益法的缺点：使用会计中的净收益和账面价值，而不是使用现金流量和市场价值，没有考虑货币时间价值；需要武断地选择一个目标收益率。

第三节 资本预算实务

ValueGo 公司目前存在以下为期 5 年的投资项目，资本成本率为 10%，该项目的具体情况如下。

ValueGo 公司前期为该项目进行相关的市场调查，已经花费 200 000 元，初步验证了该项目的可投资性。为此，ValueGo 公司开始对此项目进行投资，购买了价值达 100 000 元的专用设备，在第 5 年年末即项目结束时，该设备可以预计按 30 000 元的价格卖出，所得税税率为 25%。同时，该项目需要占用公司的一个仓库，产生的机会成本（Opportunity Cost）预计为 100 000 元，当项目结束时机会成本收回。最后，ValueGo 公司也进行了营运资本投资，一开始买入了价值 10 000 元的原材料，同时在项目未来运行的 5 年里，预计营运资本的余额分别为 10 000 元、15 000 元、20 000 元、10 000 元和 0 元。

在项目投产后的 5 年里，其营业收入预计分别为 100 000 元、160 000 元、260 000 元、210 000 元和 110 000 元。其营业成本预计分别为 50 000 元、80 000 元、140 000 元、110 000 元和 70 000 元。折旧每年均为 35 000 元。

通过上述材料，我们知道了这个项目的经营性现金流的流入和投资性现金流的流出情况，只要我们计算出每年的现金流的净流入，就可以按照净现值法进行投资决策，具体步骤如下。

1. 明确初始投资成本

我们首先必须理解，在企业的投资过程中，哪些项目包含在初始投资成本当中。一般来说，一个项目的初始投资金额包括：初始的固定资产等长期资产投资、初始的营运资本等短期资产投资和机会成本。我们注意到，ValueGo 公司为了投资这个项目进行了市场调查，那么市场调查产生的费用能否计入初始投资成本呢？不能。原因在于市场调查成本是在项目开始前发生的，属于沉没成本（Sunk Cost），即使最后不投资该项目，市场调查成本依然发生了，所以市场调查成本是和项目无关的成本。而占用仓库所产生的机会成本则是必须考虑的，因为它和项目的经营直接相关。机会成本指一项资产由于用于新项目而丧失的其他使用机会所能带来的潜在的收入，这些放弃的收入就是该项目的机会成本。

因此，该项目的初始投资成本等于设备的资本性支出 + 原材料的营运资本支出 + 机会成本，合计 210 000 元。

2. 明确投资性现金流的流出

表 11-10 显示了项目每年预计的投资性现金流的流出情况。

表 11-10　每年的投资性现金流的流出情况

单位：元

项目	第 1 年	第 2 年	第 3 年	第 4 年	第 5 年
资本性支出	0	0	0	0	-28 750
机会成本	0	0	0	0	-100 000
投资性现金流流出	0	0	0	0	-128 750

在这 5 年里，没有新增的资本性支出，但是需要注意在第 5 年，由于设备预计可以按 30 000 元的价格卖出，所得税税率为 25%，所以在第 5 年，存在一个投资性现金流的回流。该设备在第 5 年的账面余额为 25 000（200 000 - 5×35 000）元，因此该设备卖出时的增值部分 5 000 元需要缴纳 1 250 元所得税。因此，在第 5 年，资本性支出净回流 28 750（30 000 - 1 250）元。

此外，需要注意的是，随着项目在第 5 年年末结束，机会成本 100 000 元也随之回流，因此在第 5 年有一笔正的机会成本流入。

因此可以计算出未来 5 年中每一年的投资性现金流的流出情况，分别为 0 元、0 元、0 元、0 元和 -128 750 元。

3. 明确经营性现金流的流入

表 11-11 显示了项目每年预计的经营性现金流的流入情况。

表 11-11　每年的经营性现金流的流入情况

单位：元

项目	第 1 年	第 2 年	第 3 年	第 4 年	第 5 年
营业收入	100 000	160 000	260 000	210 000	110 000
营业成本	50 000	80 000	140 000	110 000	70 000
折旧	35 000	35 000	35 000	35 000	35 000
息税前利润	15 000	45 000	85 000	65 000	5 000
所得税	3 750	11 250	21 250	16 250	1 250
净利润（息前税后利润）	11 250	33 750	63 750	48 750	3 750
营运资本的增加	0	5 000	5 000	-10 000	-10 000
经营性现金流流入	46 250	63 750	93 750	93 750	48 750

因为经营性现金流 = 息税前利润 − 所得税费用 + 折旧和摊销 − 营运资本的增加，为此，计算该项目的经营性现金流的流入时，需要先计算出这些项目。

首先，息税前利润 = 营业收入 − 营业成本 − 折旧，为此可以计算出每一年的息税前利润。其次，可以在息税前利润的基础上计算所得税及税后净利润。

再次，在这 5 年里，营运资本发生了一些变化，我们可以根据当期的期末余额和上期的期末余额之差，计算出本期营运资本的增加。根据上述背景数据，我们可以计算出该项目每年的营运资本支出的情况：第 1 年和第 0 年一样，增加为 0；第 2 年比第 1 年增加了 5 000 元；第 3 年比第 2 年增加了 5 000 元；第 4 年比第 3 年减少了 10 000 元，这说明到项目后期，营运资本投资在减少，可能由于应收账款的大量回款，使得营运资本投资出现了回流；第 5 年比第 4 年减少了 10 000 元。

最后，由于折旧并不是第 1 年到第 5 年所产生的实际支出，因此计算该项目的经营性现金流流入需要加回折旧额。因此，该项目每年的经营性现金流流入 = 息税前利润 − 所得税费用 + 折旧和摊销 − 营运资本的增加，具体分别为 46 250 元、63 750 元、93 750 元、93 750 元和 48 750 元。

4. 利用净现值法进行投资决策

现在，我们便可以结合表 11−10 和表 11−11，计算出该项目每年所产生的可供自由分配的净现金流。净现金流 = 经营性现金流 − 投资性现金流。表 11−12 中，每年的净现金流分别为 46 250 元、63 750 元、93 750 元、93 750 元和 177 500 元。

表 11−12　每年的净现金流情况

单位：元

项目	第 1 年	第 2 年	第 3 年	第 4 年	第 5 年
营业收入	100 000	160 000	260 000	210 000	110 000
营业成本	50 000	80 000	140 000	110 000	70 000
折旧	35 000	35 000	35 000	35 000	35 000
息税前利润	15 000	45 000	85 000	65 000	5 000
所得税	3 750	11 250	21 250	16 250	1 250

项目	第1年	第2年	第3年	第4年	第5年
净利润（息前税后利润）	11 250	33 750	63 750	48 750	3 750
营运资本的增加	0	5 000	5 000	−10 000	−10 000
经营性现金流流入	46 250	63 750	93 750	93 750	48 750
资本性支出	0	0	0	0	−28 750
机会成本	0	0	0	0	−100 000
投资性现金流流出	0	0	0	0	−128 750
净现金流	46 250	63 750	93 750	93 750	177 500

该项目的资本成本率（折现率）为 10% 的情况下，其初始投资成本为 210 000 元，那么该项目净现值的计算如下。

$$净现值=-210\,000+\frac{46\,250}{(1+10\%)}+\frac{63\,750}{(1+10\%)^2}+\frac{93\,750}{(1+10\%)^3}+\frac{93\,750}{(1+10\%)^4}+\frac{177\,500}{(1+10\%)^5}=0$$
$$=129\,413$$

因此，当折现率为 10% 时，该项目的净现值为正，ValueGo 公司值得投资该项目。

进一步，令净现值 =0，可以计算出该项目的内部报酬率等于 27%。这也就是说，当 ValueGo 公司投资这个项目的资本成本率小于 27%，即可接受；反之，则应该拒绝该项目。可用以下公式计算出内部报酬率。

$$-210\,000+\frac{46\,250}{(1+IRR)}+\frac{63\,750}{(1+IRR)^2}+\frac{93\,750}{(1+IRR)^3}+\frac{93\,750}{(1+IRR)^4}+\frac{177\,500}{(1+IRR)^5}=0$$

● 本章小结

通过本章的学习我们了解了各种资本预算方法,理解了各项资本预算方法的具体应用和优缺点,学习了净现值法、内部收益率法和经济增加值法的原理和应用,明确了内部收益率法的优点及遇到的问题和解决方法。资本预算方法是公司金融的重点之一,学会区分和应用不同的资本预算方法,将为我们的投资决策实务提供基准。

● 关键术语

净现值(Net Present Value, NPV)

内部收益率(Internal Rate of Return, IRR)

经济增加值(Economic Value Added, EVA)

获利指数(Profitability Index, PI)

回收期(Payback Period, PP)

会计收益率(Average Accounting Return, AAR)

机会成本(Opportunity Cost)

沉没成本(Sunk Cost)

● 重要公式

净现值法: $NPV = \sum_{t=1}^{t} \dfrac{C_t}{(1+r)^t} - C_0$

内部收益率法: $NPV = 0 = \sum_{t=1}^{t} \dfrac{C_t}{(1+IRR)^t} - C_0$

经济增加值法:

经济增加值 = 税后经营净利润 − 资本成本率 = 税后经营净利润 −(平均股权资本 + 平均债务资本)× 加权平均资本成本率

税后经营净利润 = 净利润 +(利息支出 + 研究开发费用 − 非经常性损益)×(1 − 所得税税率)

获利指数法：$PI = \sum_{t=1}^{t} \dfrac{C_t}{(1+r)^t} \div C_0$

会计收益法：会计收益率 $= \dfrac{项目平均净利润}{项目平均账面投资余额} \times 100\%$

● 自测题

1. 以下对内部收益率的描述中最准确的是（   ）。

A. 将内部收益率与项目资本成本率比较可以判断项目取舍

B. 内部收益率是项目的实际收益率，随着项目风险的变动而变化

C. 内部收益率法比净现值法更科学

D. 内部收益率的计算没有考虑货币的时间价值

正确答案：A。内部收益率不随着项目风险的变动而变化，净现值法更科学，内部收益率考虑了货币的时间价值。

2. 净现值法与内部收益率法的区别主要表现在（   ）。

A. 对折现率的假定不同

B. 经济意义不同

C. 在考虑互斥项目时可能会得出不同结论

D. 以上三者均是

正确答案：D。净现值法与内部收益率法的区别主要表现在对折现率的假定不同、经济意义不同、在考虑互斥项目时可能会得出不同结论。

3. 若远景书店某投资方案在开始时需要投入 100 万元，其后连续 5 年年末都会有 40 万元的现金流入，则该方案的投资回收期为（   ）。

A.2.5 年

B.2 年

C.5 年

D.3 年

正确答案：A。每年流入 40 万元，2.5 年便可收回 100 万元。

4. 现值指数小于 1 时意味着（　　）。

A. 投资的报酬率小于预定的贴现率

B. 投资的报酬率大于预定的贴现率

C. 现金流入量的贴现值大于现金流出量的贴现值

D. 投资的报酬率等于预定的贴现率

正确答案：A。现值指数小于 1 意味着投资的报酬率小于预定的贴现率，现金流入量的贴现值小于现金流出量的贴现值。

5. 假定折现率为 10%，根据表 11−13 中的数据计算下列两个项目的净现值、内部收益率、获利指数和回收期，并画出净现值和折现率走势。

表 11−13　项目 A 和 B 的现金流和目标回收期

金额单位：万元

项目	项目 A	项目 B
第 0 年	−200	−150
第 1 年	200	50
第 2 年	800	100
第 3 年	−800	150
目标回收期	1 年	1 年

参考答案：

（1）两个项目的净现值、内部收益率、获利指数和回收期如表 11−14 所示。

表 11−14　项目 A 和 B 的各类投资决策指标计算结果

金额单位：万元

项目	项目 A	项目 B
C_0	−200	−150
第 1 年～第 3 年的现金流的现值	241.92	240.80
净现值	41.92	90.80
内部收益率	0%，100%	36.19%
获利指数	1.21	1.61
回收期	1 年	2 年

（2）两个项目的净现值和折现率走势如图11-5所示。

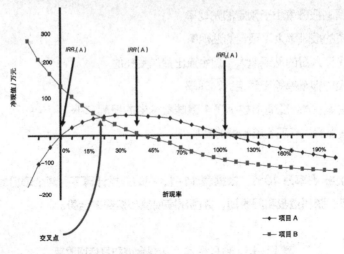

图11-5 两个项目的净现值和折现率走势

● 案例讨论及分析

芦荟生产项目由某进出口总公司和云南某生物制品公司合作开发，共同投资成立绿远公司经营该项目。本项目是一个芦荟深加工项目，在2018年前是个很经典的项目案例，属于农产品或生物资源的开发利用，符合国家生物资源产业发展方向，属于政府鼓励的投资项目。

（1）本项目产品市场相关信息。

芦荟是百合科草本植物，具有护肤、保湿、抗菌、防辐射、提高免疫力等多种功能。在世界范围内，芦荟已广泛用于化妆品、保健食品、饮料工业等领域。开发和利用芦荟植物资源，符合国家生物资源产业发展方向。

美国、日本芦荟产业发展已进入较成熟阶段，芦荟产品需求量将随着化妆品和保健品市场规模的扩大而增长。我国经济增长，伴随着人们收入的增加和生活水平的提高，化妆品和保健品的市场需求也迅速增加。

我国21世纪初化妆品工业销售额的平均年增长速度为27% ~ 35%，2005—2008年每年递增25%。根据中国香料香精化妆品工业协会与国际咨询公司Datamonitor在2008年时的预测，我国化妆品市场2008年后几年以10% ~ 20%

的年均增长率发展。其中，作为化妆品新生力量的芦荟化妆品，将以高于整个化妆品产业发展速度增长，这是化妆品业内人士的普遍估计。芦荟市场需求规模将以怎样的速度扩大尚难以准确预测，但以我国化妆品工业的发展变化和 2008 后 5 年的增长趋势为预测基础，来估计芦荟化妆品 2013—2018 年的年增速和届时的市场需求规模是比较科学的。若以此估计，则 2013—2018 年，我国化妆品工业平均增速为 10% ~ 20%，2018 年的年销售额将达 535 亿 ~ 985 亿元，如果芦荟化妆品与行业同步增长，届时芦荟套装化妆品的销售额为 3.9 亿 ~ 4.4 亿元，生产所需的芦荟工业原料冻干粉为 29 ~ 54 吨；如芦荟化妆品能以 25% ~ 30% 的速度递增，到 2018 年市场对冻干粉原料的需求量可达 72 ~ 94 吨。预测结果如表 11–15 所示。

表 11–15　2018 年芦荟化妆品年增长速度和芦荟原料需求量预测

项目	数值				
年均增长速度（%）	10	15	20	25	30
芦荟化妆品销售额（亿元）	3.9	5.3	7.1	9.5	12.5
芦荟原料需求量（冻干粉）（吨）	29	40	54	72	94

保健食品工业若以 8% 的年均速度递增，则 2018 年保健食品工业所需的芦荟工业原料冻干粉约为 8 吨。

根据上述分析，专家预测：芦荟工业原料在化妆品工业中的增长速度为 15% ~ 25%，在保健食品中将稳定发展，据此估计，2018 年芦荟工业原料的需求折合冻干粉 48 ~ 80 吨。

从国际市场分析，2013 年世界芦荟种植面积为 12 万亩（1 亩约为 666.67 平方米），折合芦荟工业原料冻干粉计为 1 000 ~ 15 000 吨，由于芦荟种植受自然气候条件和生长期限制，预计在 3 ~ 5 年内，芦荟种植业不会高速发展。芦荟工业原料的应用已从单一的化妆品工业，扩展到保健食品工业、软饮料工业和非处方药品工业。目前，芦荟研究的重点是单体提取、芦荟成分对人体的作用及医药应用。一旦芦荟药品通过美国食品药品监督管理局检测，芦荟工业原料的应用将更为广阔。

从芦荟市场分布来看，当前芦荟市场主要分布在美国、日本等少数发达国家，芦荟产业的发展是不平衡的，尚未开发和潜在的市场是巨大的。

（2）项目生产能力设计。

从上面的市场分析可以看出，芦荟工业原料冻干粉的市场需求是很大的，但准确估计还有一定难度。2013年，我国芦荟工业原料规模生产还处于空白阶段，仅有2～3家车间生产芦荟原料，芦荟终端产品所需要的高级芦荟工业原料主要依靠进口。而且2013—2018年芦荟工业原料市场将形成怎样的格局，更是一个不确定的问题。但采用双变量不确定性因素方法进行生产规模的研究，使我们得知：选择年产40吨芦荟冻干粉的生产规模是比较妥当的。具体产品方案如下。

①芦荟浓缩液800吨（折合冻干粉40吨），建成芦荟浓缩液生产线一条。400吨供应冻干粉生产线作为原材料，其余400吨无菌包装后外销。

②年产芦荟冻干粉20吨，建成芦荟冻干粉生产线一条。

（3）厂址选择。

我国芦荟种植面积约10 200亩，主要集中在云南、海南、福建、四川、广东、东北等地区，其中云南元江种植面积最大。云南元江地区独特的自然气候条件，特别适宜芦荟植物的生长，是我国野生芦荟发源地之一。元江县政府已将芦荟产业作为县支柱产业扶持，鼓励、规范农民种植芦荟，全县芦荟种植面积达4 500亩，占全国芦荟种植面积的44%。

本项目拟建于云南省玉溪市元江县城郊，距县城约3千米，在原元江县供销社农资公司仓库南侧征地20亩，新建加工厂区，元江县供销社为本项目股东之一，对其原有仓库、办公楼等建筑物进行统一规划，留作安装芦荟终端产品生产线。

（4）生产工艺方案。

本项目生产工艺先进，技术成熟可靠，芦荟稳定化关键技术达到国际先进水平，生产线关键设备以引进国外知名品牌为主，设备综合利用率高、配套性好，生产线设备先进的在线检测能力和产品化验设备，将确保产品标准化生产。此外，本套生产线还可用于水果汁生产。

（5）项目总投资估算。

项目总投资3 931.16万元，其中：建设投资3 450.16万元，占总投资的87.76%；流动资金481.00万元，占总投资的12.24%。总投资构成如表11−16所示。

表 11-16　投资情况

金额单位：万元

序号	投资内容	金额	占总投资百分比（%）
1	总投资	3 931.16	100
2	建设投资	3 450.16	87.76
2.1	工程费用	2 764.15	70.31
2.1.1	其中：设备购置	2 197.5	55.90
2.1.2	建设工程	566.65	14.41
2.2	其他费用	270.00	6.87
2.3	预备费用	271.01	6.89
2.4	固定资产方向调节税	145	3.69
3	流动资金	481.00	12.24

以上工程费用和其他费用形成固定资产，包括芦荟浓缩液车间、冻干粉车间和管理部门使用的固定资产；预备费用形成开办费用。

（6）资金的筹集与使用。

本项目总投资 3 931.16 万元，其中：1 965.58 万元向商业银行贷款，贷款年利率为 8%；其余 1 965.58 万元自筹，投资者期望的最低报酬率为 20%。这一资本结构也是该企业目标资本结构。

本项目建设期一年。在项目总投资中，建设性投资 3 450.16 万元应在建设期期初一次全部投入使用，流动资金 481.00 万元应在投产第一年年初一次投入使用。项目生产期为 15 年。

（7）财务成本数据测算。

①产品成本估算依据。

材料消耗按工艺定额和目前价格估算如表 11-17、表 11-18 所示。

表 11-17　芦荟浓缩液消耗定额及价格

金额单位：元

序号	项目	规格	单位	单价	单位消耗定额/吨	单位直接材料成本
1	原材料					22 488.93
1.1	原料					21 668.38
1.1.1	鲜芦荟	0.8～1.2kg	吨	1 080	20	21 600
1.1.2	添加剂		千克	136.75	0.5	68.38
1.2	包装材料					820.55
1.2.1	无菌袋		个	42.74	5	213.70
1.2.2	铁桶		个	119.66	5	598.30
1.2.3	塑料桶		个	1.71	5	8.55
2	燃料及动力					832.30
2.1	水		吨	1	60	60
2.2	电		度	0.28	1 000	280
2.3	煤		吨	136.75	3.6	492.30
	合计					23 321.23

表 11-18　冻干粉消耗定额及价格

金额单位：元

序号	项目	规格	单位	单价	单位消耗定额/吨	单位直接材料成本
1	原材料					528 612.60
1.1	原料					527 586.60
1.1.1	浓缩液	10：1	吨	26 379.33	20	527 586.60
1.2	包装材料					1 026
1.2.1	复合膜	25kg	个	8.55	40	342
1.2.2	包装桶	25kg	个	17.1	40	684
2	燃料及动力					29 209.20
2.1	水		吨		2 600	2 600
2.2	电		度	0.28	88 000	24 640
2.3	煤		吨	136.75	14.4	1 969.2
	合计					557 821.8

注：浓缩液单价为 26 379.33 元／吨，见现金流量估计部分的计算结果。

工资及福利费。工资按定员与岗位工资标准估算，福利费按工资总额的 14% 计提。根据全厂劳动定员，计入芦荟浓缩液、冻干粉成本中的工资及福利费分别估算为 321 480 元和 116 280 元。其余部分计入管理费用和销售费用，已包含在下面的预计中。

制造费用估计。预计芦荟浓缩液、冻干粉的年制造成本分别为 2 125 012.94 元、1 375 747.94 元，其中包含折旧费。折旧费按 15 年计算，残值率按 5% 计算。除折旧外，其余均为可变成本。

管理费用估计。开办费按 5 年摊销；折旧费按 15 年计算，残值率按 5% 计算；其他管理费用估算为 80 万元/年（含工资），其中 60 万元为固定成本。

销售费用估计。销售费用估算为 288 万元，其中包括销售人员工资及福利费、广告费、展览费、运输费、销售网点费等，其中 200 万元为固定成本。

该项目总成本费用如表 11-19 所示。

表 11-19　总成本费用情况

单位：万元

序号	项目	2 ～ 6 年	7 ～ 16 年
1	原材料	1 801.16 ①	1 801.16
2	燃料及动力	125 ②	125
3	直接人工	43.78 ③	43.78
4	制造费用	350.08 ④	350.08
	其中：折旧费	197.08 ⑤	197.08
5	制造费用合计（1 + 2 + 3 + 4）	2 320.02	2 320.02
6	管理费用	138.47 ⑥	84.27 ⑦
	其中：折旧费用	4.27 ⑧	4.27
	摊销费	54.2 ⑨	
7	销售费用	288	288
8	总成本（5 + 6 + 7）	2 746.49	2 692.29
9	固定成本⑩	515.55	461.35
10	可变成本（8 - 9）	2 230.94	2 230.94

注：

① 1 801.16 =（22 488.93×800 + 1 026×20）÷10 000。

② 125 =（832.3×800 + 29 209.2×20）÷10 000。

③ 43.78 =（321 480 + 116 280）÷10 000。

④ 350.08 =（2 125 012.94 + 1 375 747.94）÷10 000。

⑤ 197.08 =（1 914.38 + 1 197.38）×（1–5%）÷15。

⑥ 138.47 = 80 + 4.27 + 54.2。

⑦ 84.27 = 80 + 4.27。

⑧ 4.27 = 67.39×（1–5%）÷15。

⑨ 54.2 = 271.01÷5。

⑩固定成本包括制造费用中的折旧费，管理费用中的折旧费、摊销费和 60 万元其他费用，销售费用中的 200 万元。

②销售价格预测。

国外报价：10X（型号）芦荟浓缩液 6.5 美元/磅，折合人民币 121 550 元/吨，200X（型号）冻干粉 275.3 美元/磅，折合人民币 2 340 000 元/吨。

国内报价：10X 芦荟浓缩液 120 000 元/吨，200X 冻干粉 2 400 000 元/吨。

本项目销售价格按国内报价的 50% 计算，即芦荟浓缩液 60 000 元/吨、冻干粉 1 200 000 元/吨。

③相关税率。

为简便起见，本案例假设没有增值税。城市维护建设税和教育费附加等已考虑在相关费用的预计中。所得税税率按企业历年实际平均的实际所得税 33% 计算。

思考：

（1）测算项目的现金流量；

（2）确定适当的折现率或期望收益率；

（3）计算会计收益率、回收期、净现值和内部收益率，初步判断项目可行性；

（4）综合分析项目投资的财务可行性。

参考答案：

（1）现金流量测算。

①建设期现金流量。

$NCF_0 = -3\ 450.16$（万元）

$NCF_1 = -481.00$（万元）

②经营期现金流量。

经营期现金流量测算如表 11-20 所示。

芦荟浓缩液总成本 = 23 321.23×800 + 321 480 + 2 125 012.94

                   = 21 103 476.94（元）

芦荟浓缩液单位成本 = 21 103 460.94÷800 = 26 379.34（元 / 吨）

冻干粉总成本 = 557 821.8×20 + 116 280 + 1 375 747.94

              = 12 648 463.94（元）

冻干粉单位成本 = 12 648 463.94÷20 = 632 423.20（元 / 吨）

表 11-20　经营期现金流量测算过程

单位：万元

项目	2 ~ 6 年	7 ~ 16 年
销售收入	4 800	4 800
减：总成本	2 746.49	2 692.29
利润总额	2 053.51	2 107.71
减：所得税（33%）	677.66	695.54
净利润	1 375.85	1 412.17
加：折旧等非付现成本	255.55	201.35
经营现金净流量	1 631.40	1 613.52

注：销售收入 = 60 000×400 + 1 200 000×20 = 48 000 000（元）。

③终结期现金流量。

NCF_{16} = 481 +（1 914.38 + 1 197.38 + 67.39）×5% = 639.96（万元）

（2）折现率的确定。

折现率的确定如表 11-21 所示。

表 11-21 折现率的确定

项目	资本成本率	资本结构	综合资本成本率
负债	10%×（1-33%）=6.67%	1 965.58÷3 931.16=50%	6.67%×50%=3.34%
股权	22%	50%	22%×60%=12.5%
合计			3.34%+12.5%=16%

所以，本项目选择 16% 作为折现率或期望收益率。

（3）固定资产投资评价指标计算。

本项目计算了四个指标，并将其作为投资方案财务可行性判断的依据。

①会计收益率。

本项目的会计收益率计算如下。

$$会计收益率 = \frac{（1\ 631.40×5+1\ 613.52×10）÷15}{3\ 931.16} ×100\% = 41.19\%$$

②回收期。

本项目回收期计算如表 11-22 所示。

表 11-22 回收期计算过程

单位：万元

年份	现金净流量	累计现金净流量
0	-3 450.16	-3 450.16
1	-481	-3 931.16
2	1 631.04	-2 300.12
3	1 631.04	-669.08
4	1 631.04	961.96

投资回收期 = 3 +（669.08÷1 631.04）=3.41（年）

③净现值。

通过上述现金流量的分布可以看出 2～6 年和 7～16 年的现金流量是递延年金，可按年金的方法折现；其他现金流量可用复利现值的方法折现。因此，可得以下等式。

NPV = 1 631.04×（3.685-0.862）+1 613.52×（5.669-3.685）+

639.96×0.093 3-3 450.16-481×0.862 = 4 001.59（万元）

NPV 大于 0，方案可行。

④内部收益率。

假设 I=40%：

$NPV = 1\,631.04×（2.168-0.714）+1\,613.52×（2.489-2.168）+639.96×0.005-3\,450.16-481×0.714 = -900.40$

假设 I=30%：

$NPV=1\,631.04×（2.642-0.769）+1\,613.52×（3.283-2.642）+639.96×0.015-3\,450.16-481×0.769=279.43$

可见，IRR 处于 30% 和 40% 之间，假设 $IRR = 40\%+X\%$，运用插值法：

$$IRR = 40\%+\frac{900.40}{279.43+900.40}×10\%=32\%$$

$IRR>16\%$，方案可行。

（4）投资项目财务可行性分析。

由于本方案净现值远远大于 0，内含报酬率 32% 远远大于期望收益率 16%，说明本方案经济效益良好，具有很强的抗风险能力，在财务上是可行的。

第12章

总结

货币时间价值理论
现金流量理论
风险与报酬理论
投资组合理论
资本资产定价模型
资本结构理论
有效市场理论

公司金融理论总结 ── 总结 ── 公司估值技术总结

分析公司环境
预测自由现金流
估计自由现金流的折现率
（资本成本率）
估计公司的价值

扫码即可观看
本章微视频课程

本章知识背景和学习目的

　　本章对本书的内容进行总结。公司金融理论和公司估值技术是本书的两大组成部分。公司金融的核心理论包括货币时间价值理论、现金流量理论、风险与报酬理论、投资组合理论、资本资产定价模型、资本结构理论和有效市场理论，理解公司金融理论是理解公司估值技术的基础。要掌握公司估值技术需要理解公司估值的四个步骤：分析公司环境、预测自由现金流、估计资本成本率和估计公司的价值。掌握公司估值技术有助于做好投资决策。

本章学习要点

1. 了解公司金融理论的内容；
2. 理解公司估值的过程。

第一节　公司金融理论总结

本书旨在通过讲解公司金融理论，让投资者理解公司估值的过程和方法，使得公司估值更加准确、完整、一致和可行。本书涉及的公司金融理论主要包括以下几项。

1. 货币时间价值理论

货币时间价值（Time Value of Money）是货币经过一定时间的投资与再投资所增加的价值。货币的时间价值就是指当前所持有的一定量货币比未来获得的等量货币具有更高的价值。从经济学的角度而言，当前的一单位货币与未来的一单位货币的购买力之所以不同，是因为将现在的一单位货币改在未来消费，则在未来消费时必须有大于一单位的货币可供消费，作为弥补延迟消费的贴水。

货币时间价值理论认为，当前拥有的货币比未来收到的同样金额的货币具有更大的价值，因当前拥有的货币可以进行投资。即使有通货膨胀的影响，只要存在投资机会，货币的现值就一定大于它的未来价值。

2. 现金流量理论

现金流量包括现金流入量、现金流出量和现金净流量。我们可利用现金流量折现模型，进行证券投资、项目投资的价值评估。自由现金流量（Free Cash Flow）是指真正剩余的、可自由支配的现金流量。自由现金流量的计算方法如下：自由现金流量等于企业的税后净营业利润（企业不包括利息收支的营业利润扣除实付所得税税金之后的数额）加上折旧和摊销等非现金支出，再减去营运资本的增加和物业厂房设备及其他资产方面的投资。它是企业的税后现金流量总额，可以提供给企业资本的所有供应者，包括债权人和股东。涉及的计算公式如下。

自由现金流 = 息税前利润 − 所得税费用 + 折旧和摊销 − 营运资本的增加 − 资本性支出

营运资本的增加 = 非现金流动资产的增加 – 非带息流动负债的增加

　　　　　　 =（应收账款 + 存货 + 预付账款 + 其他流动资产等）的

　　　　　　 增加 –（应付账款 + 其他应计负债 + 其他流动负债等）

　　　　　　 的增加

资本性支出 = 长期资产的期末值 – 长期资产的期初值 + 折旧和摊销

自由现金流可分为公司自由现金流和股权自由现金流。公司自由现金流是指扣除了所有经营支出、投资需要和税收之后的，在清偿债务之前的剩余现金流；股权自由现金流是指扣除所有开支、税收、投资需要以及还本付息支出之后的剩余现金流。公司自由现金流用于计算公司整体价值，包括股权价值和债务价值；股权自由现金流用于计算公司的股权价值。

3. 风险与报酬理论

厌恶风险的投资者在进行投资机会选择时，若风险相同，会选择高报酬投资机会；若报酬相同，会选择低风险投资机会。而风险报酬是投资者因冒风险进行投资而要求的超过无风险报酬的额外报酬。风险和报酬的基本关系是风险越大，要求的报酬率越高。

4. 投资组合理论

投资组合理论（Portfolio Theory）是指若干种证券组成的投资组合，其收益是这些证券收益的加权平均数，但是其风险不是这些证券风险的加权平均风险，投资组合能降低非系统性风险（系统性风险和非系统性风险的区别见表 12-1）。分散化投资，可以在不改变投资组合预期收益的情况下，降低风险；也可以在不改变投资组合风险的情况下增加收益。

表 12-1　系统性风险和非系统性风险

项目	简介及影响因素
系统性风险（市场风险、不可分散风险）	影响所有公司的因素引起的风险。该风险影响整个资本市场，投资者不能通过投资组合来消除；系统性风险决定着资产期望收益率的高低
	影响因素：经济衰退、通货膨胀、利率变化等
非系统性风险（公司特有风险、可分散风险）	个别公司的特有事件引起的风险。该风险可以通过多样化投资分散，无须任何价格补偿
	影响因素：新产品开发失败、工人罢工等

　　投资组合理论的另一重要概念便是资本市场线。资本市场线是通过无风险资产报酬率，向风险资产有效边界所做的切线（同时持有无风险资产和风险资产），切点为市场均衡点。资本市场线的纵轴代表"无风险资产与市场组合"构成的投资组合的期望收益率，横轴代表"无风险资产与市场组合"构成的投资组合的标准差。

5. 资本资产定价模型

　　资本资产定价模型（Capital Asset Pricing Model）假设所有投资者都按马克维茨的资产选择理论进行投资，对期望收益、方差和协方差等的估计完全相同，投资人可以自由借贷。基于这样的假设，资本资产定价模型研究的重点在于探求风险资产收益与风险的数量关系，即为了补偿某一特定程度的风险，投资者应该获得多少的报酬率。当资本市场达到均衡时，风险的边际价格是不变的，任何改变市场组合的投资所带来的边际效果是相同的，即增加一个单位的风险所得到的补偿是相同的。按照 β 的定义，代入均衡的资本市场条件下，得到资本资产定价模型：$E(r)=r_f+\beta\left[E(r_m)-r_f\right]$。资本资产定价模型的说明如下：单个证券的期望收益率由两个部分组成，即无风险利率以及对所承担风险的补偿——风险溢价；风险溢价的大小取决于 β 的大小。β 越大，表明单个证券的风险越高，所得到的补偿也就越高；β 度量的是单个证券的系统性风险，非系统性风险没有风险补偿。

　　资本资产定价模型形成的直线为证券市场线。证券市场线揭示了在市场均衡的状态下，股票的必要报酬率与 β（系统性风险）的线性关系。证券市场线是一条市场均衡线，即每项资产的期望收益率应该等于其必要报酬率。

表 12-2 列示了证券市场线和资本市场线的区别。

表 12-2　证券市场线和资本市场线的区别

项目	证券市场线	资本市场线
描述的内容	描述的是市场均衡条件下单项资产或资产组合（无论是否已经有效地分散风险）的必要报酬率与风险之间的关系，适合于所有证券（包括投资组合）	描述的是由风险资产和无风险资产构成的投资组合的有效边界，只适用于有效组合
测度风险的工具	单项资产或资产组合对整个市场组合方差的贡献程度，即 β	整个资产组合的标准差
斜率与投资人对待风险态度的关系	市场整体对风险的厌恶感越强，证券市场线的斜率越大，对风险资产所要求的风险补偿越大，对风险资产的要求报酬率越高	不影响直线的斜率。投资者个人对风险的态度仅仅影响借入或贷出的资金量，不影响最佳风险资产组合

6. 资本结构理论

资本结构是企业各种长期资本的构成及比例关系。企业的长期资本包括永久的权益资本和长期的债务资本。资本结构理论主要包括 MM 理论、权衡理论、代理理论和融资优序理论。

MM 理论认为，在没有企业所得税和个人所得税的情况下，任何企业的价值，不论其有无负债，都等于经营利润除以适用于其风险等级的收益率。风险相同的企业，其价值不受有无负债及负债程度的影响；但在考虑所得税的情况下，由于存在税盾，企业价值会随负债程度的提高而增加，股东也可获得更多好处。于是，负债越多，企业价值也会越大。

权衡理论认为企业通过权衡负债的利弊，来决定债务融资与权益融资的比例。负债的好处包括节省税收，即形成税盾。负债的成本指财务困境成本。随着负债率的上升，负债的边际利益逐渐下降，边际成本逐渐上升。企业为了实现价值最大化，必须权衡负债的利益与成本，从而选择合适的债务与权益融资比例。

代理理论认为，企业资本结构会影响经理人员的工作水平和其他行为选择，从而影响企业未来现金收入和企业市场价值。该理论认为，债权筹资有很强的激励作用，并将债务视为一种担保机制。这种机制能够促使经理人员多努力工作，少个人享受，并且做出更好的投资决策，从而降低由于两权分离而产生的代理成本；但是，负债筹资可能导致另一种代理成本，即企业接受债权人监督而产生的成本。均衡的企业所有权结构是由股权代理成本和债权代理成本之间的平衡关系决定的。

融资优序理论以信息不对称理论为基础，并考虑交易成本的存在。融资优序理论认为，企业为新项目融资时，将优先考虑使用内部的盈余，其次采用债券融资，最后才考虑股权融资。即遵循内部融资、外部债权融资、外部股权融资的顺序。在 MM 理论的信息对称与不存在破产成本的假设条件下，当存在企业外部投资者与内部经理人之间的信息不对称时，由于投资者不了解企业的实际类型和经营前景，只能按照对企业价值的期望来支付企业价值，因此如果企业采用外部融资方式，会引起企业价值下降，企业增发股票是一个坏消息。如果企业具有内部盈余，企业应当首先选择内部融资的方式。当企业必须依靠外部资金时，如果可以发行与非对称信息无关的债券，则企业的价值不会降低，因此债券融资优先于股权融资。

7. 有效市场理论

有效市场假说（Efficient Market Hypothesis）由尤金·法玛于 1970 年提出并深化。有效市场假说起源于 20 世纪初。有效市场假说认为，在法律健全、功能良好、透明度高、竞争充分的股票市场，一切有价值的信息已经及时、准确、充分地反映在股价走势中，其中包括企业当前和未来的价值，除非存在市场操纵，否则投资者不可能通过分析以往价格获得高于市场平均水平的超额利润。有效市场可以分为三类，如下。

弱型有效资本市场上股价只反映历史信息，即证券的历史信息对证券的现在和未来价格变动没有任何影响，如果历史信息对股价仍有影响，则市场未达到弱势有效（无效市场）。该市场中，任何投资者都不可能通过分析历史信息来获取超额收益。

半强型有效资本市场是指股价不仅反映历史信息，还能反映所有的公开信息的市场。该市场中，公开信息已反映于股价，投资人不能通过对公开信息的分析获得超额利润，即基本面分析是无用的。技术分析、基本面分析和各种估价模型都是无效的，各种共同基金就不能取得超额收益，其收益与市场整体的收益大体一致。特定事件的信息能快速被股价吸收，即超常收益只与当天披露事件有关。

强型有效资本市场是指股价不仅能反映历史的和公开的信息，还能反映内部信息的市场。该市场中，股价能充分反映所有公开和私下的信息，对于投资人来说，不能从公开的和非公开的信息分析中获得超额利润，所以内部信息无用。

第二节　公司估值技术总结

从估值的角度来看，公司是一个"黑盒子"，我们把现金（"投资"）放入其中，希望在未来获得更多的现金。因此，一个公司的价值就是我们当前愿意为将来预期收到的现金流支付的价格。评估公司（以及其证券或任何其他资产）的关键是：

（1）使用财务状况预估未来预期现金流；

（2）评估预期现金流的风险，并将其与经过风险调整的折现率匹配。

本书有一个基本的观点：采用自由现金流折现法估计公司价值，自由现金流是可以分配给所有资本提供者的经营活动的现金流，对自由现金流折现是通过加权平均资本成本率（WACC）实现的，即计算公司从所有来源获得的总资本的平均成本。通过这种方式，可以得到整个公司当前的价值，这个价值随后需要在所有公司证券的持有者中进行分配，这些持有者包括债权人、优先股股东、可转换债券持有人、普通股股东等。

虽然本书认为自由现金流折现法是普遍的估值方法，而且具有强大的理论基础，但另一种常用的估值方法使用的是类似公司的价格，即相对估值法。基于相对估值法的估值，不是试图使用与风险和回报相关的基本原则来确定股票的合适价格，而是使用可观察到的价格（经过适当的标准化）来评估类似的公司。本书认为，相对估值法有很多可取之处。然而，不加选择地使用乘数来代替建立模型、预测现金流和贴现，则是不恰当的，它只会给公司的经营和融资带来更多问题。基于相对估值法的估值是对自由现金流折现模型的补充。

在前面的章节中，我们讨论了典型估值所采取的步骤。要利用自由现金流折现模型对一家公司估值，通常需要采取以下 4 个步骤。

1. 分析公司环境

有关公司环境和业务的信息是评估公司前景所必需的。我们需要信息来形成对公司市场前景的预期，这些预期最终表现为销售计划、数量和价格，并反映公司及其竞争对手的战略决策。未来能取得的销量和实现这些销量所需要的成本和投资相匹配，将销售预测转化为预计的成本和投资通常是通过财务比率来实现的。

2. 预测自由现金流

预计财务报表可以将利润表、资产负债表和现金流量表与反映公司及其行业走势的预计销售额、成本和投资联系在一起。销售百分比预测模型把公司的营销、生产和投资等方面的预期以一套连贯的财务状况预测报表的形式表示。出于估值目的，编制预计财务报表的目的是对公司自由现金流进行预测，以确保预测的自由现金流较为准确。销售百分比预测模型通过将公司的各方面结合在一起形成一个综合的框架，可以对估值形成一种约束，并确保公司未来财务现金流的预测参数在内部保持一致。

在实践中，自由现金流预测通常用以下公式进行测算。

自由现金流 = 息前税后利润 + 折旧和摊销 − 营运资本的增加 − 资本性支出

= 息税前利润 − 所得税费用 + 折旧和摊销 − 营运资本的增加 − 资本性支出

= 息税折旧摊销前利润 − 所得税费用 − 营运资本的增加 − 资本性支出

≈ 经营活动产生的现金流量净额 − 投资活动产生的现金流量净额

3. 估计自由现金流的折现率（资本成本率）

现金流和公司价值必须以反映现金流风险（即预期现金流风险）的折现率进行折现。

首先，我们需要估计权益资本成本率。本书介绍了两种估计权益资本成本率的方法。

（1）直接法：利用资本资产定价模型计算。

（2）间接法：借鉴 MM 理论调整的贝塔系数。

其次，根据公司的资本结构和债务资本成本率，通过以下公式估计公司的加权平均资本成本率。

$$R_{WACC} = \frac{S}{D+S} \times R_S + \frac{D}{D+S} \times R_D \times (1-T_c)$$

4. 估计公司的价值

我们通过上述步骤估计出来的现金流及资本成本率，根据下述公式估算公司价值。

$$V = \sum_{t=1}^{T \leqslant 5} \frac{FCF_t}{(1+r_{wacc})^t} + \frac{TV}{(1+r_{wacc})^t}$$

其中，

$$TV = \frac{(1+g) \times FCF_T}{(r_{wacc}-g)}$$

最后，我们可以通过下述等式估算股权价值。

股权价值 = 企业价值 − 债务价值 − 优先股 − 少数股东权益价值 + 现金及现金等价物

我们指出，本书给投资者介绍的公司估值方法是一种完整的、一致的和可实现的估值方法。

"完整的"意味着在估值的每个阶段，我们都考虑了公司是一个整体。无论我们对哪一个公司进行估值，我们都要注意该公司的经营和融资方面的交互作用。完整估值模型的应用需要我们理解公司的销售和生产等方面的效率（在资产使用方面），还要求我们理解公司经营和融资等方面之间的相互作用。

"一致的"意味着对公司的估值不仅必须是内部一致的，而且还必须与金融理论一致。我们对金融理论的理解虽然还不够完整，但在过去20年里还是取得了巨大的飞跃。与20世纪60年代相比，我们对资本成本率的确定、杠杆与资本成本率之间的相互作用，以及风险证券的估值，都有了更多的了解。只要某个理论对估值有影响，估值方法就必须纳入这个理论的财务框架。

在本书中，我们始终坚持认为，我们对估值的建议和方法应该是"可实现的"，我们试图只推荐那些能够获得公司和金融市场信息的专业人士能够实施的估值方法，这意味着我们已经排除了金融理论中那些不能转化为数字和价值的部分。通过这种方式，本书所列的估值方法是一种既为金融专业人士也为金融学术界所理解的估值方法。

● 本章小结

　　本章总结了本书介绍的公司金融理论、公司估值过程和技术，我们进一步理解了本书的框架结构。总之，本书旨在通过介绍公司金融理论，让投资者理解公司估值的过程和方法，以帮助投资者真正理解公司的各项金融活动，并更好地进行公司估值和投资决策。

● 关键术语

货币时间价值（Time Value of Money）

自由现金流量（Free Cash Flow）

风险与报酬（Risk and Return）

投资组合理论（Portfolio Theory）

资本资产定价模型（Capital Asset Pricing Model）

资本结构理论（Capital Structure Theory）

有效市场假说（Efficient Market Hypothesis）

公司估值（Corporate Valuation）